Henric L. Wuermeling

Adam von Trott zu Solz

Schlüsselfigur im Widerstand gegen Hitler

Pantheon

Die Originalausgabe erschien 2004 unter dem Titel
»Doppelspiel. Adam von Trott zu Solz im Widerstand gegen Hitler«
bei der Deutschen Verlags-Anstalt.

Meiner Frau Claudia Golling mit Dank für ihre Mitarbeit
und meinem Sohn Alexander für die Geduld

FSC
Mix
Produktgruppe aus vorbildlich
bewirtschafteten Wäldern und
anderen kontrollierten Herkünften

Zert.-Nr. SGS-COC-1940
www.fsc.org
© 1996 Forest Stewardship Council

Verlagsgruppe Random House FSC-DEU-0100
Das für dieses Buch verwendete FSC-zertifizierte Papier *Munken Premium*
liefert Arctic Paper Munkedals AB, Schweden.

Der Pantheon Verlag ist ein Unternehmen der Verlagsgruppe
Random House GmbH.

Erste Auflage Juli 2009
Copyright © der Originalausgabe 2004 by Deutsche Verlags-Anstalt, München,
in der Verlagsgruppe Random House GmbH
Umschlaggestaltung: Jorge Schmidt, München
Satz: Boer Verlagsservice, Grafrath
Druck und Bindung: GGP Media GmbH, Pößneck
Printed in Germany 2009
ISBN: 978-3-570-55093-9

www.pantheon-verlag.de

Inhalt

Im Ausland umstritten, in Deutschland vergessen

Der Kinofilm »Operation Walküre« fokussiert in gekonntem Hollywood-Stil den deutschen Widerstand auf Stauffenbergs Attentat und grenzt das Netzwerk der Verschwörerkreise, deren Motive und Pläne für eine neue Gesellschaftsordnung für die Zeit nach dem Krieg völlig aus. Unter diesen Verschwörern des 20. Juli 1944 war der junge Adam von Trott zu Solz eine Schlüsselfigur, die unterschiedliche politische und gesellschaftliche Kräfte im »Kreisauer Kreis« antrieb und deren Vorstellungen über ein Deutschland ohne Hitler in Richtung London und Washington lancierte. Auf zwanzig gut getarnten Auslandsreisen in die Schweiz, in die Türkei und nach Schweden – den Drehscheiben der Kriegsspionage – rannte er gegen das alliierte Diktat der »bedingungslosen Kapitulation« an und band das Schicksal der Verschwörer an Stauffenbergs Tat, das Attentat. Je näher der Tag X rückte, um so mehr wurde Trott zum Motor jener Abläufe.

Wer also diesen Adam von Trott zu Solz nicht kennt, weiß wenig über den Widerstand gegen Hitler.

Nach dem gescheiterten Attentat wurde Trott am 26. August 1944 in Berlin-Plötzenseee hingerichtet; zwei Wochen zuvor war er 35 Jahre alt geworden. Am 9. August ~~2009~~ 1909 wurde er in Potsdam geboren. Aus Anlaß dieses 100. Jahrestags und in Erinnerung an das Attentat vor 65 Jahren wird dieses Buch neu aufgelegt.

Adam von Trott zu Solz ist in Deutschland wenig bekannt. In Berlin, wo er die wichtigsten Jahre seines Lebens verbrachte und hingerichtet wurde, ist lediglich eine kleine Straße in einem Gewerbegebiet nach ihm benannt. Eine Straße im Zentrum dagegen trägt den Namen Claus Schenk Graf von Stauffenbergs. Sie führt vom Tiergarten zum Landwehrkanal, an ihr liegen das Kulturforum und die Gedenkstätte Deutscher Widerstand. So spiegelt sich in der Berliner Stadtgeographie das nationale Erinnern an den Widerstand vom 20. Juli 1944: Im Mittelpunkt steht Graf von Stauffenberg, von Trott zu Solz liegt am Rande.

Im internationalen Gedenken, in Großbritannien und den USA, ist es der Name Trott, den man mit dem deutschen Widerstand verbindet. So stammen die bisherigen biographischen Würdigungen Trotts von amerikanischen und englischen Autoren. In Großbritannien stand die Person Trotts geraume Zeit im Mittelpunkt einer publizistischen Auseinandersetzung, deren Wirkung mit dem Historikerstreit in Deutschland vergleichbar ist. Diese »Trott-Kontroverse« begann in den fünfziger Jahren, verstärkte sich Ende der sechziger, als die britische Monatszeitschrift »Encounter« diesem Streit unter Historikern eine große Plattform gab, und lebte in den Achtzigern erneut auf. So gab es im Sommer 1986 an der schottischen Universität Leeds ein hochkarätig besetztes Colloquium zum Verhältnis des deutschen Widerstands zu Großbritannien. Es ging vor allem um die abwartende Haltung, die beide Seiten kennzeichnete: Der Widerstand wollte nicht ohne Zusagen der Briten in Aktion treten, und die Briten wollten erst Taten sehen, bevor sie sich zum politischen Handeln veranlaßt sahen. Der renommierte Herausgeber des »Observer«, David Astor, beklagte die mangelnde moralische Unterstützung von britischer Seite: »Der 20. Juli 1944 mußte scheitern, weil die Alliierten die Signale nicht verstanden.« Und schon gar nicht die verzweifelten Bemühungen des Adam von Trott zu Solz.

Historikern erschließen sich Ereignisse aufgrund der Aktenlage. Wenn konspirative Gründe es nahelegen, keine Akten anzulegen, erschwert dies die traditionelle historische Forschung. Und dies erschwerte auch die Einschätzung Trotts auf dem Colloquium erheblich: »Unvermeidlicherweise kam es dabei zu heftigen Auseinandersetzungen«, schrieb Marion Gräfin Dönhoff. »Die Zeitzeugen zeigten sich verärgert darüber, daß für die Wissenschaftler alles, was in den Akten steht, und eigentlich nur das, Gültigkeit besitzt; sie stellten grollend fest, daß Zeitzeugen offenbar als störend empfunden würden und die Historiker sich lieber an Akten orientierten, weil die nicht widersprechen können.«

»Wissen Sie denn nicht, wie solche Schriftstücke zustande kommen?« attackierte die Britin Christabel Bielenberg den deutschen Historiker Hans Mommsen. »Wie oft habe ich mit Adam von Trott zusammengesessen und überlegt, wie wir dieses oder jenes offizielle Schriftstück noch besser tarnen, noch etwas irreführender abfassen könnten – und dann kommen Sie vierzig Jahre später und studieren es so gläubig wie die Bibel.«

Die Trott-Kontroverse ist bis heute spürbar. Ich bat Mitte der neunziger Jahre einen kenntnisreichen Zeitzeugen in England, mir Hintergründe dieser Kontroverse verständlich zu machen. Er war dazu bereit, wollte aber anonym bleiben. »Ich kannte Trott gut«, sagte er. »Er war ein außergewöhnlich vornehmer, reizender und interessanter Mann. Er hatte beides – ernsthaftes Interesse an politischen Vorgängen, insbesondere natürlich an den deutschen, worüber er mit großer Offenheit und Intelligenz redete, und zugleich einen sehr lebendigen Sinn für Humor. Er war immer an einer Unterhaltung interessiert. Wir gingen oft zusammen in Oxford spazieren und sprachen manchmal über Philosophie, deutsche Literatur und über seine Vorstellung von Sozialismus. Wir wurden dicke Freunde. Wie Sie wissen müssen, herrschte hier aber noch immer einige Mißstimmung und eine Meinungsverschiedenheit darüber, was Trott tat oder nicht tat, nachdem Hitler in Deutschland zur Macht kam.«

Adam von Trott ist in der angelsächsischen Welt nach wie vor umstritten und mißverstanden. Während und noch nach dem Krieg hielt man ihn für einen Nazi-Agenten, in den USA sogar für »Hitlers Meisterspion«. Dort beobachteten ihn gleich drei Geheimdienste, wobei der deutsche der dümmste und der britische der gerissenste gewesen sein soll.

Es war dieser Verdacht, der Trott scheitern ließ, mit verheerenden Folgen womöglich für den Verlauf des Zweiten Weltkriegs, gewiß aber für Trotts persönliches Schicksal. Man erkannte nicht, daß er ein doppeltes Spiel treiben mußte, um in offizieller Funktion in das Ausland reisen und dort die Sache des Widerstands voranbringen zu können. Seine immer wieder bei diesen Kontakten im Ausland gestellte Frage war: »Werden sich England und die USA mit einem Deutschland, das Hitler beseitigt hat, an einen Tisch setzen?«

Der Widerstand in Deutschland hatte sich ja nicht in erster Linie formiert, um die alliierten Kriegsziele durchzusetzen, sondern um das Terrorsystem zu beseitigen und Millionen Menschenleben zu retten. Diese Motive der Männer und Frauen des Widerstands gegen Hitler wurden jedoch in den Hauptstädten der Alliierten nicht wirklich verstanden. Ihr Widerstand war vielen Briten und Amerikanern verdächtig und im Hinblick auf den Lauf der Kriegsmaschine eher störend; lediglich als Doppelagenten seien sie, wenn überhaupt, zu gebrauchen. Die Mauer des Schweigens, die errichtet wurde, und die Forderung einer bedingungslosen Kapitulation bargen die Gefahr für ein Scheitern des deutschen Widerstands, der dann zu einem Zeitpunkt stattfand, als Hitlers Ende abzusehen war. Zwölf Wochen später besetzten amerikanische Truppen die erste deutsche Stadt und begannen ihrerseits, Deutschland zu befreien.

In einem Gespräch mit Paul Scheffer, der für das »Berliner Tageblatt« geschrieben und sich entschlossen hatte, in den USA um politisches Asyl zu bitten, machte Trott die Rolle, die er spielen mußte, einmal klar: »Da liegt die Schwierigkeit, die der ›Gegenarbeit‹ anhaftet – sie kann nur stattfinden auf der Plattform, auf der der Leviathan nun einmal sitzt. Es kommt alles auf ein Wettrennen hinaus: Gewinne ich mehr Vorteile für einen kommenden Umsturz der Nazis durch das, was ich gegen sie tue, als ich der Erhaltung des Systems durch meine Mitarbeit damit Vorschub leiste?« Trott war entschlossen, seinen Platz in Deutschland zu suchen, wie er einmal einer Freundin in England schrieb. Er zwang sich, »das Ganze von innen kennenzulernen« und durch »die Korridore der Macht« zu gehen. In der äußerst verdienstvollen »Materialsammlung«, die Clarita von Trott 1957 fertigstellte und die 1994 veröffentlicht wurde, schreibt Professor Peter Steinbach einleitend: »Denn Umsturz aus dem Zentrum der Entscheidung bedeutete immer, sich auch auf die Macht einzulassen, sich selbst zu decken und zu tarnen, nur konspirativ zu kooperieren, obwohl es um die Opposition, die Entwicklung von Alternativen, um die aktive Vorbereitung des Umsturzes ging.«

In den alliierten Hauptstädten fehlte das Verständnis für die Zwangslage derer, die mitten in Deutschland gegen das Terrorsystem arbeiteten. Es ist die Tragik des Widerstands, daß seine Interessen und die der Alliierten nicht miteinander abgestimmt werden konnten. In der Wahrnehmung des Widerstands in Deutschland taten sich britische und amerikanische Politiker schwer. Sie ahnten nicht den doppelten Kampf – im Innern gegen ein Terrorsystem zu handeln, verfolgt von der Gestapo, und draußen gegen eine Mauer von Vorbehalten und Verdächtigungen anzurennen, beschattet vom britischen und amerikanischen Geheimdienst. Im Erkennen dieser Fehleinschätzung ist die Person Trott in der angelsächsischen Welt ein wunder Punkt geblieben, der noch immer Diskussionen anstößt.

In Deutschland herrscht ein recht undifferenziertes Bild vom Widerstand des 20. Juli 1944 – das Klischee einer konservativen Verschwörung aus Militär, Adel und Großbürgertum. Teilweise mag dieses Klischee sogar zutreffen, nicht jedoch, was Adam von Trott zu Solz betrifft. Er war jung, weltoffen und dachte sozialistisch. Er war eine große politische Begabung. Er gehörte einer jungen Generation an, die aufgebrochen war, die Welt neu zu gestalten, für eine neue Gesellschaft zu arbeiten und Politik auf neue Grundlagen zu stellen. Marion Gräfin Dönhoff beschrieb ihn als »Liebling der Götter«.

Adam von Trott zu Solz, dessen Großmutter Amerikanerin war, sah sich als »modernen Weltbürger«. Die Welt stand ihm offen, er war klug, kam aus einer wohlhabenden Familie und erhielt ein Stipendium in Oxford. Junge Intellektuelle aus den Nationen, die noch wenige Jahre zuvor im Krieg gegeneinanderlagen, begegneten sich, tauschten sich aus, diskutierten Weltentwürfe. Es war das Lebensgefühl einer Generation im Aufbruch.

Befremdet von der Enge des nationalsozialistischen Alltags, entschloß sich Trott, nach seiner Rückkehr aus Großbritannien, das NS-System zu unterwandern. Er fand Anstellung im Auswärtigen Amt, das ist seine Tarnung. Über zwanzig Missionen ins neutrale Ausland unternahm er in den Kriegsjahren – in die Schweiz, in die USA, in die Türkei und nach Schweden. Sie waren als offizielle Dienstreisen camoufliert.

Trott war es gelungen, in die Korridore der internationalen Machtzentren vorzudringen. Er wollte sich zu den »think tanks« vortasten, die das Kriegstheater und das Nachkriegseuropa planten. Und weil er Nazi-Deutschland von innen aufbrechen wollte, nannte ihn der US-Geheimdienst OSS »breaker«.

Mit Hilfe der Geheimdienste wollte Trott die »Mauer des Schweigens« der Alliierten durchbrechen. Er bestimmte die Gangart des Widerstands, bediente die Gangschaltung des Getriebes und beschleunigte die Dynamik. Trott wollte den Widerstandskreis einer Massenbasis öffnen – vom konservativen Bürgertum über die Gewerkschaften zu den Sozialisten. Es war Trott, der für den Linksruck der Widerstandsbewegung sorgte. Er war bereit, in dieses Aktionsprogramm auch die Kommunisten hineinzunehmen oder zumindest mit kommunistischen Kräften zusammenzuarbeiten.

In der letzten Phase vor dem Attentat, das er in engem Kontakt mit dem Offizier Claus Schenk Graf von Stauffenberg plante, bestimmte Trott von innen und nach außen das Tempo der Umsetzung des politischen Plans – innen entfaltete er die Basis des Widerstands und hielt dabei die Verbindung zur Welt draußen.

Adam von Trott zu Solz war zu einer Schlüsselfigur des deutschen Widerstands geworden.

Daß er in Vergessenheit geraten konnte, zeigt, wie wenig wir mit der Innenansicht des Widerstands vertraut sind. Wer Trott nicht kennt, hat kaum Kenntnis von der tatsächlichen Infrastruktur des Widerstands und dessen verschiedenen Gruppierungen, auch nicht von den europäischen Aktivitäten des Widerstands bis in die Regierungszentralen der Alliierten hinein.

Der deutsche Widerstand war längst nicht mehr eine Szenerie, die in einem bürgerlich-militärischen Berliner Milieu spielt. Durch Trotts Kontaktbemühungen wurde der deutsche Widerstand zu einem Szenarium von europäischer Dimension.

Trott hatte auch den Mut, einem Mißlingen des Attentats ins Antlitz zu sehen. Er hatte versucht, der Unvermeidlichkeit der Dinge im Wege zu stehen, und ahnte die Unabwendbarkeit des Schicksals sowie die Ausweglosigkeit seines Tuns. Seine Verabredungen und seine Gedanken hielt Trott in kleinen schmalen Notizbüchern fest, die er sich in Schreibwarenläden Oxfords besorgt hatte. Schon 1935 notierte der damals 26jährige in eines dieser Notizbücher:

»Wenn wir uns schon mit einer Epoche abfinden müssen, in der die größere Wahrscheinlichkeit für ein vorzeitiges Lebensende steht, sollten wir doch wenigstens dafür sorgen, daß es einen Sinn hat zu sterben – gelebt zu haben.«

Vielleicht war Trott tatsächlich schwer zu fassen – vor allem im Nachkriegsdeutschland, das vom kalten Krieg geprägt war. Auch da war den Alliierten das Thema Widerstand nicht angenehm. Man hatte keinen inneren Zugang mehr zu einem Menschen wie Trott. Das ist um so bedauerlicher, als dieser ein Schlüssel für das Verständnis des Dilemmas des deutschen Widerstands ist.

In seinem Essay »Adam von Trott zu Solz – Patriot und Weltbürger« schreibt der Biograph des Widerstands Klemens von Klemperer: »Er gehörte somit zwei Welten an. Die eine war von den traditionellen Werten des Dienstes am Staat geprägt, die andere vom Ethos der Gerechtigkeit und der Menschenrechte.« Und Joachim Fest denkt über Trott: »Er läßt sich sogar als eine Art Modellfall verstehen, weil seine Biographie alle Voraussetzungen vereinte, die für ein Zusammenkommen der beiden Seiten sprachen.« Denn Trott war nicht nur dank seiner Ahnen, sondern auch durch seine Oxford-Zeit angelsächsisch geprägt.

Es sind zwei Pole, zwischen denen Adam von Trott zu Solz aufwächst. Da ist ein übermächtiger Vater, preußischer Kultusminister im Kaiserreich, der fest geerdet auf Imshausen, dem Familiensitz, steht. Und da ist seine Mutter – aufgewachsen in Sankt Petersburg, halb Amerikanerin, deren Ururgroßvater mütterlicherseits amerikanische Geschichte geschrieben hatte. Dort, wo Freiheit und Naturrecht geschaffen wurden, ist sie verwurzelt. Die Mutter öffnet dem Sohn das Tor zur Welt.

Statt des ältesten Sohnes Werner soll Adam in die Fußstapfen seines Vaters treten – eine Pflicht, der er sich seinem Vater zuliebe unterzieht. Dieser will ihm sein geistiges Erbe hinterlassen, »das dir selbst als wertvoll erscheint und im Leben von Nutzen sein kann«. Aber Adam hat Zweifel, ob er die Erwartungen erfüllen will und kann. Am 9. Januar 1930 notiert er in sein Tagebuch: »Und wahr ist es, daß meine wirklichen Pläne und Überlegungen in einer so verschiedenen Sphäre liegen, daß es immer ein Sprung über eine Kluft zwischen zwei Welten ist.«

Die große Familie – komplex und kompliziert – prägt Adam von Trotts Welt, besonders spürbar in seiner Erfahrung mit dem sieben Jahre älteren Bruder Werner. Im gegenseitigen Beobachten und Mustern steckt ein Messen aneinander, manchmal auch ein Kleinkrieg zwischen beiden. Adam will sich das Recht nehmen, seinem possessiven Bruder auch widerstehen zu dürfen. Am Waldrand von Imshausen wählte er sich als Heranwachsender zwei Bäumchen aus, eines für sich, das andere für den Bruder. Er betrachtete das Ganze als eine Art Gottesurteil. Wenn sein Baum höher wächst als der Baum des Bruders, hat er sich seinem älteren

Bruder gegenüber durchgesetzt. Adam hatte für sich eine Buche, für seinen Bruder eine Tanne gewählt. Die Buche jedoch war im Wachstum zurückgeblieben.

Diese Geschichte spiegelt Adams innere Anspannung wider, seinen Platz zu finden. Daß er sich überhaupt eine solche Geschichte einfallen ließ, ist ein Zeichen für die Schwierigkeiten, in denen er sich befand. Das half ihm, sich der Auseinandersetzung zu stellen, Konflikte bewältigen zu lernen und zu reifen.

Es waren drei Brüder ganz besonderer Art: Werner, Adam und sein um neun Jahre jüngerer Bruder Heinrich, ein eher in sich gekehrter Mann, der für sich beschlossen hatte, die Jahrzehnte permanenter Ausnahmezustände zu unterlaufen. Er war Förster im Trottenwald geworden, der »Waldgänger«, wie man ihn nannte. In jungen Jahren war er Ernst Jünger begegnet. In seinem Roman »Auf den Marmorklippen« hat der Schriftsteller die Begegnung festgehalten. Der jüngere Heinrich und der ältere Werner überlebten die Zeit des Nationalsozialismus. Zusammen mit ihrer Schwester Monika waren sie 1942 zum Katholizismus übergetreten. Für die tief religiöse protestantische Mutter war dieser Entschluß nicht einfach zu bewältigen. Die Kinder suchten in diesen wirren Zeiten in der Kirche ihre Heimat.

In der Nachkriegszeit gab Werner von Trott zusammen mit HAP Grieshaber, Walter Warnach und Heinrich Böll die Zeitschrift »Labyrinth« heraus. Böll blickt auf ihn und ihre Arbeit zurück: »Labyrinth – wie man auf dem Markt sagen würde – ›lebte‹ nicht lange, es ging im Labyrinth des Marktes verloren ... Mein Roman ›Ansichten eines Clowns‹ war eine Fortsetzung von ›Labyrinth‹, war Widerstand gegen die selbstgefälligen Kräfte und Gruppen, die zu ihrem unantastbaren Eigentum erklärten, zu ihrem eigenen Besitz, was man nicht besitzen kann wie etwas katasteramtlich Verbrieftes: Christentum und Demokratie.«

Heinrich Böll würdigte in einem Aufsatz Werner von Trott: »Ein Deutscher aus der Tradition deutscher Verzweiflung, der die

Hoffnung nicht aufgeben konnte; für den ein Lebensweg selbstverständlich, natürlich wurde, der ›idealistisch‹ erscheinen muß und doch der für Trott geradeste Weg in die Realität der Zeitgenossenschaft war: Auf adelige Privilegien verzichtet, um Arbeiter zu werden, bei Max Scheler Philosophie studiert, 1931 Eintritt in die KPD, im Jahr 1942 Übertritt zur katholischen Kirche, ohne, was vorher war, wegzuwerfen, zu verachten oder zu verraten, sondern alles mit hineinzunehmen ... Ich habe Werner von Trott immer als den Gegenpol zu Konrad Adenauer verstanden.« Böll sieht ihn als »einen letzten Deutschen«.

Zwischen Werner, dem sozialistischen Katholiken, und Heinrich, dem Waldgänger, steht Adam von Trott. In einem Brief vom März 1931 schrieb er an seine Eltern: »Es kann uns Jungen nicht schaden, recht eindringlich zu sehen, wie wir die Dinge zu übernehmen haben, und noch jede tiefgreifendere Besserung ist aus der Not entstanden, die Ihr mit vollem Bewußtsein miterlebt habt und in die wir erst noch hineinwachsen.« Adam von Trott zu Solz versucht nicht nur die Enden einer Familie, sondern seines Vaterlandes zusammenzuhalten. Werner sagte über ihn: Adam ging »durch die Hölle der Identifikation mit Deutschland«.

Einen wichtigen Hinweis, weshalb Adam von Trott zu Solz in Vergessenheit geriet, gibt sein Freund und Amtskollege im Auswärtigen Amt Franz Josef Furtwängler, der bestätigt, daß kaum jemand bei der Vorbereitung des Staatsstreichs so viele Fäden in seiner Hand gehalten habe wie Adam von Trott: »Was ihn dabei auszeichnete, war, daß er seine nimmermüden Energien völlig geräuschlos und ohne weit ausholende Gesten spielen ließ. Vielleicht erklärt sich daraus, daß er in Schriften und Artikeln über die Juli-Aktion manchmal gar nicht erwähnt wird. Keiner hat, außer dem Grafen Stauffenberg, so energisch auf die Aktion hingedrängt und so geschickt Jahr und Tag auf die Militärs eingewirkt wie Adam.«

Im Gegensatz zu vielen, die erst später zum Widerstand stießen, war Adam von Trott von Anfang an gegen Hitler.

Wer ist dieser Adam von Trott zu Solz?

Zwischen Potsdam und Imshausen, 1909–1930
Kindheit, Jugend und Studium

Im Jahr 1901 heiratet im Alter von 45 Jahren August von Trott zu Solz die zwanzig Jahre jüngere Eleonore von Schweinitz. Der damalige Regierungspräsident in preußischen Diensten avanciert 1905 zum Oberpräsidenten der Provinz Brandenburg. Das Ehepaar wird eine kinderreiche Familie gründen. Zuerst wird 1902 Werner geboren, dann folgt Irene – sie stirbt im Kindesalter –, 1906 kommen Vera, zwei Jahre später Ursula und am 9. August 1909 ein zweiter Sohn zur Welt. Er wird auf den Namen Friedrich Adam getauft. Sein Geburtsort ist Potsdam. Dort ist im selben Jahr der Vater zum preußischen Kultusminister berufen worden. Da dieses hohe politische Amt in der Nähe des Hofes auch gesellschaftliche Verpflichtungen mit sich bringt, kümmert sich Miss Louisa Barrett um die Kinder. Sie stammt aus England, aus Tunbridge Wells, und ist bei den Trotts als Nurse angestellt. Der kleine Adam ist ihr besonders ans Herz gewachsen. Aus jener Zeit gibt es ein Foto von Adam – mit Lockenkopf und Rüschenkleid. Miss Barretts Arbeit im Hause Trott ist eine große Hilfe, zumal im Frühjahr 1911 die Frau des Staatsministers wieder ein Kind, Monika, zur Welt bringt.

Während sich der Kultusminister etwa mit Fragen des Jugendschutzes und der Gründung einer Kaiser-Wilhelm-Gesellschaft zur Förderung der Wissenschaften beschäftigt, führt »Nanny« die Kinder Adam und Monika im Zoologischen Garten spazieren. Der Ausbruch des Großen Krieges 1914 ist für den 5jährigen Adam deshalb ein großer Schmerz, da Miss Barrett nach England zurückkehren muß. Die Zeit einer behüteten Kindheit ist vorbei.

Bald folgt die Einschulung, Adam besucht zwei Jahre lang die Vorschule des Französischen Gymnasiums in Berlin.

August von Trott zu Solz führt neun Jahre lang die Amtsgeschäfte des preußischen Kultusministeriums. Er wird populär durch seine Forderung, daß jede Gemeinde einen Sportplatz besitzen müsse. Nach seinem Rücktritt 1917 übernimmt er das Amt eines Oberpräsidenten der Provinz Hessen-Nassau mit Sitz in Kassel, dort wo seine Laufbahn in preußischen Diensten begonnen hatte. Adam besucht jetzt die Volksschule in Kassel und wechselt dann auf das Wilhelms-Gymnasium, das schon sein Bruder Werner besucht. Als der Vater 1919 pensioniert wird, nehmen die Eltern Adam vom Gymnasium. Man zieht auf den Trottschen Familiensitz nach Imshausen, als Jüngster kommt der im Frühjahr 1918 geborene Heinrich hinzu.

Bereits in seiner frühen Kindheit bereitet Adam der Aufbruch der Familie von Potsdam in die Ferien große Freude. Für ihn ist Imshausen eine Erinnerung an Tage der Sommerfrische mit Miss Barrett. Adam liebt die freie Natur, genießt Berge und Täler, Wiesen und Wälder dieser hessischen Landschaft.

Imshausen blieb immer ein Ort mit etwa 170 Seelen. Die Rückseite der Häuser und Stallungen schirmen ihn von der Welt ab. Offen scheint das Dorf nur für das Herrenhaus zu stehen. Das alte Dorfbild mit vielen Fachwerkhäusern hat sich bis heute erhalten, weil Imshausen ein halbes Jahrhundert lang am Ende der (westlichen) Welt lag, ein Biotop in Deutschland zwischen Ost und West. In der Nord-Süd-Koordinate symbolisieren Ortsnamen wie Lager Friedland und Herleshausen deutsche Nachkriegsgeschichte.

Früher hätte man sich leichter getan, die Lage von Imshausen zu beschreiben. Es liegt neun Kilometer nordöstlich von Bebra, dem einstigen Eisenbahnknotenpunkt Deutschlands. Nach heutigen Mobilitätskriterien erreichen Sie Imshausen, wenn Sie die A 7 zwischen Fulda und Kassel am Kirchheimer Dreieck verlassen und auf der A 4 Richtung Eisenach/Erfurt fahren.

Eingebettet in Wiesen, umgeben von Hügeln und etwas entfernter von Wäldern – dem Trottenwald –, liegt Imshausen, das seit alters Trottscher Familiensitz ist – ein Herrenhaus, dem hohe Fensterlinien, die sich in die Mansarde fortsetzen, eine in sich ruhende Fassade geben. Es war gegen Ende des 18. Jahrhunderts auf altem Schloßgrund errichtet worden.

Der Vater des ehemaligen preußischen Kultusministers war Diplomat im Dienste des letzten Kurfürsten von Hessen-Kassel, und dessen Vater wiederum war Gesandter des Württembergischen Hofes am Deutschen Bundestag. Dort, in Frankfurt, war er im November 1848 gestorben.

Die Vorfahren der Familie Trott lassen sich bis ins 13. Jahrhundert verfolgen. Als Burgmannen, also Lehensleute, auf der Kaiserpfalz Boyneburg, etwa 30 Kilometer nordöstlich von Imshausen, werden sie zum ersten Mal erwähnt. Von da an dienten die Trotts jahrhundertelang Kaiser und Reich.

Eleonore, die Frau Augusts von Trott zu Solz, war eine geborene von Schweinitz. Ihr Vater, Hans Lothar von Schweinitz, aus altem schlesischem Adel, vertrat als Botschafter das deutsche Kaiserreich an der Wiener Hofburg. Dort lernte er seinen amerikanischen Amtskollegen John Jay kennen und dessen Tochter Anna schätzen. John Jay trägt den Namen seines Großvaters, der zu den Gründervätern der Vereinigten Staaten von Amerika gehörte. Hans Lothar von Schweinitz verliebte sich in Anna. Als der deutsche Botschafter und die amerikanische Diplomatentochter heirateten, war er 50 und sie 23. 1875 kam eine Tochter zur Welt, Eleonore. Weil ihr Vater als Botschafter an den Zarenhof gerufen worden war, verbrachte sie ihre Jugend in Sankt Petersburg.

In jener Zeit, als August von Trott zu Solz in den Ruhestand tritt, geht der Weltkrieg zu Ende und, weil er verloren war, auch das Kaiserreich. Eine Welt bricht zusammen. Der Kaiser geht ins Exil, Revolutionstruppen postieren sich am Brandenburger Tor, Arbeiter- und Soldatenräte beherrschen die politische Szene, die Republik wird ausgerufen. Die Verhältnisse in Staat und Gesellschaft ändern sich einschneidend. Es herrscht Notstand, und die Not ist spürbar. Die Lebensmittelversorgung war zusammengebrochen, die Ernährung der Kinder unzulänglich, in den Städten hungert man. Hamsterfahrten aufs Land gehören zum Alltag, der Schwarzmarkt blüht. Die Nahrungsmittel werden rationiert und deren Bezug streng überwacht.

Nach dem Umsturz wird Deutschland Schauplatz innerer Unruhen, es gibt Streiks und Aufruhr. Es herrscht militärischer Belagerungszustand. Noch am 13. Januar 1920 verhängt Reichspräsident Friedrich Ebert den Ausnahmezustand. Die vollziehende Gewalt liegt beim Reichswehrminister. Am 13. März 1920 legt der Staatsstreich des Generallandschaftsdirektors Kapp und des Generals von Lüttwitz den Regierungsapparat zeitweilig lahm. Zu den bürgerkriegsähnlichen Zuständen kommen auch noch Loslösungsbestrebungen mancher Provinzen von der Reichsregierung. Auf Konferenzen in London und Paris fordert man Reparationen vom Reich, das auseinanderzubrechen droht. Die junge Republik verzieht von Berlin nach Weimar.

Diese schlechten Zeiten prägen jetzt auch den Alltag der Trotts. Verena, die älteste Tochter, wünscht sich zum Geburtstag »ein ganzes Schwarzbrot«, und Adam streicht sich gekochte Wintererbsen aufs Brot. Im Winter 1920 kommt in Imshausen das jüngste Kind, Eleonore Augusta, zur Welt. Die Mutter ist jetzt 45 Jahre alt.

Werner bleibt auf dem Kasseler Wilhelms-Gymnasium, während die anderen Kinder in Imshausen von einem strengen Fräulein Wild unterrichtet werden. Um Latein zu lernen, muß Adam zu Fuß in den über zwei Kilometer entfernten Nachbarort Solz, wo ihm der Dorfpfarrer Unterrichtsstunden gibt. Diesen Weg macht er gerne, weil er in Solz Cousins und Cousine des dort ansässigen Familienzweigs trifft. Wenn er vom Lateinunterricht zurückkommt, schaut Adam auf dem Nachhauseweg in ein altes Fachwerkhaus am Dorfeingang hinein, wo der Dorfjude Seelig mit seiner Frau wohnt. Bei den Nachbarskindern, mit denen Adam viel und gerne zusammen ist, heißt der Sohn des Staatsministers a. D.

»Ministersch Aden«. Das war manchmal auch hänselnd gemeint, weil der Vater nicht mehr Minister war.

Bald muß Adam wieder aufs Kasseler Wilhelms-Gymnasium zurück. Er bezieht ein Zimmer bei Pfarrer Jäger in der Waisenhausstraße 20, wo auch schon Adams Bruder Werner gewohnt hat. Im Gegensatz zu Werner fühlt sich Adam im Pfarrhaushalt unwohl. Er schreibt seiner Mutter: »Ich kann die Art des Christentums, die der Herr Pf. hat, nicht verstehen. Dieses sozusagen Zittern und Beben. Wir sollen mutig sein, nicht immer gleich beten und beten (es klingt mir wie ein Winseln), sondern es durch Taten gutzumachen suchen. Auch kann ich nicht leiden, wenn die Kirche indirekter Zwang ist.«

Pfarrer Jäger erlebt den Schüler oft gereizt. Das bereite ihm Sorgen, schreibt er an Adams Vater: »Exzellenz, ich studiere noch, wo und wie ich ihm etwas näherkommen und voranhelfen könnte.« Pfarrer Jäger vermutet »primär ein seelisches Mißbehagen: Adam kann nicht recht arbeiten und nicht recht spielen.« Beides sei für sein Lebensalter schlimm. So bliebe immer sein einziger Schluß: »Ich freue mich auf die Ferien!« Andere Beschäftigungen, wie Wandern, Baden oder Rudern, sind Adam durch den Arzt untersagt. Sein »seelisches Mißbehagen« schlägt sich in Krankheiten nieder. Adam befindet sich im Wachstum; er fühlt sich geschwächt durch Scharlach, Angina und immer wieder durch Kopfweh, Zahn- und Magenschmerzen.

Die junge Generation Adam von Trotts sucht neue Pfade. Viele finden in ihrer Ablehnung des Industriezeitalters, der Massendemokratie und der kalten Welt der Moderne eine neue Heimat in der bündischen Jugend, die von Einordnung in eine Gemeinschaft und Unterordnung unter einen Führer mehr hält als von der Freiheit des Individuums in einer demokratischen Gesellschaft. Man spricht von »Reinheit« und von »Treue«, gar von »Nibelungentreue«; der Glaube an Deutschland ist »heilig«; man liest Moeller van den Brucks »Das dritte Reich«. Die bündischen Jugendgruppen haben großen Zulauf. Eine gemäßigte Vereinigung innerhalb dieser Jugendbewegung ist der »Nibelungen-Bund«. Ein Offizier, der die Schrecken des Ersten Weltkriegs erlebt und danach Philosophie und Kulturgeschichte studiert hat, Gustav Ecke, will nach dem Zusammenbruch Deutschlands der Jugend eine bessere Zukunft zeigen und strebt eine geistig-politische Erneuerung des Vaterlandes an. Das Abzeichen der »Nibelungen« ist eine weiße Rose. Auch in Kassel wird ein »Nibelungen-Bund« gegründet. Der zwölfjährige Adam stößt zu ihm und ist von Ecke und dessen Idealismus beeindruckt. Ganz in der Nähe von Imshausen findet auf der Burg Tannenberg bei Nentershausen im Sommer 1923 ein Bundestreffen der »Nibelungen« statt. »Gösta«, wie Ecke genannt wird, ist es in Deutschland bald zu eng. 1923 verläßt er das Land. Adam spürt, daß die Ortsgruppe der »Nibelungen« in Kassel Deutschland auch nicht retten kann, und verläßt sie nach vier Jahren.

Werners Entschluß, das Wilhelms-Gymnasium ohne Abschluß zu verlassen und aus dem Elternhaus auszubrechen, um »Arbeiter« zu werden, verursacht in der Adelsfamilie Kummer. Adam spürt den Schmerz seines Vaters und schreibt aus Kassel seiner Mutter: »Es tut mir so schrecklich leid, daß Vater eine solche Enttäuschung wegen Werner erleben mußte; ich werde alles tun, damit er durch mich keine erfährt.« Tatsächlich beginnt Werner in einer Maschinenfabrik zu arbeiten. Bald aber wird er Versäumtes nachholen und zum Studium nach Marburg und Köln gehen, wo er Philosophie, Volks- und Sozialwirtschaft belegt, doch nach zehn Semestern bricht er auch hier ohne Abschluß ab.

An Ostern 1923 wechselt Adam das Gymnasium. Er besucht das Städtische Gymnasium in Hannoversch-Münden, auf halbem Weg zwischen Kassel und Göttingen, und wohnt im Alumnat des Klosters Loccum. Es werden für ihn vier lange Jahre. Er versucht, den Schulinspektor zu überzeugen, daß »man die Schule in der Form, wie sie jetzt wirklich ist«, nicht ernst nehmen könne. Adam resümiert seine Erfahrungen, die er mit Lehrern machte: »Sie bleiben so, wie sie sind, und ich verändere mich.« Mit der Einsicht in die Notwendigkeit zwingt er sich zu sagen: »Durch!« Es war sein früher Wahlspruch, und er erklärt ihn auch: »Erst in Fällen, in denen man immer sozusagen wieder abrutscht, lernt man die Bedeutung eines kleinen Wörtchens kennen.« Adam ist jetzt ein junger Mann, hochgeschossen, über 1,90 Meter groß.

Als noch siebzehnjähriger Abiturient verläßt Trott die klösterliche Lebens- und Erziehungsanstalt und beginnt sein Studium in München. In den ersten Maitagen 1927 immatrikuliert er sich in der Rechts- und Staatswissenschaftlichen Fakultät – wohl seinem Vater zuliebe. München ist für ihn eine fremde Stadt in einer befremdlichen Zeit. Nach der Entlassung aus der Festungshaft in Landsberg hatte Adolf Hitler 1925 in München die nach dem Putschversuch verbotene NSDAP wiedergegründet und seine Programmschrift »Mein Kampf« veröffentlicht. Als dann am 10. März 1927 auch noch das öffentliche Redeverbot aufgehoben wird, hält Hitler tags darauf zum Thema »Zukunft oder Untergang« in München wieder eine erste Rede. Auch Adam von Trott zu Solz besucht schon in seinem ersten Semester einen dieser Auftritte. Ihm fällt auf, wie Hitler das Publikum in seinen Bann zieht. Er schreibt nach Hause: »Neulich hörte ich Adolf Hitler; er ist schon ein ganzer Kerl, aber die Leute, die ihm zuhören, ungebildet und unfähig bis dorthinaus.« Adam fügt hinzu, diese Erfahrung könne man auch häufig in der Universität machen. Tatsächlich wird die Münchner Studentenschaft immer stärker von völkischen und antisemitischen Gruppen durchsetzt. Trott wohnt in der Schwabinger Georgenstraße. Reitstunden, Fechtunterricht und Ausflüge bestimmen jetzt eher den Wochenplan als die Vorlesungen.

Eleonore von Trott zu Solz, die stets in sozialen und kirchlichen Organisationen tätig war, nimmt im Juni 1927 an einer internationalen Konferenz für christliche Jugenderziehung teil. Delegierte aus 50 Ländern reisen nach Dassel bei Hannover. Eleonore von Trott stützt mit ihrer Autorität und ihrem auffallenden Engagement den Gedankenaustausch unter Menschen aus verschiedenen christlichen Organisationen. Sie arbeitet zum Beispiel mit Tracy Strong vom Vorstand des Weltbundes Christlicher Vereine Junger Männer (CVJM) zusammen und auch mit dem jungen holländischen Pfarrer Willem Adolph Visser't Hooft vom Christlichen Weltstudentenbund.

Nach dem ersten Semester in München zieht es Adam von Trott zurück in die Nähe seiner Heimat. Er immatrikuliert sich in Göttingen. Wie sein Vater tritt er dem Korps der »Göttinger Sachsen« bei. Der Ort ist leicht zu überblicken. Die Georg-August-Universität bestimmt den Alltag der Stadt. Adam befreundet sich mit Götz von Selle, mit Fritz-Dietlof Graf von der Schulenburg und mit Ernst-Friedemann Freiherr von Münchhausen. Dem kleinen Münchhausen fällt der große Trott sofort auf. Auch sein schmaler Kopf, seine hohe Stirn, seine ausgeprägten Augenbrauen und seine dunkelblauen Augen »mit einem Blick, der zugleich die starke Eindringlichkeit des Verstandes und die drängende Kraft des Gefühls verriet. Eine edle schmale Nase und ein voller, selbstbewußter, dem Leben in seiner Fülle zugewandter Mund. Das kräftige Kinn verriet sicheres Selbstbewußtsein.« So sieht ihn sein Kommilitone und Korpsbruder von Münchhausen, dem aber auch die ungelenken Bewegungen eines Jünglings auffallen, der mit sich selbst noch nicht ganz fertig zu werden wisse.

Um Adam wenigstens zeitweilig aus dem Erwartungsdruck des nahen väterlichen Hauses herauszunehmen und ihn auf richtige Bahnen zu lenken, nutzt Eleonore von Trott ihre in Dassel geknüpften Verbindungen in die große Welt. Tracy Strong vom Weltbund CVJM lädt Adam ein, in den Semesterferien 1928 nach Genf zu kommen. Er darf ganze drei Wochen im Chemin Lacombe wohnen, inmitten der kosmopolitischen Atmosphäre, wo der Völkerbund tagt, über Weltfrieden debattiert und die Jugend der Welt im CVJM oder auch im Christlichen Weltstudentenbund zusammenkommt.

Auch Adam lernt jetzt Dr. Willem A. Visser't Hooft kennen. Mit ihm, dem 28jährigen Theologen, kann sich der 18jährige Student über das, was ihn bewegt, unterhalten. Trott gesteht, daß das Lesen in der Bibel nicht seine Sache sei, größere Religiosität schöpfe er aus der Lektüre der Romane Dostojewskis. Und das kann ihm Genf an ein und demselben Tag bieten – ein Vortrag des Schriftstellers George Bernard Shaw und der Besuch einer international besetzten Friedenskonferenz der Kirchen. Adam freundet sich in diesen Wochen auch mit einem Studenten aus Oxford an, mit Geoffrey Wilson.

Nach diesen drei Wochen in der Schweiz kehrt Adam an die Universität Göttingen zurück und verbringt die erste Zeit in Kliniken. Er hat eine Nierenentzündung und muß zudem an den Mandeln operiert werden. Als er dann wieder die Vorlesungen und Seminare wahrnehmen kann, erhält Trott aus Genf eine Einladung, an einer Konferenz der Christlichen-Sozialistischen Studentenbewegung Anfang Januar 1929 in Liverpool teilzunehmen. Dort werden sich Jugendvertreter aus dem gesamten Commonwealth einfinden. Adam fährt tatsächlich nach England, um, so das Tagungsthema, »Die Absichten Gottes im Leben der Welt« zu erkunden – vom Veranstaltungsrahmen her sicher auf die Welt des Commonwealth beschränkt.

Dort lernt Adam von Trott den Reverend Dr. William Boothby Selbie, Leiter des Oxforder Mansfield College, kennen. Da Adam liebend gerne seine Reise zu einem Kurzsemester in Oxford ausweiten will, verschafft ihm Selbie dort einen Studienplatz. Um die Zeit bis dahin zu überbrücken, fährt Trott nach London und besucht auch sein ehemaliges Kindermädchen Louisa Barrett. In Oxford erhält er einen Studienplatz im Fach Politische Wissenschaften und darf sogar im Gästezimmer des Mansfield College wohnen. Den Gast aus Deutschland fasziniert die traditionsreiche Universitätsstadt mit den gotischen Fassaden, Türmen, Innenhöfen und den großflächigen Sports Grounds mit gepflegtem Rasen. Dort, wo die Themse, die hier Isis genannt wird, und das Flüßchen Cherwell zusammenfließen und eine Furt die Flußdurchquerung ermöglichte, entstand Ochsenfurt – Oxford. Oxford beherbergt die älteste Universität auf den Britischen Inseln und drittälteste Europas. Sie konserviert in ihren Mauern die Welt des Mittelalters, und Selbie scheint ein typisches Produkt dieser Tradition zu sein – alt, klein, bärtig, bebrillt, blaß, gebückt, unscheinbar –, »the inspired mouse« nennt man den Rektor, der schon seit alten Zeiten im Amt ist.

Adam von Trott lernt einen jungen, erst 25jährigen Dozenten am All Souls College kennen, Alfred Leslie Rowse, einen ebenso überzeugten wie politisch engagierten Sozialisten. Auch mit einem Studenten aus Indien befreundet er sich: Humayun Kabir, der später unter Nehru Kultusminister wird. Und schließlich trifft Trott Geoffrey Wilson wieder, den er in Genf kennengelernt hatte. Trotts Eindruck nach diesem Trimester in Oxford: »Ich fühlte mich zum erstenmal in meinem Leben ernst genommen.«

Adam von Trott zu Solz kehrt eigentlich nur nach Göttingen zurück, um sich dort zu exmatrikulieren und seine Sachen zu packen. Nachdem er die Luft der großen weiten Welt geschnuppert hatte, zieht es ihn im Sommersemester 1929 nach Berlin. Er findet am Olivaer Platz ein Zimmer und setzt sein Jurastudium fort. Wegen des Straßenlärms zieht er bald in die ruhigere Pariser Straße um. Hans Gaides, ein Berliner Arbeitersohn, den Trott in Liverpool kennengelernt hatte, bringt ihn mit seinem »Sozialistischen Arbeitskreis« zusammen, wo er bald Helmut Conrad, ebenso Jurastudent, und Curt Bley, vormals Vorsitzender der Sozialistischen Studenten in Heidelberg und jetzt des Verbandes der Republikanischen Studenten von Berlin, kennenlernt. Mitten aus dem Erleben dieser neuen Umgebung schreibt Adam im Juli 1929 nach Imshausen: »Gestern abend war ich bei einem demokratischen Assessor am Handelsministerium zu einem ›Ausspracheabend‹ über das Thema ›Arbeiter und Student‹.« Dieser Assessor, Dr. Hans Muhle, war Regierungsrat im preußischen Handelsministerium. Er führt Trott bald mit sozialistischen Gruppen Berlins zusammen. Kommilitonen von damals schildern Adam von Trott als »einen Rastlosen, der von der Politik geradezu besessen war«.

Trott kommt auch in seinem Sommersemester mit anderen Kreisen in Kontakt. Er lernt den 3. Sekretär an der Britischen Botschaft, Hugh Montgomery, kennen und über diesen wiederum Josias von Rantzau und Albrecht von Kessel. Beide sind Korpsbrüder der »Göttinger Sachsen« und arbeiten im Auswärtigen Amt. Auch der Name Hasso von Seebach taucht jetzt öfter in seinen Notizbüchern auf. Albrecht von Kessel besucht Trott 1929 in seinem Studentenzimmer, einer düsteren billigen Bude. Auf wackligem Tisch liegen »Das Kapital«, eine Haarbürste, Hölderlins Gedichte und ein Butterbrot. Trott hat bereits Besuch: »Er hatte es nicht gern, wenn ich ihn besuchen kam, denn er schämte sich vor den sozialistischen oder kommunistischen Arbeitern, mit denen ich ihn in endlose Diskussionen verwickelt antraf, der Bekanntschaft mit mir. Weltschmerz, russische Literatur und extrem linksgerichtete politische Ideen waren die Fahnen, auf die er schwor, doch er war jung und leidenschaftlich genug, um diese Ideale auf Stunden zu vergessen, wenn er, schön wie ein junger Gott, abends die Berliner Salons in Erstaunen versetzte. Er war ein junges Genie, sensibel und reizbar, und niemand hat den Umgang mit ihm leichtgefunden.«

Als Trott den Verlauf seines bisherigen Studiums bilanziert, stellt er fest, daß ihm zu einem Abschluß noch manche Vorlesungstestate, Seminarscheine und Klausuren fehlen. Um diese Examensvoraussetzungen überhaupt vorweisen zu können, entschließt er sich, nach Göttingen zurückzukehren und sich dort ganz auf die bevorstehenden Prüfungen vorzubereiten. Im Wintersemester 1929/1930 besucht er wieder das Seminar des Direktors des Instituts für Internationales Recht und Diplomatie und meldet sich bei Professor Herbert Kraus. Da Göttingen auch durch die Arbeiten von Kraus als eine Bastion der Hegel-Forschung gilt, widmet sich Trott Hegels Rechtsphilosophie.

Im Institut lernt er Alexander Werth kennen. Gemeinsam wollen sich die beiden auf die Examina vorbereiten. Da Trott bereits daran denkt, bei Kraus über Hegels Rechtsphilosophie zu promovieren, läßt er vorsorglich seinen Vater eine Hegel-Ausgabe besorgen und von ihm wichtige Stellen markieren. Die Adventstage im Dezember 1930 sind für Adam von Trott eine Belastungsprobe. Kurz vor Weihnachten steht er vor der juristischen Abschlußprüfung. Er muß vor dem Prüfungsamt des Oberlandesgerichts Celle Klausuren in Bürgerrecht, Handelsrecht, Strafrecht und schließlich in Staatsrecht schreiben. Mitten in einer Zeit, in der der Reichspräsident die rechtsstaatliche Ordnung durch Notverordnungen einschränkt, erörtert der Rechtskandidat Trott in der staatsrechtlichen Klausur Sinn und Widersinn verfassungsrechtlicher Normen. »Dies allein wird mir hoffentlich betreffs des Schriftlichen nicht den Hals brechen«, schreibt er im Dezember 1930 an seinen Vater. Trott absolviert das Referendarexamen mit einem »voll befriedigend«.

Institutsdirektor Kraus legt das Thema der Dissertation fest: »Hegels Staatsphilosophie und das Internationale Recht«. Ein halsbrecherisches Unterfangen zu einer Zeit, in der Denker wie Carl Schmitt Hegels politische Theorie für den totalen Staat vereinnahmen. Deren Anhänger brächten mit ihrem »robusten« Ton einen Mißklang in die Seminare, klagt Trott. Diesen Mißinterpretationen hält er den Hegelschen Begriff der Gewissenstätigkeit entgegen, die von einem historisch-politischen Aufgabenbereich untrennbar ist: Die politische Lehre Hegels sei eigentlich erst begreifbar, wenn man von der subjektiven Willens- und Gewissensentscheidung ausgehe.

Adam von Trott zu Solz besteht sein Rigorosum am 18. Juli 1931 und erhält für die Dissertation das Prädikat »magna cum laude«. Zum 1. April 1931 war er bereits zum Referendar ernannt worden. »Von Kassel erhielt ich meine Bestallung unter dem 1. April zugleich mit der Aufforderung, mich in Nentershausen zur Vereidigung zu melden.« Er fügt diesen Zeilen an seinen altgedienten 53 Jahre älteren Vater kokett und etwas vermessen hinzu: »Preußischer Beamter und Dein Kollege bin ich nun auch (bis auf Ehrendoktors und den Minister).«

Als Trotts Dissertation gedruckt vorliegt, greift Herbert Marcuse die Arbeit auf und bespricht sie in Max Horkheimers »Zeitschrift für Sozialforschung«: »Die Schrift von Trott zu Solz bringt mehr, als der Titel sagt. Es ist das Verdienst der vorliegenden Arbeit, Hegels Begriffe des Volksgeistes, des Nationalstaates usw. von Fehlinterpretationen zu reinigen.«

Oxford, 1931–1933
Ein letzter Moment des Aufbruchs und der Freiheit

Das Trimester-Term in Oxford 1929 muß Adam von Trott so gut gefallen haben, daß er nach dem Ende seines Studiums dorthin zurückkehren wollte. Er bewarb sich bei der Cecil-Rhodes-Stiftung um eines der beiden Stipendien, die pro Jahr deutschen Bewerbern bewilligt wurden. Die Stiftung trägt den Namen Cecil Rhodes' (1853–1902), des britischen Kolonialpolitikers. Er war von 1890 bis 1896 Ministerpräsident der Kapkolonie. Rhodes bereitete den Burenkrieg vor; nach ihm wurde Rhodesien benannt. Um die Jahrhundertwende gründete er die Stiftung. Von ihren Zinsen sollten jährlich bis zu 160 Stipendien für Studienplätze in Oxford, wo auch Rhodes studiert hatte, finanziert werden. Es konnten sich junge Menschen aus England, den englischen Kolonien, den USA und Deutschland bewerben. Das Stipendium sollte den Zusammenhalt dieser Länder fördern; denn »die Verständigung unter diesen drei Großmächten wird den Krieg unmöglich machen«, war Rhodes überzeugt.

Um den Antrag überhaupt einreichen zu können, mußte der Bewerber Empfehlungsschreiben beilegen. Mehrere Persönlichkeiten sollten bürgen, möglichst drei aus dem beabsichtigten Studienfach. Adam von Trott hatte hierfür zwei Dozenten in Oxford angeschrieben, Selbie vom Mansfield College und Rowse von All Souls. Auch sein Göttinger Doktorvater Kraus schrieb ihm eine Empfehlung. Das tat auch Albrecht Graf von Bernstorff, den er in Berlin kennengelernt hatte und der derzeit als Botschaftsrat an der deutschen diplomatischen Vertretung in London tätig war. Bernstorff hatte zu den letzten deutschen Stipendiaten vor dem Ersten Weltkrieg gehört.

Die Wochen im Dezember 1930 waren für Trott angefüllt mit Lernen, Prüfungsnervosität und Bangen: das Examen in Celle und das Warten auf den Entscheid der Cecil-Rhodes-Stiftung. Trott wähnt sich geradezu in einem Ausnahmezustand. Nach diesen beiden »Prüfungen« – dann diese »Glückstornados«, wie er sich Anfang Januar 1931 seinem Vater gegenüber äußert. Fast gleichzeitig hatte er nicht nur das Examen bestanden, sondern auch das Stipendium erhalten. Auf der ihm vorgelegten Liste der in Frage kommenden Colleges wählte Trott Balliol an erster Stelle.

Mit Examen und Doktortitel hatte der in der Berufsausbildung stehende Stipendiat das »senior standing« erreicht. Das bedeutet für Postgraduierte eine Abkürzung des Studiums bis zur Verleihung des Bachelor von drei auf zwei Jahre. Bereits im Herbst soll Adam von Trott in Oxford am Balliol College die begehrte Rhodes Scholarship einnehmen.

Im Oktober 1931 bricht der Rechtsreferendar vom Amtsgericht Nentershausen im hessischen Trottenwald nach England auf, um in Oxford sein zweijähriges Aufbaustudium anzutreten. In seinem Gepäck hat er zahlreiche Bücher verstaut – Hegel, Kafka, Schiller, Goethe, Kleist, Hölderlin und viele Schallplatten, darunter Aufnahmen von Beethoven.

In London nimmt Adam von Trott den Bus nach Oxford. Er ist freudig erregt. Aus der Einfallstraße kommend, biegt der Bus in den Kreisel »The Plain« ein, dann fährt er über die Magdalen-Brücke, vorbei an der Anlegestelle der Stocherkähne, »The Punts«. Trott sieht den Bell Tower vor sich, eines der Wahrzeichen Oxfords. Er wurde 1505 erbaut, seine Glocken stammen aus dem Mittelalter. »Mein Gefühl beim ersten Wiedersehen von Magdalen Tower war überwältigend.« Hinter dem Turm liegt das 1458 gegründete Magdalen College, eines der schönsten in Oxford, erbaut wie ein Kloster mit Kreuzgang und Kapelle.

Jetzt hat der Bus die High Street erreicht. Bald muß das 1483 gegründete All Souls College auftauchen, in dessen Bibliotheksräumen Trott vor einigen Jahren arbeiten durfte. Dann erhebt sich vor ihm die stolze Universitätskirche St. Mary the Virgin. Trotts Weg führt jetzt am Radcliffe Camera vorbei, einer runden Bibliothekslesehalle, über die Catte Street – an der Ecke sieht er das Wadham College, dahinter das Mansfield College. Daneben das Rhodes House, in dem er sein Eintreffen meldet und den Sekretär der Stiftung, Lord Lothian, kennenlernt. Dann – nach links abbiegend – in die Broad Street hinein, am Trinity College vorbei, zum Balliol, durch den Salvin's Tower in die großen Innenhöfe des College. Adam von Trott ist am Ziel.

Das College ist nach John de Balliol benannt, der einst den Bischof von Durham hinterhältig überfallen hatte. Dafür sollte er büßen. Zur Strafe hatte er 16 arme Studenten unterzubringen und zu verköstigen. 1263 war diese Unterkunft für Studenten gegründet worden.

Oxford ist in seinem alten Kern auf 2,5 Quadratkilometern reinstes Mittelalter. 18 Colleges stammen aus den vierhundert Jahren zwischen 1200 und 1600. Es ist die Stadt der »verträumten Turmspitzen«. Die Architektur prägt den Lebensstil. »Das zärtliche Gefühl, das man zu dieser Architektur hat, ist nicht nur Sentimentalität«, empfindet Trott bei seinem Wiedersehen mit Oxford. Er fühlt sich von dieser Atmosphäre geradezu »behext«.

Am 10. Oktober 1931 schreibt Adam von Trott nach Hause: »Im ganzen wird mir das Einleben, glaube ich, nicht sehr schwerfallen – es ist weniger ein Zurück als ein sich ganz Umgewöhnen. Das Studiensemester beginnt eigentlich erst am Montag.« Er schildert seine Begegnung mit dem neuen Universitätsleben: »Ich nehme an dem ›Modern Greats‹ genannten Studienzyklus teil, dessen eigentlichen Sinn ich allerdings erst nach einer völligen und immer wieder schwierigen Umstellung auf eine uns gänzlich fremde Arbeitsmethode begreifen lernte. Dann allerdings sah ich ein, wie voreilig aller, bei Deutschen nicht seltene, Spott über englische Unempfindlichkeit und Unwissenschaftlichkeit ist.« Adam von Trott belegt also Philosophie, Politische Wissenschaften und Volkswirtschaft, im College-Kürzel »PPE« genannt.

Adam von Trott bezieht ein Zimmer im ersten Stock des Gebäudes, das sich direkt an die College-Hall anschließt. Sein Zimmernachbar ist Charles Collins. Ihm und anderen fällt der Neue schon dadurch auf, daß er fast alle überragt, ein älteres Semester ist (den anderen etwa drei Jahre voraus), einer der ganz wenigen Studenten aus Deutschland und durch seine mitteilsame Art sympathisch wirkt.

An den Anschlagswänden des Balliol College prüft Trott das reiche Angebot an Clubs, etwa zwanzig, und sieht sich die vielen Einladungen an, die in sein Zimmer flattern. Auf ihnen stellen sich die Clubs vor und werben um die Neuen. Als erstes tritt er dem Labour Club bei, seine wöchentlichen Veranstaltungsabende sind sehr gut besucht, da man jedesmal einen prominenten Politiker aus der Arbeiterbewegung und der Labour Party kennenlernen kann. Diese Nähe zur politischen Praxis war einer der wichtigsten Beweggründe für Trotts Studium am Balliol. Er lernt John Cripps kennen, den Sohn eines Rechtsanwalts und sozialistischen Unterhausabgeordneten. Der sozialistische Labour Club entsprach Trotts geistiger Haltung. Die meisten Studenten in Oxford orientierten sich ziemlich links, waren eher revolutionär gestimmt, doch weniger doktrinär als die Anhänger der Kommunistischen Partei. Für Charles Collins scheint Adam von Trott noch auf der Suche nach seiner politischen Heimat zu sein.

Bei seinem ersten Besuch in Oxford hatte Trott den indischen Studenten Humayun Kabir kennengelernt. Sie treffen sich nun wieder. Gleich zu Beginn des Trimesters lädt ihn Kabir zu einem Vortrag von Mahatma Gandhi ein. Trott sitzt dem prominenten Redner in der ersten Reihe gegenüber. Gandhis Auftreten beeindruckt ihn. Er überlegt sogar, für ihn eine Vortragsreihe durch Deutschland zu organisieren. Davon schreibt Trott Anfang November 1931 seinen Eltern; einige Zeilen weiter überrascht er sie noch mehr mit dem beiläufigen Hinweis »tomorrow I am going to speak about (i. e. against) ›Nationalsozialismus‹«. Das allerdings bereitet seiner Mutter Sorgen.

Adam von Trott pflegt vielfältige Kontakte: Mit Geoffrey Wilson diskutiert er über politische Themen wie die Zukunft eines geeinten Europas; mit einem amerikanischen Studenten vom St. Johns College besucht Trott gemeinsam Vorlesungen und Seminare – der Kommilitone heißt Dean Rusk und wird später unter Kennedy und Johnson amerikanischer Außenminister. Trott erneuert den Kontakt zu William Boothby Selbie und freut sich über die Freundschaft zu Alfred Leslie Rowse, die ihn intellektuell anspornt. Rowse ist Autor eines Buches, über das man nicht nur in Oxford spricht: »Politics and the Younger Generation«. Durch ihn lernt Trott einen jungen Mann kennen, mit dem er eine Freundschaft pflegt, die von einer sich wechselseitig beobachtenden Konkurrenz geprägt ist – Richard Crossman vom New College. Durch ihn wird er wiederum mit dem Dozenten für Philosophie bekannt: Isaiah Berlin. Berlin, wie Trott 1909 geboren, war mit seinen jüdischen Eltern als Kind von Riga nach London emigriert. 1928 kam er nach Oxford und wurde bald Fellow am All Souls College. Adam versteht sich ausgezeichnet mit diesem brillanten Kopf. Ihre Gespräche erscheinen anderen als Feuerwerk; Berlins Funken versprühender Witz und Trotts lautes, deutsches Lachen fallen in Oxford auf. Isaiah Berlin wurde zu einem der großen Denker des 20. Jahrhunderts.

Neben dem Labour Club gehört Trott auch einer aus Dozenten und Studenten gebildeten Gesellschaft an, der »Jowett-Society«. Gleich im ersten Trimester hält er einen Vortrag über »Hegels Approach to Ethics«, worauf er im zweiten Term zum Sekretär dieser Gesellschaft gewählt wird. Trott schätzt die Bekanntschaft mit Maurice Bowra, einem Dozenten und Tutor des Wadham College. Bowra lehrt klassische Philologie und verkörpert in einer Person, was Oxford schon immer war: die Stadt der Wissenschaftler, der Dichter und der Philosophen.

Da im College Sport großgeschrieben wird, übt sich Trott zunächst im Rudern, auch im Boxen, bis er dann zum »weniger zeitraubenden« Squashspiel findet.

Charles Collins ist beeindruckt von Trotts intensiver Lektüre klassischer Literatur. Und da beide klassische Musik mögen, gehen sie oft in den Music Club. Dort werden oft Quartette gespielt. Trott besorgt sich die Partituren und liest diese während der Konzerte mit. Da er auch Lyrik, besonders Hölderlin, schätzt, liest er Collins manche Passagen vor. Gemeinsam ziehen sie eines Abends durch die Stadt, der Mond erhellt die alten Giebeldächer, als Charles in die mondhelle Nacht vor sich hin sagt: »Mondenglanz.« Nach einer Pause setzt er fort: »Mondenglanz – das ist ein sehr deutsches Wort.« Trott seufzt auf: »Ach ja. Das ist Deutschland.«

Zeitgleich mit Adam von Trott kommt ein weiterer Student ans Balliol College, der sein treuester Freund wird: David Astor. Beide haben amerikanische Vorfahren und sind stolz, von Familien abzustammen, die den Traum von Amerika mit geschaffen haben: Freiheit, Unabhängigkeit und Glück.

Adam von Trott erzählt Charles Collins, er habe eine Liste erstellt von den Dingen, die er in Oxford tun wolle. Er will etwa seinen Freundeskreis ausweiten und sowohl Studenten als auch Studentinnen kennenlernen. Das ist nicht so einfach, weil Oxford eine Männerdomäne ist. Noch im ersten Trimester lernt Adam von Trott jedoch im Labour Club eine beeindruckende Studentin kennen – Diana Hubback. Sie findet ihn offen und heiter. Ihr fallen die Bewegungen seiner langen Hände auf, »verschwenderisch zarte Gesten«. Freut er sich, schaut er zunächst skeptisch, hebt seine Augenbrauen, »sein Kopf leicht nach einer Seite geneigt und mit Runzeln auf der Stirn«. So erlebt ihn Diana Hubback. Durch sie lernt er im Sommer 1932 Bertrand Russell kennen. Dieser erinnert sich an einen Spaziergang, »währenddessen er seine Bewunderung für Hegel zum Ausdruck brachte, mit der ich nicht einverstanden war«. Und Adam von Trott lernt Diana Hubbacks beste Freundin Shiela Grant Duff kennen. Sie studiert in Lady Margaret Hall, einem College, das 1879 für Studentinnen gegründet worden war. Als sie ihn zum ersten Mal sieht, liest sie in seinem feingeschnittenen und Selbstvertrauen ausstrahlenden Gesicht »eine Art Tolstoischen Charakteradel«.

Die beiden treffen sich oft zum Spazierengehen: Shiela Grant Duff, um ihren Hund auszuführen, Adam von Trott, weil er ihr Hegel näherbringen will. Doch diese Denkrichtung fand in den dreißiger Jahren in Oxford überhaupt keinen Anklang. Es liegt wohl an seiner innigen Verehrung dieses Philosophen, daß viele Freunde Adam von Trott für einen Wirrkopf halten. Genau dieser Hegelianismus bringt seinen Freund Alfred L. Rowse zur Verzweiflung: »Bei ihm war schwarz niemals schwarz und weiß nicht weiß. Schwarz war immer im Begriff weiß und weiß, schwarz zu werden. Nichts war klar gegen irgend etwas anderes abgegrenzt. Ich konnte das nicht ertragen.« Rowse verachtet den deutschen Hegelianismus und findet, daß Trott mit seinem Hegel einen »bösen Geist« nach Oxford gebracht habe.

Aber Adam von Trott kann auch amüsant sein. Eines Abends, als Charles Collins allein ausgeht, findet er bei seiner Rückkehr sich selbst am Schreibtisch sitzend und Hegel lesend vor. Collins, der getrunken hatte, stottert eine Entschuldigung hervor und geht wieder hinaus. Dann denkt er: »Das sind doch mein Zimmer, mein Schreibtisch und meine Jacke – aber nicht ich.« Trott hatte ihm einen Streich gespielt; ein Kopfkissen in die Jacke gesteckt und am Schreibtisch plaziert. Auch wenn man sich über Trotts Ernsthaftigkeit, besonders in philosophischen Dingen, lustig macht, man kann mit ihm viel Spaß haben.

Unter den jungen Damen, die Adam von Trott in Oxford kennenlernt, ist auch Ingrid Warburg, die Tochter des Hamburger Bankiers. Auf einem der Sommerbälle begegnen sie sich: »Es war eine zauberhafte Nacht, wir haben bis zwei Uhr morgens getanzt, so daß die Colleges schon geschlossen waren und unsere Begleiter später über die Mauern klettern mußten.« Ingrid Warburg liebt die vielen Diskussionen in Trotts oder Isaiah Berlins Zimmer: »Es ging immer wieder um das Schicksal der Juden – Isaiah kam aus einer ostjüdischen Familie und war sich der Pogrome sehr bewußt. Adam von Trott sah die Gefahren, die Deutschland drohten, bereits klar voraus und fürchtete vor allem die Isolierung innerhalb Europas … Ich glaube, was mich bei unserem Treffen an Adam so beeindruckt hat, war, daß ich mit ihm das Gefühl teilen konnte, wir erlebten hier in Oxford einen letzten Moment der Ruhe, des freien Austausches von Meinungen und der heiteren Freundschaft, bevor das Unheil, das Europa bedrohte, zu Entscheidungen und aktiver Teilnahme zwingen würde.«

Trott erlebt, wie die Situation eines deutschen Rhodes-Scholars schwieriger wird. In seinem Bericht über das erste Studienjahr in Oxford führt er an, daß die zu Beginn der Wiedereinrichtung des Stipendiums für deutsche Studenten nach dem Ersten Weltkrieg spürbare politische Sympathie merklich im Abkühlen begriffen ist. Die Nachrichten aus Deutschland schlagen in ein pessimistisch gestimmtes Mitleid um und machen »jedes Gespräch hierüber für uns zu einem ungleichen Spiel«. Shiela Grant Duff registriert die Empfindlichkeit eines Lebens in zwei Welten, wenn Trott von Deutschland spricht, »von den Leiden seiner Kindheit, als er und seine Familie während des Krieges in Berlin und Kassel nichts zu brechen und zu beißen hatten … Deutschland spürte er als beschwerende Last. Ein Gefühl, das er hier verdrängen konnte und das ihn doch manchmal einholte.« Hier das britische Selbstbewußtsein, das auf Nicht-Engländer als britische Selbstgefälligkeit wirkte, und dort die Unsicherheit, die ihn manchmal plötzlich in die Enge trieb. Kritik an Deutschland ertrug er nicht. »Vor allem brachte ich ihn häufiger mit der Behauptung in Harnisch, es gebe einen deutschen Nationalcharakter. Wegen der deutschen Niederlage und jetzt wegen der ständig anschwellenden Nazi-Bewegung konnte es nicht ausbleiben, daß Adam ständig in Verteidigungsstellung ging, wenn von seinem Vaterland die Rede war.«

Charles Collins wird Zeuge, wie das Unheil seinen Freund einholt: Es ist der Abend des 30. Januar 1933, als Hitler zum Reichskanzler berufen wird. Collins und Trott lesen im studentischen Gemeinschaftsraum die Schlagzeile der Abendzeitung: »Hitler Reichskanzler«. Diese Nachricht trifft Adam von Trott wie ein Schlag. Es folgt ein langes Gespräch, genauer gesagt, Trott spricht.

Er wisse, das Leben würde sehr schwierig werden, daß es besonders schwer sein würde, in der Politik auch nur Kleinigkeiten zu erzielen. Er werde versuchen, so viele Elemente aus dem politischen Spektrum Deutschlands wie nur möglich zusammenzubringen, und er werde dies auf der Basis der Menschenrechte des einzelnen tun. So lange wie möglich würde er der Partei nicht beitreten, da er sich von derlei Verpflichtungen freihalten wolle. Aber wenn der Zeitpunkt kommen sollte, wo er, um noch zu retten, was möglich sei, der Partei beitreten müßte, würde er dies tun. Was Trott im Gespräch mit seinem Zimmernachbarn entwirft, wird das Programm seines künftigen Lebens sein.

Die Machtübernahme der Nationalsozialisten trifft Adam von Trott zu Solz wie eine Heimsuchung. David Astor: »Er erkannte sofort, daß etwas ganz Schreckliches geschehen war, und er wurde stiller und ernster. Es war, als hätte es in der Familie einen Todesfall gegeben.« Zunächst zögert er, nach Deutschland zurückzukehren, hofft insgeheim, eine Dozentenstelle im All Souls College zu bekommen, doch wegen seiner nicht befriedigenden Abschlußprüfung wird daraus nichts. Eine zweijährige Fellowship hätte ihm noch einmal eine Atempause verschafft: »Ich hätte die Fellowship besonders deshalb gern gehabt, weil sie mir die Demütigung durch die Hitler-Leute erspart hätte – aber diese Freistellung möchte ich nicht mit einer anderen Demütigung erkaufen. Denn Emigrant zu sein ist demütigend, und ich glaube, das will ich auf keinen Fall«, auch wenn sein Vater ihm rät, vorerst noch in England zu bleiben und von dort die Entwicklung in Deutschland abzuwarten.

Jetzt ist Adam von Trott gezwungen, in Deutschland seinen Platz zu suchen. Er will seine juristische Ausbildung fortsetzen. »Ich möchte das Ganze von innen kennenlernen«, schreibt er Shiela Grant Duff nach seiner Rückkehr, »und außerdem einer zwangsweisen Einberufung zuvorkommen: Deshalb nehme ich in den ersten Septemberwochen an einem Referendarlager teil.«

Zum Abschluß seines Oxford-Aufenthaltes nimmt David Astor seinen Freund im Sportwagen auf eine Schottlandreise mit. In

Glasgow besuchen sie Fabriken und Arbeitersiedlungen. Dann setzen sie auf die Insel Jura über, wo die Astors einen Besitz haben. Astor versucht noch einmal, Trott zum Bleiben zu überreden. Er könne in Hitlers Deutschland doch nichts erreichen, doch der entgegnet: »Ich muß zurück.« »Aber warum? Was kannst du denn tun? Du kannst doch nichts gegen ein Regime dieser Art unternehmen.« Trotts Antwort: »Ja, wenn jeder, der die Nazis nicht mag, Deutschland verläßt, bedeutet es bloß, Hitler das Feld zu räumen. Wir müssen jetzt sehen, was gemacht werden kann.«

Auch David Astor verläßt Balliol bald. Er fühlt sich nicht zum Wissenschaftler berufen und entschließt sich zunächst, in einer Fabrik in Glasgow zu arbeiten, lernt dann in einer Bank und wechselt bald in den Journalismus. Er wird als Reporter für die »Yorkshire Post« arbeiten.

Hanau, Berlin, Hamburg, 1933–1936
Praktikant des Rechts im Unrechtsstaat

Von Oxford, wo die Jugend der Welt zusammenkommt, kehrt Adam von Trott aus einer unbeschwerten, weltoffenen und kosmopolitischen Atmosphäre in ein Deutschland zurück, das jetzt von Hitler und den Nationalsozialisten beherrscht wird. Diese Rückkehr empfindet er als ein »großes Wagnis«. Er kehrt heim in eine Welt, die aus den Fugen gerät. Welche Gedanken bewegen ihn? »Mir ist recht schwer zumute, wenn ich an das tägliche Unrecht denke, das hier der ernstesten und verantwortlichsten staatsbürgerlichen Einstellung tagtäglich geschehen muß – und zwar von Leuten, die, wenigstens soweit es die Nazis angeht, ihre gegenwärtige Stärke nur der Anomalität aller Verhältnisse zu verdanken haben. Auch was mich selbst anbetrifft, stimmt mich all dies äußerst trübe, denn es ist mir klar, daß ich dabei auf lange Zeit zur Rolle des Amboß mit verurteilt sein werde.«

Nach der Machtergreifung folgt Schlag auf Schlag die Aushöhlung des Rechtsstaates. Neben die herkömmliche Rechtsanwendung im »Normenstaat« tritt das rechtsfreie Handeln im »Maßnahmestaat«, der mit zweierlei Maß mißt und sich in einem permanenten Ausnahmezustand befindet. Die Etappen zum Unrechtsstaat werden als Verordnung oder als Gesetz festgeschrieben: Auf den Reichstagsbrand in der Nacht vom 27. auf den 28. Februar 1933 folgt die »Verordnung zum Schutz von Volk und Staat«, mit der sämtliche Grundrechte aufgehoben werden, was knapp einen Monat später, am 23. März 1933, im »Gesetz zur Behebung der Not von Volk und Staat« sanktioniert wird. Dieses »Ermächtigungsgesetz« ermächtigt Hitler, den Reichstag, die Parteien und die Gewerkschaften auszuschalten – fast gleichzeitig mit der Errichtung des ersten Konzentrationslagers in Dachau.

Die Parteileitung der NSDAP ruft am 1. April 1933 zum Boykott jüdischer Geschäfte auf. Als Instrument der Entrechtung verbietet das »Gesetz zur Wiederherstellung des Berufsbeamtentums« vom 7. April 1933 die Beschäftigung von jüdischen Richtern oder Universitätslehrern als Staatsbeamte. Am 2. Mai 1933 besetzen SA und SS die Gewerkschaftshäuser; leitende Funktionäre werden in Konzentrationslager eingeliefert. Am 22. Juni 1933 wird die SPD verboten. Etwa 3000 Parteimitglieder werden verhaftet. Am 31. Juli 1933 befinden sich bereits 26 789 Personen in »Schutzhaft«. Am 24. April 1934 wird der »Volksgerichtshof« geschaffen. Gegen seine Entscheidungen ist kein Rechtsmittel zulässig. Adam von Trott erlebt mit, wie das, was als heilige Rechtsgrundsätze gegolten hatte, mit Füßen getreten wird. Wie soll er damit fertig werden? »Es wird schöpferischer Kräfte bedürfen, die den berechtigten Impuls in dauerhafte Ordnungen leiten. Darauf werde ich mich vorbereiten – und einstweilen mit dem autoritären Nationalismus keinerlei Bündnisse eingehen. Und es muß sich nach meiner beendigten Ausbildung herausstellen, wie – ob als Richter, Beamter, Hochschullehrer oder Schriftsteller – ich diesem Ziel am besten dienen kann. Der Dienst an den Rechten des einzelnen – des ›Menschen‹, wie die Naturrechtler sagen – im Zusammenhang und im Konflikt mit all den äußerlichen Ordnungen und Hindernissen ist mir ungleich wichtiger als der Dienst am ›Staat‹ (der zur Willkür geworden ist).«

Im September 1933 nimmt Adam von Trott an einem Wehrsportlager in Marburg teil. Er will sich dem System gegenüber als umgänglich zeigen, aber es auch nach zwei Jahren im Ausland an der Basis kennenlernen. Ein Gruppenfoto zeigt ihn in der zweiten Reihe. Sein Gesicht drückt Distanz aus, seinen inneren Zwiespalt versucht er nicht zu verbergen: Alle tragen auf ihrer Uniformmütze ein Hoheitsabzeichen – Trott nicht. Er fühlt sich allein; nicht verzweifelt, eher entschlossen: »Ich werde mich bestimmt den Kindern nicht zugesellen. Ich werde niemals von den Kindern als eines von ihnen angesehen werden.« Wenn Trott von »Kindern« spricht, meint er die Nazis.

Ganz in der Nähe von Imshausen beginnt er sein Referendariat und tritt in Rotenburg an der Fulda an. Es zieht ihn oft heim: »Meine Arbeit vernachlässigend, verbrachte ich den ganzen Nachmittag in dem winterlichen Teil des Trottenwaldes. Ich suchte alle Wege, die ich noch nicht kannte oder an die ich mich nicht erinnerte. Die Melodie des Windes in den Zweigen ist jetzt anders – mehr nördlich, wilder, und der Himmel hängt sehr tief – es riecht nach Frost und Kälte und Regen. Ich liebe all dies.« Zu Beginn des Jahres 1934 wird er an das Amtsgericht Hanau versetzt. Eigentlich hätte er lieber als Regierungsreferendar in Kassel gearbeitet, doch diese Plätze werden mit Parteimitgliedern besetzt. Die Sprossenleiter einer juristischen Karriere zu erklimmen war ihm ohne Parteiabzeichen erschwert, wenn nicht sogar verwehrt. Er schaut sich jetzt tatsächlich nach anderen Arbeitsfeldern um, erwägt eine Universitätslaufbahn, Schriftstellerei und Journalismus. Er fühlt bei der »Frankfurter Zeitung« vor.

Trott ist sich bewußt, daß seine politische Haltung in keiner Weise systemkonform ist. Wenn er sich zu seinen sozialistischen Auffassungen bekennen würde, hätte dies schädliche Folgen. Doch Rücksichten nehmen zu müssen, bringt ihn in einen inneren Zwist, den er nicht auflösen kann. Jetzt das Gesicht zu verlieren, käme Freunden gegenüber einem Vertrauensbruch gleich, wo Zivilcourage gefragt sei. Trott sucht Trost, sucht Orientierung: Der gegenwärtige Zustand sei vielleicht nur ein notwendiger Durchgangspunkt zu der eigenen Entwicklung. Jetzt hänge alles davon ab, die richtige Haltung einzunehmen. Aber welche ist es? Es ist genau ebendiese Ratlosigkeit, die ihn verzweifeln läßt. Von diesen inneren Zweifeln geplagt, wendet er sich an seinen Vater. Seine Briefe zeugen von Respekt, Loyalität, von Heimweh nach Imshausen und der Geborgenheit des Elternhauses.

Die Zeit dieser psychologischen Wechselbäder macht ihn unsicher. Kritik an Deutschland, der er in England bisweilen ausgesetzt war, stellte ihn stark auf die Probe. Jetzt aber, wo er zurück in Deutschland ist, sich englischer Kritik an Deutschland stellen zu müssen, das übersteigt seine Kraft. Wenn Außenstehende auf die deutsche Wunde weisen, empfindet er es als Bohren in seiner eigenen Hilflosigkeit. Daß eine Kritik in einer englischen Zeitung auch noch Praktiken in seinem Amtsgerichtsbezirk anprangert, ist für ihn offensichtlich zu viel. Der »Manchester Guardian« stellt am 22. und am 23. Januar 1934 Vorgänge in der Hanauer Gegend als beispielhaft für den Unrechtsstaat Deutschland dar. Adam von Trott, dessen Name in dem Beitrag nicht genannt wird, fühlt sich persönlich angegriffen, verletzt und herausgefordert: »Ein Überblick über zehn Monate antisemitische Verfolgung durch die Nazis« sind die beiden Artikel überschrieben. Es geht dabei um eine anscheinend besonders in Hessen ausgeprägte Verfolgungspraxis. Trott sieht sein ganzes Ansehen, das er in England genoß, in Frage gestellt und ist dabei, dieses jetzt vollends aufs Spiel zu setzen. Er wendet sich in einem Leserbrief direkt an den »Manchester Guardian«: »Ich habe mehrere Monate in einem kleinen ländlichen Amtsgericht in Hessen gearbeitet ... Es gibt ein ziemlich starkes Element jüdischer Geschäftsleute in den kleinen hessischen Städten, kleine Ladenbesitzer, Vieh- und Getreidehändler und Handwerker. Obgleich die allgemeine Wirtschaftslage die Dinge für jedermann erschwert, ist es auch zu erkennen, daß einige von ihnen aus politischen Gründen nicht vorwärtskommen. Eine große Zahl von ihnen jedoch, ganz besonders von den Vieh- und Getreidehändlern, machten das gleiche Geschäft wie zuvor infolge ihrer üblichen Beziehungen zu den hessischen Bauern. Ich habe nicht einmal während vier Monaten gehört – wie ich das bei meiner Arbeit am Gericht sicher getan hätte, wenn es passiert wäre –, daß ein Fall von aktiver Verfolgung der erwähnten Art oder irgend etwas Dementsprechendes sich ereignet hätte. Vor Gericht wurde bestimmt keinerlei Unterschied in der Behandlung von Juden gemacht. Ich bin zugegen gewesen bei einer großen Anzahl von Klagen, die von oder gegen Juden erhoben waren, und ich kann diese Tatsache daher aufgrund persönlicher Beobachtung versichern. Versuche, das Gericht durch die Behauptung, der Kläger sei Jude, zu beeinflussen, wurden mit absoluter Festigkeit zurückgewiesen...Da Hanau eine größere Stadt ist, ist natürlich auch das Geschäftsleben dort anders. Früher war es ein berühmtes Zentrum für die Fabrikation von und den Handel mit Schmucksachen, die zum großen Teil von Juden betrieben wurden. Nun ist es ganz klar, daß eine Verschlechterung ihrer wirtschaftlichen Lage unmöglich örtlichem oder staatlichem, sondern nur ausländischem Boykott zugeschrieben werden kann. Fälle der entsetzlichsten Zusammenbrüche infolge von Zwangsverkäufen auf einem abgeschlossenen Markt, um die eigenen Verpflichtungen zu erfüllen, könnten leicht als ein ins Auge fallendes Beispiel dieser angeblichen ›Unterstützung‹ der deutschen Juden vom Ausland her berichtet werden. Immer wieder habe ich mit aktiven Sturmtrupplern gesprochen, die sich der Rassenlehre ihrer Führer verpflichtet fühlen, sich aber niemals berechtigt glauben, sie mit der Methode der Gewalt durchzuführen, und die sich mit Entrüstung von der Aufforderung, Grausamkeiten zuzulassen, abwenden. Auf diese Wirkung ist eindeutig der Inhalt der ihnen von oben zugehenden Befehle gerichtet. Und gerade die Beobachtung Ihres Korrespondenten, daß Nationalsozialisten sich in Konzentrationslagern befinden, beweist, daß diejenigen, die solche Befehle nicht beachten, Bestrafung finden.«

Weshalb schreibt Adam von Trott zu Solz diesen Leserbrief? Ist es Wichtigtuerei? Überschätzung seiner Möglichkeiten und seiner Autorität nach außen? War es den vergeblichen Versuch wert, das Unrechtssystem zu vertuschen, um Deutschland in Schutz zu nehmen? Er setzt dem Artikel seine eigenen Erfahrungen entgegen und will kundtun, daß dort, wo Leute wie er sich befänden, Gerechtigkeit machbar sei. Es ist der Glaube an die weiterhin geltenden rechtsstaatlichen Normen und damit ein Appell an den Rechtsstaat. Gewiß, in England weiß man, was in Deutschland passiert, und Trott weiß, was in seinem Bezirk verhandelt wird. Was er nach außen darstellt, glaubt er, nach innen einfordern zu können. Es ist nicht eine Notlüge, sondern ein Handeln in Notwehr, ein Hilfeschrei, getarnt als Leserbrief, der darauf aufmerksam machen soll: »Seht, ich bin noch da. Ich werde darauf achten, daß die Rechtsordnung intakt bleibt. Vertraut auf mich!«

Aber er vertraut selbst nicht auf den Brief. In diesen Februartagen schreibt er an seine Mutter: »Ich habe einen etwas törichten Brief an den ›Manchester Guardian‹ geschrieben, der hoffentlich nicht abgedruckt wird.« Doch der Brief erscheint, und Trott fühlt sich nicht wohl, als er ihn abgedruckt sieht. Geradezu bestürzt ist er, als er noch eine Fußnote des Sonderkorrespondenten angefügt sah. »Die Verfolgung der Juden ist in Hessen, besonders in Oberhessen, grausamer gewesen als irgendwo sonst in Deutschland.« Sie sei dort auch besonders offenbar gewesen dadurch, daß unzählige Juden so verprügelt wurden, daß sie nur nach Hause hätten humpeln können oder blutend und bewußtlos aufgelesen wurden. Diese Dinge seien jedermann in Hessen bekannt, der Augen habe zu sehen und Ohren zu hören. »Wenn Herr Adam von Trott blind und taub dafür ist, dann wird er mindestens ebenso blind und taub für die weniger in die Augen fallende Drangsalierung der Juden vor den Gerichten sein. Was die Nazis in Konzentrationslagern anbetrifft, so sind sie viel wahrscheinlicher deswegen dorthin geschickt, weil sie die Juden zu wenig, als weil sie sie zu sehr verfolgten.«

Trott fühlt sich vorgeführt. Aber eigenartigerweise ärgert ihn viel mehr, daß sein Leserbrief nicht vollständig wiedergegeben worden war. Als ob der erste Leserbrief nicht schon genügt hätte, schreibt er einen zweiten: »In seiner Erwiderung auf meinen Brief betreffs des Vorwurfes des Antisemitismus vor deutschen Gerichten hätte Ihr Korrespondent meine Tatsachen als ›nicht typisch‹ oder ›unbedeutend‹ denunzieren dürfen. Da ich aber unmittelbare persönliche Erfahrungen als die einzige Grundlage meiner Mitteilung angab, erscheint es mindestens seltsam, anzudeuten, daß sie falsch sind. Ich kann mich deshalb nicht als widerlegt betrachten in den Fakten, die ich in meinem Brief vorgelegt habe, besonders hinsichtlich der völligen Unparteilichkeit der Gerichte, an denen ich gearbeitet habe.«

Trotts Richtigstellungen zu den Rechtszuständen in Deutschland schlagen in England wie eine Bombe ein. Sie lösen eine Flut von Leserbriefen aus. In Oxford führt Trotts Aktivismus zu einem Eklat. Man ist wie vor den Kopf gestoßen, weil man überhaupt nicht erwartet hatte, daß sich Trott dafür hergeben würde, irgend etwas zu verteidigen, was mit dem System zusammenhinge. In Oxford wird die Aufregung »Trott-Radau« genannt. Man rätselt, ob der Leserbrief dazu dient, ihn vor jedem Verdacht durch die Nazis zu schützen. Freunde wie Isaiah Berlin und David Astor sind verstört. Sie meinen, Trott habe selber eingesehen, einen Fehler gemacht zu haben, leider erst, nachdem er den Brief abgeschickt hatte. Astor glaubt, Trotts Motiv sei gewesen, pauschalen antideutschen Urteilen entgegenzutreten, die das ganze Deutschland so behandelten, als sei es bereits ein einziges Nazilager. Die beiden Leserbriefe schaden Adam von Trott in Großbritannien jedenfalls sehr, denn wer ihn nun diskreditieren will, kann nun behaupten: »Schau her, er ist in Wirklichkeit kein Deut besser als die anderen. Er ist auch nur ein Deutscher, der ›ja‹ sagt.« Diese Leute konnten jetzt seine Leserbriefe gegen ihn verwenden, und das taten sie auch bald.

Von nun an wird Trott die Zweifler nie mehr abschütteln können. Seit dieser »Manchester Guardian«-Affäre betrachteten ihn einige seiner Oxforder Freunde mit Mißtrauen und hegen den Verdacht, er treibe ein doppeltes Spiel. Eine Stimme nimmt Trott in einem weiteren Leserbrief in Schutz. William B. Selbie, der Rektor des Mansfield Colleges: Er habe stets Trotts vernünftiges Urteil und dessen absolute Redlichkeit und Wahrheitssuche bewundert. Trott habe sich der Aufgabe gewidmet, ein besseres Verstehen zwischen beiden Ländern zustande zu bringen. Es sei bedauerlich, daß seine Bemühungen schon von vornherein durch den Vorwurf zunichte gemacht werden sollten, er sei ein unzuverlässiger Zeuge.

Trott versuchte sich in persönlichen Briefen zu erklären. Manche Freunde verstummen. Erst im Juli 1934 antwortet Isaiah Berlin: »Lieber Adam, verzeihen Sie mir mein langes Schweigen. Ihr Brief hat mich tief bewegt, sowohl durch seinen Inhalt als auch durch die Tatsache, daß Sie ihn geschrieben haben. Ich hatte niemals die Absicht, zwischen Ihnen und mir einen Streit zu entfachen – die ›Manchester Guardian‹-Angelegenheit, das gebe ich zu, führte zu einer kleinen Explosion meinerseits.«

Die Referendarzeit sieht auch eine Ausbildung zum Staatsanwalt vor. Deshalb wird Trott für drei Monate der Staatsanwaltschaft Kassel zugeteilt. Um die Strafrechtspraxis kennenzulernen, hat er auch mit dem Zuchthaus Kassel-Wehlheiden zu tun, einem mit mehr als 800 Häftlingen völlig überfüllten Gefängnis. Zu seinen Aufgaben gehört die staatsanwaltliche Beurteilung von Strafgefangenen. Trott muß sich mit Hans Siebert beschäftigen, der wegen »kommunistischer Umtriebe« verurteilt ist: »Als man mich die enge Treppe zur Balustrade hinaufgewiesen hatte, befand ich mich plötzlich 800 blassen Männern gegenüber, die Seite an Seite auf einer ansteigenden Ebene voller leicht übersehbarer Bänke saßen. Sie trugen alle ihre schreckliche monotone Kleidung mit hohlen, meist resignierten, stumpfen Gesichtern. Ich werde diese tödlich mechanische menschliche Szene niemals vergessen.« Trott läßt sich in Sieberts Zelle führen. Er reicht ihm die Hand. Dann kramt er in seiner Aktentasche und packt ein Butterbrotpaket aus. Er legt die Brote auf den Tisch der Zelle. »Das ist für Sie.« Siebert ist mißtrauisch: »Warum bieten Sie mir Brote an?« Trott: »Ich rede nicht gern mit jemandem, der hungrig ist.« Trott schiebt sie ihm hin: »Los, essen Sie doch, die sind für Sie. Ich habe draußen schon gegessen.« Dann zieht Trott Zeitungen aus seiner Tasche. »Wenn Sie was zum Lesen brauchen.« Siebert sieht Blätter der »Bekennenden Kirche« vor sich liegen. Trott bemerkt seine Verwunderung: »Wenn Sie jemand fragen sollte, woher Sie dies haben, dann verweisen Sie ihn an mich.« Der Häftling glaubt, daß der Staatsanwalt ihm eine Falle stellt.

Am Tag darauf kommt Trott erneut zu Siebert und bringt ihm wieder Brot und Zeitungen. Trott bittet: »Vertrauen Sie mir. Ich bin kein Gegner der Kommunisten; im Gegenteil, ich finde sie sympathisch.« Siebert fühlt sich durch dieses offene Vorgehen in seinem Mißtrauen bestätigt: »Wie kann ein Mann, der einen solchen Namen trägt, irgendwelche Sympathien für meine Ideen haben?« »Das ist für mich überhaupt nicht schwierig«, antwortet Trott. »Mein älterer Bruder Werner ist auch Kommunist. Ich kenne mich da aus.« Siebert gesteht schließlich, Kommunist zu sein und für die Volksfront zu kämpfen. Als Trott Grüße einer Person aus Sieberts Bekanntenkreis überbringt, schwindet das Mißtrauen ein wenig. Trott sagt, er gäbe sich als das, was er sei – ein Anti-Nazi. Hinter den Mauern des Zuchthauses sprechen die beiden über Lenins Anmerkungen zur Hegelschen Dialektik. Siebert faßt allmählich Vertrauen. Sie sprechen über die Volksfront und über Widerstand. Trott ist entschlossen, Siebert aus dem Zuchthaus herauszuholen.

Die staatsanwaltschaftlichen Überprüfungen in der Angelegenheit Siebert schließt Adam von Trott mit einem Bericht im November 1934 ab. Er stellt darin fest, ›Verwirrung‹ habe Siebert in die KPD getrieben. Da er keine kriminelle Veranlagung habe, könne nur eine Haftentlassung zu einer Umerziehung führen. Im April 1935 wird Siebert tatsächlich aus dem Zuchthaus entlassen, kurz darauf jedoch erneut verhaftet und in das KZ Torgau verbracht. Nach einem halben Jahr wird er ein zweites Mal freigelassen. Trott hatte die Akte Siebert weiter im Auge behalten.

Insgesamt verbringt Adam von Trott während seiner Referendarzeit 14 Monate an hessischen Gerichten. Es ist sein bislang schwerstes Jahr. Allmählich verstärkt sich der Druck, Mitglied der NSDAP zu werden: »Neuer Druck ist auf meine ›Zugehörigkeit‹ ausgeübt worden, es ist nicht mehr auszuhalten.« Es ist der Druck auf den Referendar, dem Staat nicht nur zu dienen, sondern dem System als Parteimitglied nützlich zu sein. »Es ist offensichtlich, daß ich von Anfang bis Ende meine ganzen Kräfte einsetzen muß, ihm zu widerstehen.« Trotts Referendarzeit soll im August ihren Abschluß finden. Fristgerecht wird ihm ein Fragebogen zugestellt, der für einen Aufnahmeantrag in die NSDAP oder in eine ihrer Parteiorganisationen auszufüllen war. Trott sendet das Formular unausgefüllt zurück. In den letzten Junitagen 1934 wird ihm das Formular erneut zugestellt, diesmal über den Präsidenten des Oberlandesgerichts. Trott schreibt deshalb seinem Vater: »Vorgestern kam vom Oberlandesgerichtspräsidenten eine Verfügung, in der es mir mehr oder weniger zur Pflicht gemacht wird, gewissen Organisationen beizutreten.«

Was soll er tun? Er will sich darauf hinausreden, daß er Hanau demnächst verlassen und für zwei Monate, die auf seinen Vorbereitungsdienst angerechnet würden, in den freiwilligen Arbeitsdienst ginge. Gleichzeitig reicht er seine Überweisung an den Kammergerichtsbezirk Berlin ein. In Berlin könne er bei einem Anwalt arbeiten, der ihn in die Praxis des internationalen Privatrechts einführe. Adam von Trott macht auch diesmal kaum Angaben zu den Fragen und gibt statt dessen eine schriftliche Erklärung ab: »Ich halte meine auf weltanschaulichem Gebiet von dem offiziellen Parteiprogramm abweichende Auffassung mit meiner Tätigkeit im staatlichen Vorbereitungsdienst für voll vereinbar.«

Wenige Tage später, am 30. Juni 1934, werden auf Hitlers Anweisung Ernst Röhm und Teile der SA-Führung ermordet. Eine um die Macht im Staat konkurrierende Organisation wird mit einem Schlag ausgeschaltet. In dieser politischen Gewitterstimmung schreibt Trott am 6. Juli 1934 nach Imshausen: »Ich habe meine Begründung, daß ich nicht noch nachträglich den fraglichen Organisationen beigetreten bin, nicht ausweichend, sondern prinzipiell begründet. Es geht scharfe Luft ...«

In dieser für ihn einsamen, grauen Zeit schreibt Adam an seine Freundin Shiela Grant Duff nach Oxford: »Komm doch nach Kassel, Ich glaube, daß es Dir in Wilhelmshöhe gefallen wird.«

Sie entscheidet sich zu kommen, nach Deutschland zu fahren. Am 11. August 1934 wartet Adam von Trott nachts auf dem Bahnsteig des Kasseler Hauptbahnhofs. Als der Zug einfährt, winkt er Shiela Grant Duff zu, und sie denkt bei sich: »In der Dunkelheit sieht er aus wie Mephistopheles – oder ist er Faust?« Jedenfalls, sie freuen sich über das Wiedersehen und versichern einander, wie wenig der andere sich verändert habe. In Wahrheit spüren beide den großen zeitlichen und räumlichen Abstand zur letzten Begegnung.

Shiela Grant Duff freut sich, das Zuhause des Freundes kennenzulernen: »Wir dachten immer, was für ein Glück er hatte, diese wunderbaren Wälder zu haben, die auch noch seinen Namen trugen. Keiner von uns hatte Wälder um sich herum mit eigenem Familiennamen! Die Bäume im Trottenwald sahen so aus, als stünden sie da, aus eigenem Recht, und die Trotts lebten dort fest verwachsen in der Landschaft, die seit fünf Jahrhunderten oder länger ihre Heimat war. – Adam stellte mich seinen Eltern vor. Adams Vater und Mutter machten auf mich einen großen, fast beängstigenden Eindruck. Sein Vater war sehr alt, die Unterhaltung mit ihm schwierig, denn ich konnte ja kein Deutsch und er kein Wort Englisch.« So versuchen sie, sich gegenseitig anzulächeln und zu schweigen. Mit Eleonore von Trott führte Shiela Grant Duff ein längeres Gespräch: »Sie war stolz auf ihre Abstammung. Und sie meinte, daß es das sei, was ihr das Gefühl eines freien Landes gab – hier mitten unter all dem, was geschah.« Dann sprachen sie über deutsche Politik. »Sie wurde recht ärgerlich mit mir. Es ging um den Versailler Friedensvertrag und darüber, was Deutschland durch seine Niederlage verloren hatte.« Frau von Trott war verbittert, und sie stritten sich: »Ich schämte mich nachher fürchterlich und entschuldigte mich. Dann versöhnten wir uns wieder.«

Nach dem Ende der Referendarzeit am Hanauer Landgericht hofft Adam von Trott auf eine Assistenz am Berliner Institut für Völkerrecht der Kaiser-Wilhelm-Gesellschaft. Diese wissenschaftliche Tätigkeit möchte er mit einer Anstellung in einer auf internationales Recht spezialisierten Anwaltspraxis verbinden. Damit das Anwaltspraktikum auf seine Referendarzeit angerechnet wird, muß er vom Landgericht Hanau in den Bezirk des Kammergerichts Berlin versetzt werden. Doch von der zuständigen Behörde, dem Oberlandesgerichtspräsidium in Kassel, kommt am 18. Juli 1934 zunächst eine Absage. Ende Oktober wird Trott schließlich der Antrag auf eine fünfmonatige Freistellung zur Ausübung eines Praktikums in einer Berliner Anwaltspraxis dann doch genehmigt.

Diesen interessanten Arbeitsplatz vermittelte ihm Albrecht Graf von Bernstorff. Wegen seiner offenen Kritik am Nationalsozialismus mußte der Botschaftsrat an der deutschen Vertretung in London seine diplomatische Laufbahn quittieren, ebenso den Sitz im Berliner Auswahlkomitee der Rhodes-Stiftung, in das Trott im Dezember 1933 hineingewählt wurde. Im Dezember 1934 waren beide aus dem »Rhodes-Komitee« ›herausgeworfen‹ worden. Lord Lothian, der Sekretär der Rhodes-Stiftung, setzt sich persönlich für die Wiedereinsetzung Trotts ein, die im Jahr darauf erfolgt, als Reichsfinanzminister Lutz Graf Schwerin von Krosigk den Vorsitz des deutschen Rhodes-Komitees übernimmt.

Mitte Dezember 1934 tritt Adam von Trott in der Anwaltskanzlei Dr. Paul Leverkühn an. Die neue Arbeitsstätte liegt zentral am Pariser Platz. Sie genießt auf dem Gebiet des internationalen Rechts einen hervorragenden Ruf. Auch Leverkühn ist ein ehemaliger Rhodes-Stipendiat. Trott schildert den Leiter der Kanzlei als »allgemein geachteten, ein wenig hartnäckigen, aber freundlichen und klugen Hanseaten«. Für internationale Finanzgremien hatte er in den zwanziger Jahren in New York und Washington gearbeitet.

Endlich kommt Adam von Trott aus der Isoliertheit der hessischen Amtsprovinz heraus, jetzt ist er inmitten des politischen und kulturellen Geschehens. Aus seiner Studienzeit in der Hauptstadt stammt der Kontakt zu einer Gruppe, die sich »Religiöse Sozialisten« nennt. Ihr geistiger Mentor ist der Theologe und Philosoph Paul Tillich. Er war Mitherausgeber der »Neuen Blätter für den Sozialismus. Zeitschrift für geistige und politische Gestaltung«, die 1930 zum erstenmal erschienen, zum Beirat gehörten Theodor Haubach, Carlo Mierendorff und Adolf Reichwein. Die Beiträge hatten programmatischen Charakter: Haubach hatte über die »Revision der Friedensverträge? Grundlagen einer sozialistischen Europapolitik« und über »Abrüstung und Sicherheit. Anmerkungen zur Genfer Abrüstungskonferenz« geschrieben. Carlo Mierendorff verfaßte Artikel wie »Was ist der Nationalsozialismus? Zur Topographie des Faschismus in Deutschland« und »Die Krise der Sozialdemokratie«. Auch Adam von Trott zu Solz war unter den Beiträgern. In Heft 4 des Jahrgangs 1933 berichtete er über »Jungen Sozialismus in England«. Noch 1933 wurde die Zeitschrift verboten, Tillich emigrierte in die USA.

Trott hatte den Kontakt mit den Gleichgesinnten der »Neuen Blätter für den Sozialismus« auch während seiner Jahre in Göttingen, Oxford und Kassel aufrechterhalten. Besonders gut ist die Beziehung zum leitenden Redakteur Peter Mayer. Nach dem Verbot der »Neuen Blätter« führt Mayer eine Buchhandlung. Sie wird zu einem konspirativen Treffpunkt der Berliner Linksintellektuellen. Hier diskutieren sie, wie der Kampf gegen den Nationalsozialismus geführt werden müsse: durch eine Volksfront in Deutschland – hierfür werden bereits Kontakte zur verbotenen KPD aufgenommen. Man plant engere Verbindungen zu sozialistischen Parteien in Europa.

Curt Bley setzt im Untergrund die Arbeit der einst stärksten Widerstandsgruppe »Der Rote Stoßtrupp« fort. Diese linkssozialistische Organisation besteht seit 1932. Sie hatte sich früh auf den illegalen Kampf gegen das NS-Regime vorbereitet, so daß sie nicht zerschlagen werden konnte. Ende 1933 gehören dem »Roten Stoßtrupp« noch 5000 in Fünfergruppen organisierte Mitglieder an. Ihre hektographierte Untergrundzeitung stellt am 7. Juli 1933 das Kampfziel vor: »Es kann sich nicht mehr um reformistische, sondern nur noch um revolutionäre Politik handeln. Diese illegale revolutionäre Arbeit übernehmen die Roten Stoßtrupps. Sie sammeln, was an aktiven Kämpfern übriggeblieben ist, und setzen sie ein für die proletarische Revolution.« Nach der Aufdeckung der Gruppe im November 1933 werden 240 Personen verhaftet, 180 vom »Volksgerichtshof« zu hohen Haftstrafen verurteilt. Der Widerstandswille Curt Bleys und seiner Gruppe bleibt jedoch ungebrochen. Jetzt geht es darum, sich um das Schicksal der Verhafteten und um deren Familien zu kümmern. Zusammen mit Bley, der im Büro der Berliner Staatsanwaltschaft Unterschlupf findet, kümmert sich Trott um deren juristischen Beistand. Obgleich der Kampf des »Roten Stoßtrupps« für ein sozialistisches Deutschland nicht aufgegeben ist, muß die Gruppe akzeptieren, daß ein Widerstand auf breiter Basis nicht mehr zu organisieren ist.

Adam von Trotts Freund Helmut Conrad vom »Sozialistischen Arbeitskreis« war kurz vor seinem juristischen Staatsexamen das Stipendium entzogen worden, und er hatte sein Studium abbrechen müssen. Um vor der Gestapo sicher zu sein, hatte er sich nach Lyon abgesetzt. Trott sorgt für eine Rückkehr und verhilft ihm zu einem Studienplatz in Bonn. Sie treffen sich immer wieder, im März 1935 führen sie Gespräche mit einem Funktionär der verbotenen KPD, um Chancen zur Bildung einer Volksfront, so wie sie sich in Frankreich anbahnte, auszuloten. Bei all diesem gefährlichen Engagement wird Trott klar: Widerstand aus der Laubenkolonie reicht nicht aus. Um das Regime zu stürzen, bedarf es anderer Mittel.

In den Tagen nach Weihnachten, am 28. Dezember 1934, schreibt Adam von Trott nach Imshausen: »Gestern abend traf ich bei einem Diner eine ganze Anzahl echter Junker, meist Kleists, die auf mich einen nachhaltigen Eindruck machten. Sie waren in ihrer Art ungemein lebensvoll, anteilnehmend und gesund vernünftig. Einer von ihnen – der ›Schmenziner-Kleist‹ – ein Vorbild eines echten Landedelmannes.« In den nächsten Monaten trifft Trott in Berlin oft mit Ewald von Kleist-Schmenzin zusammen.

Adam von Trott sucht Antworten auf das Dilemma der Zeit. Er glaubt sie in den Schriften Heinrich von Kleists zu finden. Dieser verkörpert für Trott in geradezu klassischer Weise deutsche

Tradition. Er ist von Kleists Freiheitsstreben fasziniert, von der Aktualität seiner politischen Haltung – ein »trotzig verteidigtes Lebensrecht des Freimuts für die eigene und auch des Landes freie Größe. Ebendieses Recht hatte Kohlhaas seinerzeit in mittelalterlicher Unerbittlichkeit durchgefochten. Es bestimmte bis an das freiwillige Ende auch Kleists – trotz aller Not – herrliches Leben.« Trott schreibt über die »Politischen und journalistischen Schriften Heinrich von Kleists«. Mayer hilft ihm, das Buch beim Alfred-Protte-Verlag unterzubringen. Bereits im Sommer 1934 stellt Trott seine Auswahl sowie den einleitenden Essay fertig.

Als Hans Siebert freikommt, trifft Trott sich häufig mit ihm und berichtet ihm auch von seinem Kleist-Projekt. Dieser Kleistsche Geist, dieses rationale Gefühl, seien Eigenschaften, die nur in Familien zu finden seien, die einen Heinrich von Kleist hervorgebracht hätten. »Leute dieser Art«, so schwärmt Trott, »verstehen, wie man Deutschland diese anspruchsvolle und ehrenhafte Stellung verschaffen kann. Und – das ist auch die Art von Leuten, die weiß, wie man Hitler loswird.« Hans Siebert beeindruckt das nicht: »Na, was diese bisher getan haben, ist, daß sie ihn an die Macht gelassen haben.« Adam von Trott hatte Hans Siebert manchmal über das Wochenende nach Imshausen mitgenommen. Eleonore von Trott faßt Vertrauen zu dem Gast. Nachdem ihr Sohn ihm geholfen habe, könne er ja auch was für ihn tun: »Wie Sie inzwischen wohl wissen, hat mein Sohn viel von Don Quijote an sich. Er stürzt sich gern in die Schlacht, ohne an die Folgen zu denken oder seine Vorbereitungen zu treffen. Er braucht einen guten Sancho Pansa, der nach ihm sieht, und ich hoffe, Sie werden das für ihn tun. Halten Sie ihn aus Unannehmlichkeiten heraus. Das wird schwierig für Sie sein, denn Adam liebt Unannehmlichkeiten.«

Am 2. März 1935 schreibt Trott nach Hause: »Meine juristische Tätigkeit ist zur Zeit ruhiger. Dafür habe ich den ›Heinrich von Kleist‹ vorgestern endgültig seinem Verleger übergeben; er wird vielleicht Aufsehen erregen!« Im Juni 1935 erscheint der schmale Band. Er erregt zwar kein Aufsehen, aber immerhin Interesse.

Adam von Trott schickt das erste Exemplar am 26. Juli an Shiela Grant Duff und widmet es ihr mit den Worten: »Und dies ist der Kleist für Dich. Es mag Dir Spaß machen, sich das Titelbild anzusehen, selbst wenn Du meine verschleierte und indirekte Einleitung nicht mögen wirst. Ich bin glücklich, es jetzt Deinen Händen anzuvertrauen. Du bist die erste in England, die es erhält. Du würdest Kleist geliebt und verehrt haben, sein ritterliches, hartes und edles Leben.«

In Mayers Buchhandlung lernt Trott Julie Braun-Vogelstein kennen, die Witwe des sozialdemokratischen Politikers Heinrich Braun. Mayer lagert gelegentlich verbotene Bücher in ihrem Haus in Kleinmachnow. Der Hausangestellte der jüdischen Frau, die hier mit ihrer Nichte Hertha zusammenlebt, ist Mitglied der SA. Er meldet diese Buchlieferung der Gestapo, worauf der Laden durchsucht, marxistische Literatur beschlagnahmt und Mayer einige Tage in Haft genommen wird. Darauf entläßt Julie Braun-Vogelstein den Hausangestellten. Als sich auch das Hausmädchen bei der Nationalsozialistischen Arbeitsfront über die Dame des Hauses beschwert, erhielt diese eine Vorladung. Bei diesem Termin erscheint auch Adam von Trott. Er bringt während der Vernehmung das Hausmädchen dazu, die Anzeige zurückzuziehen.

Wenig später erfolgt jedoch eine weitere Anzeige, im Garten des Hauses befände sich ein Waffenlager. Ein Vorwand für eine Hausdurchsuchung. Trott ist alarmiert, er ahnt Gefahr für Leib und Leben der Hausbewohnerin und benachrichtigt Hasso von Seebach sowie das Anwaltsbüro Leverkühn. Trott und Seebach bewachen nachts das Haus und erwarten zusammen mit dem Kollegen aus der Kanzlei die SD-Beamten. Es wird bei der Durchsuchung weder im Garten noch im Haus ein Waffenlager gefunden. Doch die Anzeigen machen deutlich, daß Gefahr im Verzug ist. Von da an übernimmt Hasso von Seebach, der im Berliner Büro der Presseagentur »United Press« arbeitet, den Schutz des Hauses. Die Vogelsteins und Seebach entschließen sich, Deutschland rasch zu verlassen.

Am 12. Mai 1935 endet nach fünf Monaten Trotts Praktikum in der Berliner Kanzlei. Er kehrt nach Kassel zurück, wo er weitere vier Monate am Großen Amtsgericht tätig sein muß. Danach entschließt er sich für eine zweite Ausbildungsstätte – ein Praktikum in einer Hamburger Schiffahrtslinie. Dort tritt er am 18. September 1935 an. Er liest Geschäfts- und Verhandlungsakten, Pressenachrichten und erfährt viel über das Reedereigeschäft. Das Fahrtengebiet der Linie umfaßt das Mittelmeer und das Schwarze Meer.

Im Herbst 1935 besucht Adam von Trott auch oft in ihrem Hamburger Elternhaus Ingrid Warburg. Dort lernt er ein junges Ehepaar kennen – Dr. Peter Bielenberg und dessen Frau Christabel, geborene Burton: »Wir hatten endlose Unterhaltungen geführt. Er war im Gegensatz zu mir ein ausgesprochen politisch denkender Mensch«, erinnert sich Peter Bielenberg. »Er war für mich insoweit ein ungewöhnlicher Typ. Er war, selbst für einen um zwei Jahre Älteren, intellektuell und erfahrungsmäßig sehr viel reifer als ich.« Seine junge Frau Christabel findet Trott recht attraktiv: »Ich muß ehrlich sagen, ich war glücklich verheiratet, sonst wär' ich wahrscheinlich, genau wie viele andere, hinter ihm hergelaufen.«

Shiela Grant Duff war inzwischen Journalistin geworden und sammelt ihre ersten Berufserfahrungen im Ausland, in Paris. Dort nimmt sie Edgar Ansel Mowrer unter seine Fittiche. Der Auslandskorrespondent der »Chicago Daily News«, der zuvor aus Berlin berichtet hatte, beobachtet jetzt von Paris aus die politische Szene. Er erkennt schnell Grant Duffs journalistischen Spürsinn. Von Paris aus besucht sie im Herbst 1935 Adam von Trott in Hamburg.

Als ihr Trott sein Kleist-Buch geschickt hatte, war sie irritiert gewesen über die letzten Zeilen seines Begleitschreibens: »›Schenke mir Vertrauen und erwarte Vertrauen von mir.‹ Ich hatte nicht die leiseste Ahnung, was es mit Kleist zu tun hatte.« Die beiden fahren von Hamburg aus nach Travemünde und unternehmen lange Spaziergänge am Strand der Ostsee. Jetzt erfährt sie den Hintergrund der rätselhaften Formulierung: Adam von Trott macht ihr einen Heiratsantrag. Shiela Grant Duff ist überrascht, weiß nicht, was sie darauf antworten soll, und da sie nichts sagt, fragt er: »Ja und?« Sie hatte nichts von Trotts Gefühlen geahnt und stets vermutet, ihre Freundin Diana sei Trotts große Liebe. Sie muß ihn enttäuschen: »Ich fahre jetzt nach Hause, um Goronwy zu heiraten.« Er fällt auf die Knie und bittet mit theatralischer Geste: »Heirate doch mich!« Adam von Trott kennt Goronwy Rees recht gut. Sie sind gleich alt und waren sich in Oxford begegnet. Rees war nun leitender Redakteur beim »Manchester Guardian«. Die Beziehung zwischen beiden war von Konkurrenzgefühlen und Spott geprägt gewesen.

Als Adam wieder einmal mit Hans Siebert übers Wochenende von Hamburg nach Imshausen fährt, treffen sie gerade ein, als SA-Leute über den Hof laufen. Es läge eine Beschwerde vor, daß an Feiertagen auf dem Herrenhaus nie eine Hakenkreuzfahne aufgezogen werde. Sie drohen, beim nächsten Verstoß wiederzukommen. Schwierigkeiten hatten meist mit einer Denunziation begonnen. Man mußte diese Warnung ernst nehmen. Es war mit einer Hausdurchsuchung zu rechnen. Zurück in Hamburg kommen Adam von Trott Bedenken. Er schreibt seiner Mutter zur Vorsicht mahnende Zeilen auf Englisch: »Ich würde mir über den Gedanken einer Haussuchung keine Sorgen machen. Jeder respektable Bürger hat sich das eine oder andere Mal durchsuchen lassen. Da gibt es nichts in meiner Bibliothek, das eine Beschlagnahme wert wäre, obgleich da eine Reihe von Büchern sind, die ich nur sehr ungern verlieren würde. Du kannst daher die Bücher, die offensichtlich jüdischen oder marxistischen Ursprungs sind, entfernen. Hebe sie aber bitte gut auf – da sie in der Tat notwendig sind für jemanden, dem ernsthaft an einer Widerlegung gelegen ist.«

In diesen Herbsttagen 1935 hängt Trott tristen Gedanken nach: Er sieht keine berufliche Zukunft vor sich, ist sich unklar, ob er sich für eine wissenschaftliche Tätigkeit oder besser für einen praktischen Beruf eigne. Wenn er sich in seinem Kollegenkreis umsieht, kennt er manche, die sich Hals über Kopf »in die Wirtschaft gestürzt und Teil der großen Maschine geworden sind, die unendliche Arbeitskraft ohne dauerhaftes Ziel und ohne wirkliche Bewährung verbraucht«.

Die Briefe, die ihm seine Mutter schreibt, stimmen ihn traurig. Es sind auch seine Gedanken: Die Menschen seien traurig, fassungslos über das, was geschehe; auf nichts und keinen sei Verlaß. »So wäre es um Deutschland schlimm bestellt, wenn es nicht noch die ›Stillen im Land‹ gäbe … Ihr zu Hause habt den Trost, den äußerer Frieden verleiht, und eigentlich auch die Voraussetzungen zu innerer Friedlichkeit und Kraft, wenn man sie im Glauben verwurzelt sieht. Aber die Frage ist, ob wir den Glauben haben – und da mangelt es freilich.«

In sein schmales Notizbüchlein notiert Adam von Trott in dieser Zeit einen Satz, der sich wie ein Vermächtnis des 26jährigen liest:

»Wenn wir uns schon mit einer Epoche abfinden müssen, in der die größere Wahrscheinlichkeit für ein vorzeitiges Lebensende steht, sollten wir doch wenigstens dafür sorgen, daß es einen Sinn hat zu sterben – gelebt zu haben.«

Der Aufenthalt in Hamburg geht zu Ende. Zwischen Januar und März 1936 nimmt Adam von Trott erneut an einem Referendarlager teil – diesmal im Gemeinschaftslager »Hanns Kerrl« im Kreis Jüterbog. Er möchte einen »guten Eindruck« machen, aber er beobachtet seinen hier angetretenen Jahrgang und nimmt sich dabei selbst nicht aus: Seine Gedanken schreibt er unter der Überschrift »Zwischengenerationen« nieder: Es ist ein Psychogramm seiner Generation, die in einer Welt der Brüche aufgewachsen war und nirgends hingehörte, die ihre Hoffnungslosigkeit durch Spott ersetzte und statt Freude meist Ernst erlebte – rastlos und ratlos auf der Suche nach einer Aufgabe, eigentlich ohne sinngebende Vergangenheit und ohne erkennbare Zukunft.

Im Oktober 1936 legt Adam von Trott zu Solz das Assessorexamen ab. Der Beisitzer des Prüfungsausschusses ist Senatspräsident des neugebildeten »Volksgerichtshofs«. Trott erhält die Abschluß-note »befriedigend«. Das reicht nicht aus, um als Assessor in den Staatsdienst übernommen zu werden. Er fühlt sich allein, da nach den Vogelsteins und Hasso von Seebach auch Peter Mayer emi-griert ist. Dann verläßt ebenso Hans Siebert Deutschland. Er fin-det mit Trotts Hilfe zunächst Unterkunft bei Shiela Grant Duffs Mutter in London.

Peking, 1937–1938
Blick vom Fernen Osten ins ferne Europa

Bereits am 22. Mai 1933 hatte sich der Balliol-Student Adam von Trott die Option für eine Rückkehr nach Oxford offengehalten. Er hatte an den Warden von Rhodes House geschrieben: »Ich werde am Ende dieses Jahres meinen zweijährigen Kurs in Philosophie, Politik und Wirtschaft beendet haben. Nach Erreichung dieses akademischen Grades und in Fortsetzung meiner juristischen Laufbahn zu Hause habe ich drei Jahre vorbereitender Praxis an den Gerichten zu absolvieren. Ich würde dann gern nach Oxford auf ein Jahr zurückkehren, um eine Abhandlung... vorzugsweise über einen Gesichtspunkt der ›Political Doctrines of Modern Europe‹ zu schreiben.« Lord Lothian genehmigte diese Bewerbung und legte sie nach Trotts Abreise zu den Akten.

Im November 1936 reist Trott erneut nach England, um die Möglichkeit eines »postponed third year« zu erkunden, und sucht in London Lord Lothian auf. Er trägt ihm den Wunsch vor, das dritte Studienjahr in ein Reisestipendium umzuwandeln. Trott denkt an eine Studienreise in den Fernen Osten. Da die Rhodes-Stiftung eben ein Stipendium für ein Auslandsstudium eingerichtet hatte, zeigt sich Lothian aufgeschlossen: Der Auslandsaufenthalt dürfe ein Jahr nicht unterschreiten, das Reisestipendium sei an den Studienplatz einer Universität gebunden, und die wissenschaftliche Arbeit sei als Habilitationsschrift einzureichen. Trott entgegnet, er denke an die Pekinger Universität. Dort seien alle Voraussetzungen für wissenschaftliches Arbeiten erfüllt; er könne die Einladung eines dort lehrenden Sinologen, Professor Gustav Ecke, dem ehemaligen »Nibelungen«, vorweisen. Dem Antrag wird stattgegeben.

Am 19. Februar 1937 nimmt Adam von Trott zu Solz Abschied von den Eltern. Zunächst trifft er sich in Paris mit Shiela Grant Duff, gemeinsam fahren sie nach London weiter. Dort wohnt Trott im Stadthaus seines Studienfreundes David Astor und wird dessen Mutter vorgestellt. Davids Mutter, Lady Astor, mag Trott: »Von meinen Freunden war er der einzige, den meine Mutter ernst nahm.« Sie bemerkt, daß seine Kleidung abgetragen ist. In ihrer direkten Art sagt sie: »Sie müssen zu einem Schneider und einen neuen Anzug anfertigen lassen.« Das tut er dann auch. Obendrein wird er noch mit neuem Hut und Mantel ausgestattet. Auch John Cripps führt Trott bei seinen Eltern ein. Als Stafford Cripps, Johns Vater, erfährt, daß Trott von der Rhodes-Stiftung nur eine Beihilfe und kein voll finanziertes Auslandsstipendium erhält, übernimmt er die Kosten der Schiffspassage von den USA nach China.

Mit Koffern, einer Bücherkiste, zwölf Empfehlungsschreiben und der ihm in Oxford nachträglich überreichten B. A.-Urkunde geht Adam von Trott in Southampton an Bord der »Deutschland«. Am 12. März 1937 erreicht er New York. Am Quai erwarten ihn Josias von Rantzau, sein Freund aus Berlin – er tut jetzt am deutschen Generalkonsulat Dienst –, und Ingrid Warburg. Trott sieht in New York auch Hasso von Seebach und Julie Braun-Vogelstein, die aus Dank dafür, daß Trott sie vor der Gestapo geschützt hatte, die Kosten für seine Atlantiküberfahrt trägt.

Durch Lord Lothians Empfehlung trifft Trott den Direktor des »Institute of Pacific Relations« (IPR), Edward C. Carter. Dieser ermöglicht ihm die Teilnahme an einem wissenschaftlichen Seminar über China an der University of California. Und er öffnet in Washington Türen, die Trott sonst verschlossen geblieben wären. So trifft er auf Hamilton Fish Armstrong, Mitglied des Rates für Auslandsbeziehungen und Herausgeber der Zeitschrift »Foreign Affairs«, der jedoch als Gegner totalitärer Systeme die Beziehung zu Deutschen kritisch sieht. Auf ähnliche Vorbehalte trifft Trott häufiger: »Ich spüre hier drüben mir gegenüber ein entsetzliches Mißtrauen, welches, wie ich annehme, in der gegenwärtigen internationalen Lage nur natürlich ist und gegen das ich in England zu einem großen Ausmaß von meinen persönlichen Freunden geschützt wurde. Es wird immer mehr so sein: Man ist entweder Emigrant oder Nazi, und in keinem Falle mag man dich.«

Das Empfehlungsschreiben von Sir Stafford Cripps verschafft Trott Zugang zu Roger Baldwin, dem Vorsitzenden der »American Civil Liberties Union«. 1917 war er wegen Kriegsdienstverweigerung inhaftiert, hatte sich als Sozialreformer einen Namen gemacht und gilt als entschiedener Pazifist. Auch den Herausgeber der »Washington Post«, Felix Morley, lernt Trott kennen. Er beeindruckt Trott: »Er geht die Straße hinunter wie ein Ranchbesitzer, mit breitem Schritt, so als ob ihm alles gehöre.« Auch Morley ist von Trott angetan: »Von Trott, der deutsche Rhodes-Stipendiat und Freund von Leverkühn, erschien als ein durchaus erfreulicher junger Mann. Ich war sehr froh, die Gastfreundschaft zurückzahlen zu können, die ich in seinem Lande erfahren habe. Er sprach sehr offen über die Unterdrückung durch das Naziregime und betrachtete eine allgemeine Volkserhebung als durchaus möglich.«

Trott trifft einen weiteren Freund von Paul Leverkühn – Colonel William J. Donovan, einen Anwalt aus New York, für Trott ist er »ein hilfreicher Patron«. »Wild Bill«, wie man ihn nannte, wird später den militärischen Nachrichtendienst der USA aufbauen. Jetzt hat Trott auch Kontakt zu dem politischen Washington – mit Senatoren, mit dem Präsidentenberater Harry Hopkins und Henry L. Stimson, einem ehemaligen Staatssekretär und späteren Kriegsminister.

Über einen Verwandten aus dem mütterlichen Zweig seiner Familie wird Adam von Trott zum Landsitz seines Urahn geführt, nach Bedford im Staat New York, wo John Jay, der erste Oberste Richter der USA, gelebt hatte. John Jays Leben (1745–1829) ist eng mit der Entstehungsgeschichte der Vereinigten Staaten verwoben. Mit 29 Jahren war er Mitglied des Continentalkongresses, wurde dessen Präsident, entwarf die Staatsverfassung von New York, verfaßte zusammen mit Alexander Hamilton und James Madison die »Federal Paper«. Sie sollten die Amerikaner auf die Grundsätze der »Constitution« einstimmen. John Jay wurde Sekretär für Auswärtige Angelegenheiten der Konföderation. Als amerikanischer Unterhändler schloß er erste Verträge mit England und Frankreich. In seiner Amtszeit als Oberster Richter prägte Jay die unabhängige dritte Regierungsgewalt und damit das System der »checks and balances«. Er sah sich als Hüter der Verfassung. Auf dem Landsitz in Bedford lebte John Jay von 1801 bis 1829. Noch immer war es von Trotts weit entfernter Verwandtschaft bewohnt, und deshalb stattete er dort einen Besuch ab. Die Verwandten führen ihn durch die Bibliothek mit dem offenen Kamin, durch das Eßzimmer und bleiben dann vor einem Ölgemälde stehen, das John Jay in seiner Amtstracht darstellt. Die Hausbewohner blicken irritiert auf das Bild und dann auf das Gesicht ihres Gastes und stellen eine erstaunliche Ähnlichkeit fest. Zum Abschied wird Adam von Trott mit einem Kupferstich mit John Jays Porträt beschenkt. Das sollte ihn an seinen Vorfahren und an die »Welt dieser aristokratischen Revolutionäre« erinnern.

Mit einem Empfehlungsschreiben von Isaiah Berlin fährt Adam von Trott weiter nach Boston, um dort Felix Frankfurter zu besuchen. 1882 als Jude in Wien geboren, kam er 1894 nach New York, wurde Rhodes-Stipendiat und absolvierte die »Harvard Law School« mit Auszeichnung. Der liberal eingestellte Jurist war zusammen mit Roger Baldwin Gründer der »American Civil Liberties Union«. Frankfurter hatte eben noch eine Gastprofessur in Oxford wahrgenommen und lehrt jetzt in Harvard Verwaltungsrecht. Der Berater des amerikanischen Präsidenten Roosevelt wird bald Richter am Obersten Gerichtshof. Zum Abschied schenkt Frankfurter Adam von Trott sein Buch »The Public and Its Government«. Trott erinnert sich an ein »sehr angenehmes Wochenende in Harvard« bei den Frankfurters. Auch Frau Frankfurter erinnert sich an Trott »too damned good looking«.

Trott schaut sich an den amerikanischen Universitäten um: Er besucht Columbia, Cornell, Harvard, Chicago, Stanford und

Berkeley. »An statistischen Materialsammlungen, neuen Versuchen auf dem Gebiet der Soziologie und der Nationalökonomie fehlt es gewiß nicht. Aber was im gegenwärtigen Stadium Amerikas von wesentlicher Bedeutung wäre: eine Lehre, geeignet, den Bruch zwischen dem alten Kolonialindividualismus und den an sich schon klar gefühlten, auch gesetzgeberisch schon gestalteten, modernen Verantwortungen in eine echte persönliche und politische Ethik umzuschmieden – eine solche Lehre gibt es an den amerikanischen Universitäten nicht.« Außer bei den Juristen in Harvard stellt er fast überall Pessimismus oder Gleichgültigkeit fest. Er vermutet, daß dies zum Teil auf die Abhängigkeit der Universitäten von Wirtschaftskreisen zurückzuführen ist.

Von New York reist Adam von Trott über Montreal, Ottawa, Toronto, Chicago, Kansas City nach Kalifornien, er besucht Los Angeles und San Francisco. An der Berkeley University nimmt er an dem Seminar über China teil. Nach vier Monaten endet sein Amerika-Besuch. An Bord des Frachters »Maron« verläßt er am 17. Juli 1937 San Pedro mit Ziel Shanghai. Er fährt in ein Krisengebiet; denn kurz vor Trotts Abreise aus den USA war der Japanisch-Chinesische Krieg ausgebrochen. Funkmeldungen, die das Schiff auffängt, informieren die Passagiere über das Vorrücken der Japaner auf chinesischem Boden. Am 12. August erreicht das Schiff Hongkong. Adam muß von Bord gehen. Anstatt nach Shanghai weiterzufahren, wird das Schiff von Japanern beschlagnahmt, die den Frachter als Truppentransporter nutzen wollen.

Seiner Mutter schildet Trott in einem Brief vom 19. August 1937 seine Eindrücke: »Hier strömen jetzt die ersten Flüchtlinge von Shanghai herein. Ich wohne in einer sauberen deutschen Pension – in der chinesischen Stadt ist eine Choleraepidemie. Ich habe mich impfen lassen. Ich war über das letzte Wochenende in Kanton, das schon unter Kriegspsychose stand, aber als erste rein chinesische Stadt auf mich einen sehr starken Eindruck hinterlassen hat. So stundenlang ohne ein einziges weißes Gesicht durch enge Straßen zu gehen oder zu fahren, ist ein Erlebnis. Mein einziger

Kompaß war ein kleiner Zettel mit chinesischen Schriftzeichen, den ich ab und zu einem Lesekundigen vorhielt, um mich zum nächsten Punkt meiner Rundfahrt dirigieren zu lassen.«

In den ersten Septembertagen quartiert sich Trott in Kanton ein. In der ersten Nacht schreckt ihn ein Luftangriff auf; dann peitscht ein Taifun durch die Stadt und richtet erhebliche Schäden an. Neben der Kriegsnot leidet die Provinz an der schwersten Überschwemmung seit zwanzig Jahren. Inzwischen ist auch Peking von japanischen Truppen besetzt. Professor Gustav Ecke telegrafiert ihm: »Welcome beginning october own risk«. Wie soll Trott durch ein Krisengebiet das von japanischen Truppen eingenommene Peking erreichen? Wie ein Kriegsreporter berichtet er Diana Hubback von der Reise: »Erdbeben in Manila, eine Choleraepidemie hier, Bombenabwürfe in Kanton, Schüsse und Gefangennahme in Kwangsi, Begegnung mit Minen im Kanton-Fluß, und Beschuß aus japanischen Booten, als wir an ihnen vorbeifuhren, und das letzte, aber keineswegs geringste, der Taifun hier, der etwa 10 000 Menschenleben kostete.«

Allen Widerständen zum Trotz erreicht Adam von Trott Peking am 20. Oktober 1937, trifft Gustav Ecke – ein Wiedersehen nach dreizehn Jahren. Ein ganzes Jahr will er hierbleiben. Gustav Ecke nimmt Trott in sein Haus auf, der als »research student« tagsüber in einem kargen Raum der deutschen Botschaft oder im alten Lama-Tempel in der Nähe der Yenching-Universität arbeitet. Ecke hat Freude an seinem Hausgast, der sich gleich nach der Ankunft anschickt, die hochchinesische Umgangssprache zu lernen, mit einem chinesischen Studenten Klassiker liest und schnell Bekanntschaften mit Chinesen schließt, die ihn in die Gedankenwelt des Konfuzianismus einführen. Besonders die Beziehung zu dem alten Herrn Po-Ch'uan wird im Laufe der Monate zu einer engen Freundschaft. Viele Stunden verbringt Trott Woche für Woche in Gesprächen mit diesem Mann und manche langen Abende in einer alten Pekinger Weinstube, wo sich auch Ecke dazugesellt.

Ecke schätzt Trotts lebendige Einbildungskraft und sein neugieriges Gemüt. Und für Trott ist Ecke »eine Quelle wahrer Freude und Inspiration«. Seiner Mutter schreibt er: »Ecke meint ... daß es jetzt manchmal fast besser wäre, wenn ich etwas ›trauriger‹ wäre, weil mein Lachen oft in unserem kleinen Dorfpalast über alle Dächer schallt.«

Trott interessiert sich für die konfuzianische Staatsidee, das Funktionieren und die politische Psychologie des zweitausend Jahre alten Kaiserreichs in all seinen gesellschaftlichen Schichten. Warum gehorchen die Untertanen in einem totalitären System? Für seine Habilitation will er hierfür Feldstudien betreiben. Er möchte die europäische mit der fernöstlichen politischen Grundidee vergleichen und die Basis der Loyalität der Untertanen zu ihrem System erkunden. Doch der Zeitpunkt für eine solche Forschungsarbeit ist denkbar ungünstig, denn die japanische Besatzungsmacht zerstört alte chinesische Strukturen just zu dem Zeitpunkt, als er sie studieren will. Die Aktualität und die Ursachen des japanisch-chinesischen Konflikts geraten in seiner Arbeit immer mehr in den Vordergrund.

Trott würdigt die Leistungen Chiang Kai-sheks, des politischen und militärischen Führers der Guomindang, beim Neuaufbau des chinesischen Staatslebens, der jetzt zunichte gemacht wird. Chiang Kai-shek wurde von einer deutschen Militärmission unter Leitung von General Alexander Freiherr von Falkenhausen beraten. Zuerst hatte Chiang Kai-shek die kommunistischen Truppen unter Führung Mao Zedongs in den Norden vertrieben. (Es war der lange Marsch der Roten Truppen in die nördliche Provinz Shanxi von 1934 auf 1935.) Dann mußte Chiang Kai-shek nach dem japanischen Überfall auch gegen das Vorrücken der japanischen Truppen in das Innere Chinas ankämpfen. Am 13. Dezember 1937 nehmen die Japaner Nanking ein, die damalige Hauptstadt Chinas. Zuvor war Alexander von Falkenhausen nach Deutschland zurückbefohlen worden.

Trott sieht ein Machtvakuum im Fernen Osten entstehen, das Chancen für ein gemeinsames deutsch-englisches Engagement in

Fernost eröffnen würde. Statt dessen zeichnet sich jedoch mehr und mehr ein deutsch-japanisches Bündnis ab. Es beginnt am 25. November 1936 mit dem Antikomintern-Pakt und wird am 27. September 1940 zum Pakt der Achsenmächte führen. Der studierende Deutsche bekommt diesen politischen Wandel zu spüren: Der Japanisch-Chinesische Krieg wirft angesichts einer japanisch-deutschen Annäherung auf Trotts Anwesenheit im japanisch besetzten China ein besonderes Licht. Sein Studium sorgt für Gesprächsstoff: »Überhaupt wußte man nicht recht, wie man mich einzuordnen hatte. Das geht mir leider überall so – aber man ist am Ende nicht nur zum Einordnen da«, sagt Trott entnervt.

Der englische Schriftsteller Harold Acton, der an der Pekinger Yenching-Universität Vorlesungen hält, wird auf den Studenten aus Deutschland bald aufmerksam. Obgleich er ihm sympathisch ist, fühlt er sich in Trotts Anwesenheit unwohl. Acton kann »nicht ganz ausmachen, was sein Spiel war«. Er fragt sich, ob Trott kein angehender Wissenschaftler, sondern in Wahrheit ein deutscher Einflußagent im japanisch besetzten China ist? Ein Oxforder Studienkollege, H. Gore-Booth, der an der britischen Botschaft in Tokio tätig ist, beobachtet Trott und dessen China-Studien aus der Distanz: »In jenen Tagen [in Oxford] galt er eindeutig als aufgeklärter Liberaler. Man hörte jedoch so manches über seine Tätigkeit in Peking, die politisch gesehen zumindest fragwürdig war. Es war schwierig festzustellen, ob seine vage Haltung ein gehöriges »Nach-dem-Wind-Segeln« war oder doch die Schlauheit eines Mannes, der sich wirklich nicht entschließen konnte und der, wie der Abbé Sieyès, zu überleben hoffte, bis er und seine Freunde die Kontrolle übernehmen konnten.«

Trott arbeitet unverdrossen die wissenschaftliche Literatur durch. Er sammelt Stoff, um seinem Forschungsprojekt eine Struktur zu geben. Doch die Fülle des Materials und die Zeitumstände machen es ihm schwer, diese Arbeit voranzutreiben. An seinen Vater schreibt er am 27. Mai 1938, daß ihm »... zum wissenschaftlichen Kopf doch einige wesentliche Eigenschaften fehlen, vor allem eine gewisse Behäbigkeit und Emsigkeit und Ordentlichkeit, ohne die es beim richtigen Forschen nicht geht«. Trotz unüberschaubarer Materialfülle arbeitet er Vorträge aus und erkennt immer wieder neue Ansätze für seine wissenschaftliche Forschung. Die Aggression Japans erschwerte nicht nur Adam von Trotts fernöstliches Studium, sondern zerstörte das Potential des asiatischen Erdteils. Es läge im Interesse der internationalen Politik, von Europa aus auf eine Befriedung im Fernen Osten hinzuarbeiten. Deutschland und England sollten ihre Kräfte zusammentun. Eine deutsch-englische Friedenspolitik könnte die Lage in Zentralchina stabilisieren.

Trott faßt noch in Peking seine Gedanken in einem Memorandum zusammen, »Far Eastern Possibilities«. Er schickt die Studie dem Generalsekretär des IPR, Edward C. Carter. Diese globale Vision einer deutsch-englischen Partnerschaft im asiatischen Raum findet Carter so überzeugend, daß er sie dem Sekretär der Rhodes-Stiftung, Lord Lothian, zugänglich macht, verbunden mit der Bitte, die Rhodes-Stiftung solle für Trott einen Arbeitsplatz am Sitz des Sekretariats des IPR in New York finanzieren. Adam von Trott sendet seine Studie auch Lord Lothian persönlich. In dem Begleitschreiben führt er aus: »Wenn eine Zusammenarbeit zustande käme, würde dies bestimmt auch eine Verbesserung für die englisch-deutschen Beziehungen in Europa mit sich bringen.« Lothian läßt dieses Memorandum dem britischen Außenminister Lord Halifax zukommen.

Von Peking aus unternimmt Adam von Trott drei große Reisen. Die erste führt ihn in das Land, das sich im Krieg mit China befindet – nach Japan. Am 14. März 1938 fährt er nach Tientsin und Tangku. Von dort mit dem Schiff nach Moji. Weitere Stationen sind: Kumamoto, Beppo, Myajima, Tomo, Kobe, Osaka, Kyoto, Tokio, Hiroshima und zurück über Korea, Harbin, Tientsin nach Peking. Eine zweite Reise führte ihn in die Mandschurei – nach Harbin und in den Norden Chinas nach Shantung.

Bald schreibt er seinem Vater, daß er seinen Aufenthalt verlängern wolle und nicht schon im Herbst, sondern voraussichtlich erst im Februar nach Hause zurückkehren werde, da dann die Zuspitzung der Lage in Europa nach dem Münchner Abkommen entschärft sei. Er macht sich zu einer dritten Studienreise auf. Unterwegs erreicht ihn ein Brief von Gustav Ecke: »Am Tag Deiner Abreise, als der Wanting von der Bahn zurückgekommen war, erschien plötzlich eine große Schlange mit brennend roten Flecken und rollte sich in dem Gang in der Nähe Deines Hauses zusammen. Ich wurde von Angst für Shihchua [dem dreijährigen Töchterchen des Hausdieners] erfaßt und ließ die Schlange töten.« Im fernöstlichen Volksglauben kündigt das Erscheinen dieser Schlange eine besonders bedrohliche Situation an.

Am 28. Oktober 1938 erreicht Adam von Trott in Hongkong ein Telegramm: »Vater gestorben.« Seine Mutter bittet ihn, nach Hause zu kommen. Er bucht sofort eine Passage auf dem Dampfer »Ranchi«, der am nächsten Tag abfahren wird: Auf dem Schiff erreichen ihn schlechte Nachrichten aus Deutschland – die antijüdischen Pogrome des 9. November 1938, der »Reichskristallnacht«. In den letzten Novembertagen legt das Schiff in Marseille an.

Berlin, Frühjahr 1939
Kontakt zum Widerstand

Adam von Trotts Hoffnung auf eine deutsch-britische Allianz im Fernen Osten, die in Form seiner Studie über Lord Lothian das Foreign Office in London erreicht und die Halifax zur Stellungnahme an seinen Mitarbeiterstab weiterleitet, wird noch im selben Monat, im August 1938, durch die Krise um das Sudetenland konterkarriert, so daß statt einer deutsch-englischen Zusammenarbeit in Fernost eher ein Krieg zwischen Deutschland und England in Europa droht. Das Verhältnis zwischen diesen beiden Ländern ist für Trott der Schlüssel zur Befriedung Europas, das sich jetzt aber auf den Abgrund eines Krieges zubewegt.

Shiela Grant Duff wird von ihrer Zeitung nach Prag geschickt, um von dort aus über die sich zuspitzende Krise zu berichten. Sie schreibt ihre tschechischen Beobachtungen in einem Buch nieder, »Europe and the Czechs«, kämpft für das politische Überleben dieses Staates mitten in Europa und erklärt Deutschland zum Feindesland. Ihr Verhältnis zu Adam von Trott wird dadurch zu einem deutsch-englischen Konflikt besonders sensibler Art: »Der Großteil unserer Briefe aneinander stammt aus dieser Zeit, ich glaube, zuerst einmal, weil wir uns beide einsam fühlten. Um diese Zeit war ich schon in der Tschechoslowakei, lebte ganz alleine; da er in China war, schrieben wir uns. Ich empfand es fast als meine Pflicht, ihm zu schreiben und zu erzählen, was in Europa geschah, und ihm das zu schicken, was ich darüber schrieb.« Als sich die Sudetenkrise immer mehr verschärft, werden beider Briefe immer bitterer. »Logischerweise, weil ich – aus seiner Sicht – gegen Deutschland schrieb, und patriotisch wie er nun war, gefiel ihm das überhaupt nicht.«

Eine deutsch-englische Freundschaft droht zu zerbrechen, denn Trott denkt nicht nur global, sondern auch typisch deutsch. Aus Peking schreibt er noch am 20. Juli 1938 an Shiela Grant Duff: »Solange es Euch nicht möglich ist, zu sehen, daß alles, was in Deutschland geschieht, ein europäisches Phänomen und eine europäische Verantwortung ist, kann kein Schritt getan werden. Wenn Ihr andererseits versucht, Deutschland moralisch und materiell einzukreisen, wird es zur Explosion kommen, die alles zerstören wird, was als Grundlagen eines Europas in unserem Sinn noch zurückgeblieben sein könnte.« Angesichts dieser Verschärfung der Lage in Europa ist »die beste Freundschaft Europas – wie wir sie oft scherzhaft nannten« (Shiela Grant Duff), bedroht. Bis jetzt symbolisiert die »Duff-Trott«-Koalition den Glauben einer jungen Generation, daß internationale Freundschaften wertvoll sind, wichtig, um die Welt der Väter zu verbessern. Und jetzt stehen sie vor dem Abgrund. Shiela Grant Duff antwortet nach längerem Zögern: »Viele Leute denken, daß es in der nächsten Woche Krieg geben wird. Es hängt alles von einem einzigen Mann ab. Ich denke, Deine eigene Haltung müßte Scham zeigen, und Du müßtest um Verzeihung bitten. Sogar ich schäme mich, doch ich bin weniger schuldig als Du – aber Du machst mir nur Vorwürfe und streitest alles ab. Vielleicht können wir schließlich keine Freunde mehr sein. Aber wir sind es gewesen, und wenn es einen Krieg geben wird und ich überlebe, werde ich mich erinnern ...«

Äußere Bedingungen führten zu einem persönlichen Zwist; der eine wird zum Gegner des anderen, noch bevor der große Krieg beginnt. Shiela Grant Duff hatte immer vor einem Einlenken gewarnt. Sie hatte sich für ein Einkreisen Hitlers eingesetzt. Ein solcher »Ring« werde Hitlers Pläne vereiteln. Wegen der Sudetenkrise machen sich die beiden Freunde in ihren Briefen gegenseitig Vorwürfe. Trott beschimpft sie als »aggressiv«, »ehrgeizig« und als eine »durch den eigenen Erfolg aufgeregte englische Publizistin«.

In seinem Brief vom 6. Oktober 1938, also nachdem er vom Münchner Abkommen erfahren hatte, gesteht Trott ein, er habe

es nie für möglich gehalten, daß die Engländer die Tschechoslowakei den Deutschen überlassen würden. Er habe versäumt, den
Wendepunkt wahrzunehmen, der mit dem »Anschluß« eingetreten war.

Der Tod des Vaters und die politischen Nachrichten aus Europa
festigten Trotts Entschluß zur Heimkehr. Er wollte sich jetzt der
Verantwortung stellen, ganz im Sinn seines Briefes aus Peking vom
29. Juli 1938 an seine Mutter: »Du hast recht, wir sind nicht in die
Welt gestellt, um ihr den Rücken zu kehren, und die Welt besteht
nicht nur aus der ›heutigen Zeit‹, die man in Grund und Boden
zu verdammen das Recht erst hätte, wenn man in sich die positive
Satzung einer besseren Zeit in wirklicher Auseinandersetzung mit
den Dingen hervorzubilden begonnen hätte.«

Auf seinem Weg nach Deutschland plant Adam von Trott eine
Zwischenstation in Paris ein, um dort Shiela Grant Duff zu treffen,
die Goronwy Rees doch nicht geheiratet hatte. An einem der letz-
ten Tage im November 1938 quartieren sie sich in einem kleinen
Hotel am Palais Royal ein. Zunächst überwiegt die Wiedersehens-
freude die vorangegangenen Dissonanzen. Doch schon beim ersten
Frühstück streiten sie wieder über Politik. »Es blieb wenig Zeit zur
Erneuerung unserer Freundschaft, denn nach dem Tod seines
Vaters brauchte man ihn dringend zu Hause. Wir sahen beide die
Kluft, die sich zwischen uns aufgetan hatte. Adam meinte, die Ver-
änderung läge bei mir, und in gewisser Weise hatte er recht. Aber
es gibt Zeiten, in denen man seine Grundüberzeugungen verrät,
wenn man sich in geänderter Lage nicht auch selbst verändert. Ich
konnte Adam nicht klarmachen, wieso diese deutsch-englische
Verständigung – zwischen *diesem* England und *diesem* Deutschland – gegen unsere heiligsten Grundsätze verstieß.«

In den ersten Dezembertagen kehrt Adam von Trott nach beinahe zwei Jahren Abwesenheit zurück nach Imshausen. Am Grab
hält er Zwiesprache mit dem verstorbenen Vater und erinnert sich
an den Satz, den er ihm zwei Wochen nach der Machtergreifung
der Nazis aus Oxford geschrieben hatte: »Der Dienst an den

Rechten des einzelnen – des ›Menschen‹, wie die Naturrechtler sagen – im Zusammenhang und im Konflikt mit all den äußerlichen Ordnungen und Hindernissen ist mir ungleich wichtiger als der Dienst am ›Staat‹, der zur Willkür geworden ist.«

Die politische Lage ist eine andere als vor Trotts Reise nach China. Viele seiner jüdischen Freunde waren aus Deutschland fortgegangen. Seine Habilitationsschrift, die das Ergebnis seines dritten Rhodes-Stipendiatsjahres sein sollte, bleibt unvollendet. Und eine enge Freundschaft befindet sich in einer tiefen Krise. An Silvester 1938 schreibt Shiela Grant Duff: »Ich habe den Verdacht, daß wir Feinde sind. Ich weiß nicht, woran Dir wirklich liegt und was Du bewunderst. Aber ich befürchte, es ist nicht das, was mir am Herzen liegt.«

So beginnt für Adam von Trott das Jahr 1939. Vor seinem Aufbruch nach China hatte er zu Freunden gesagt: »Wenn ich zurückkomme, werde ich hierbleiben und ein Doppelleben führen. Ich werde eine Position suchen, von der aus ich insgeheim gegen den Nazismus arbeiten kann; aber ich werde das hier tun, nicht vom Ausland aus.« Zuerst nimmt Adam von Trott Kontakt auf zu seinen Hamburger Freunden. Die Bielenbergs besuchen ihn in Imshausen und erzählen von ihrem Plan, Deutschland zu verlassen. Sie wollen nach Irland. Trott redet ihnen ins Gewissen: »Wenn alle, die so denken wie wir, die nicht Nationalsozialisten sind, das Land verlassen, dann überlassen wir das Land eben unserem Gegner. Und das dürfen wir nicht tun. Und du, Peter, darfst es auch nicht tun.« Peter Bielenberg ist beeindruckt. Er beschließt, seine Anwaltspraxis in Hamburg aufzugeben und mit Trott nach Berlin zu gehen, um dort zu sein, wo Opposition gegen Hitler möglich ist.

Beide bewerben sich beim Reichswirtschaftsministerium. Bielenberg wird genommen, Trott nicht. Daraufhin versucht es Trott beim Auswärtigen Amt. Dort arbeiten inzwischen seine alten Freunde Albrecht von Kessel und Gottfried von Nostitz im Büro von Ernst von Weizsäcker, der 1938 zum Staatssekretär berufen worden war. Kessel ist Legationsrat in Weizsäckers Büro und Nostitz der Verbindungsoffizier des Auswärtigen Amts beim Oberkommando der Wehrmacht. Doch trotz anfänglicher Zusagen verzögert sich die Anstellung über Monate.

Auch Curt Bley und Helmut Conrad, die zum Widerstand bereiten Freunde vom »Roten Stoßtrupp«, sind noch im Land. Sie machen sich angesichts der politischen Lage in Deutschland und der Säuberungen in der Sowjetunion Gedanken, wie man noch unter diesen Umständen hierzulande sozialistische Politik umsetzen kann.

Kaum in Berlin, nimmt Trott Kontakt mit Hjalmar Schacht, dem Reichsbankpräsidenten, auf. Er hatte ihm von China aus ein Exemplar seiner Studie zugeschickt. Er nimmt auch mit General Alexander Freiherr von Falkenhausen Verbindung auf. Als Trott im Frühjahr 1939 vor der China-Studiengesellschaft in Berlin einen Vortrag über die geopolitischen Ursachen und weltpolitischen Folgen des Konflikts im Fernen Osten hält, lernt er den Leiter der Abteilung für Wehr- und Kriegsrecht im Kaiser-Wilhelm-Institut für Internationales Recht kennen – Berthold Schenk Graf von Stauffenberg. Das Institut veröffentlicht später diesen Vortrag innerhalb seiner wissenschaftlichen Schriftenreihe.

Trott trifft auch seinen Freund aus Göttinger Studententagen wieder – Friedemann Freiherr von Münchhausen, mittlerweile Schwiegersohn Kurt Freiherrn von Hammerstein-Equords, des ehemaligen Chefs der Heeresleitung, der 1934 aus Ablehnung des NS-Regimes von seinem Posten zurückgetreten war. Über Münchhausen lernt Trott auch den ehemaligen Generalstabschef des deutschen Heeres, Ludwig Beck, kennen, der aus Protest gegen Hitlers Plan, in die Tschechoslowakei einzumarschieren, am 18. August 1938 von seinem Posten abgetreten war. Damit hat Adam von Trott zu Solz erste Kontakte zu führenden Köpfen des militärischen Widerstands geknüpft.

Die Atmosphäre, die Trott in den Berliner Oppositionskreisen vorfindet, schildert er recht verschlüsselt Shiela Grant Duff in einem Brief vom 30. Dezember 1938: »Der Versuch, das Wagnis mit einer allgemeinen Überholung und Wiederherstellung des inneren Getriebes der Maschine zu verbinden, wurde durch Euren schlauen Neville vereitelt, und die einzige Alternative ist nun ein neues Wagnis oder eine Überholung in der Garage … Gegenwärtig ist die Tür verschlossen, die Maschine stinkt und pufft das übelste Gift aus, das alle empfindlicheren Lungen erstickt.«

Durch die Besetzung auch der restlichen Tschechoslowakei im März 1939 verschärft sich erneut die Kriegsgefahr. Daß Hitler nicht den Frieden retten, sondern den Krieg betreiben wollte, zeigte dieser Bruch des Münchner Abkommens. Am 3. April 1939 gibt Hitler die Weisung, den »Fall Weiß« – den Krieg gegen Polen – vorzubereiten.

Im April 1939 reist Adam von Trott mit einem Besucher aus England kreuz und quer durch Deutschland – mit Geoffrey Wilson, seinem alten Freund. Jetzt ist Wilson Sekretär von Sir Stafford Cripps. Trott nimmt auf dieser gemeinsamen Deutschlandreise Kontakte zu oppositionellen Gruppen auf. Wilson muß den Eindruck mitnehmen, daß die ›Stimmen Andersdenkender in Deutschland zu einem Chor angeschwollen‹ seien. Beide beobachten die Stimmung im Frühjahr 1939 und vergleichen sie mit der des September 1938.

Über einen entfernten Cousin lernt Adam von Trott Walther Hewel kennen, der nach Wanderjahren in Ostasien Leiter des Persönlichen Stabes des Reichsaußenministers im Auswärtigen Amt und »Ständiger Beauftragter des Reichsaußenministers beim Führer« wurde. Hewel, Jahrgang 1904, war als Fahnenträger des »Stoßtrupps Hitler« am Putschversuch des 9. November 1923 in München beteiligt und nach dessen Scheitern mit Hitler in der Landsberger Festung inhaftiert. Trott hört bald heraus, daß mit Hewel zu reden ist, daß er nicht gerade zu den ersten Befürwortern eines deutsch-englischen Konflikts gehört. Er scheint eher in einer deutsch-englischen Verständigung den Schlüssel einer erfolgreichen Außenpolitik zu sehen. Hier hofft Adam von Trott ansetzen zu können. Er meint, in letzter Minute dazu beitragen zu können, den drohenden Krieg zu vermeiden.

Trott erwähnt Hewel gegenüber seine Kontakte zu zentralen politischen Kreisen in Großbritannien. Und tatsächlich ist Hewel daran interessiert, für seinen Dienstherrn Ribbentrop auszuloten, wie man in London über die Lage denkt und wie dortige Regierungskreise mit der Krise umzugehen gewillt seien. Er erklärt sich bereit, die aktuelle englische Haltung zu erkunden. Hewel billigt diesen Fühler und deckt im Amt eine Reise, die Anfang Juni stattfinden soll.

Cliveden, Sommer 1939
Ein Versuch, den Krieg zu verhindern

Adam von Trott tritt am 1. Juni 1939 seine Reise nach England an. Sie wird vom Auswärtigen Amt finanziert und als Informationsreise verbucht. Trotts perfekt inszeniertes Doppelspiel beginnt. Es prägt auch Stil und Inhalt des Tätigkeitsprotokolls, das er später verfaßt. Sein für Walther Hewel und das Auswärtige Amt geschriebener Bericht beginnt mit den Worten: »Der mir vom Geheimen Legationsrat erteilte Auftrag lautete dahin, daß ich meine Verbindungen als ehemaliger Rhodes-Scholar in England zu einer Bestandsaufnahme der dortigen Einstellung Deutschland gegenüber verwenden sollte. Im Bewußtsein der augenblicklich feindseligen Einstellung stieg ich in London zunächst in einem Hotel ab, teilte dies meinen Bekannten telefonisch mit und verhielt mich abwartend.«

Trott trifft zunächst David Astor. Er bittet darum, mit Hilfe der Astors Außenminister Halifax kennenzulernen. Er deutet seinem alten Studienfreund an, was ihn so euphorisch stimmt: Er habe durch einen Freund im Auswärtigen Amt von einem Geheimnis erfahren, das sein ganzes Bild ändere. Mehr wollte Trott am Telefon nicht sagen. Auch als sie sich anschließend treffen, drückt er sich vage aus, spricht von Leuten in Deutschland, von denen er nie dachte, daß sie gegen Hitler arbeiteten und bereit seien, aktiv zu werden. Dann verfällt er wieder in die Euphorie, die er schon am Telefon zeigte. Er spricht von der Notwendigkeit, den Krieg hinauszuschieben. Man müsse Hitler irgendwie davon abhalten, Polen anzugreifen. Dies war für die meisten Engländer keine passende Botschaft; denn man hatte sich zu einer bitteren Erkenntnis durchgerungen: »Wenn Hitler das nächste Mal was tut, müssen wir in den Krieg, ob wir wollen oder nicht.« Nach dem Einmarsch in Prag ist es einfach unmöglich, mit Hitler Verhandlungen zu führen. Aber wie soll Trott den Engländern seine Hoffnung plausibel machen? Wie sollten sie verstehen, daß, wenn es gelänge, Hitler zu stoppen, eine Verschwörung möglich wäre?

David Astor spricht mit seiner Mutter, ob sie ein Treffen arrangieren könne. »Ich erzählte ihr, daß Adam angekommen wäre und daß er Leute von der Regierung kennenlernen wolle. Zufällig hatte sie diese Leute eh schon zu einem Dinner eingeladen. Sie hat Adam einfach ›eingeschoben‹. Das war alles ganz unvorbereitet; denn das Dinner fand sowieso statt, und Adam kam halt dazu und ich auch.« So fuhren David Astor und Adam von Trott zum Landsitz der Familie Astor nach Cliveden, von London kommend an der Straße zwischen Burnham und Taplow in Berkshire gelegen. Durch ein Eingangsportal gelangt man in einen riesigen Park mit jahrhundertealten Eichen, biegt dann nach rechts ab und sieht eine Wasserfontäne. Jetzt öffnet sich der Blick auf ein riesiges Schloß, dessen Seitenbauten den Weg zum Säuleneingang weisen.

Die Geschichte der Astors verkörpert wie keine den amerikanischen Traum. Sie geht zurück auf einen Ort in Deutschland, südlich von Heidelberg – Walldorf in der Unteren Pfalz, aus dem der Metzgersohn, 1763 geboren, 1779 über England nach Amerika auswanderte, wo er 1783 schließlich ankam. Er wurde ein reicher Mann. Als er 1848 starb, gehörte ihm ein großer Teil von Manhattan. Einer seiner Nachfahren, der Urenkel William Waldorf, wanderte von Amerika nach England zurück, wurde dort First Viscount Astor und erwarb die renommierte Zeitung »The Observer«. Dieser Zweig der Astors wurde zum Symbol für Reichtum, Macht und Glanz in England. Cliveden wurde 1893 erworben und zum Familiensitz der Astors. 1906 ging er an den ältesten Sohn über, der die Amerikanerin Nancy Longhorne heiratete. Lady Nancy Astor, Davids Mutter, war 1919 die erste Frau, die ins englische Unterhaus einzog. Sie gehörte der Konservativen Partei an.

Lady Astor machte Cliveden zu einem politischen und gesellschaftlichen Zentrum. Und da der Kreis, der sich hier in Cliveden traf, nebenbei auch Politik betrieb, nannte man ihn nach
dem Landsitz »The Cliveden Set«, es wurde bald aber zum Syn-
onym für »Appeasement«-Politik, eine inzwischen umstrittene
Beschwichtigungspolitik gegenüber dem nationalsozialistischen
Deutschland. Mit Hilfe des »Observer« stützen die Astors Chamberlains Appeasement-Politik – zum Ärger von David Astor, der
sich deshalb von den Redaktionsräumen fernhält. Lady Astor war
ein Magnet, der illustre Gäste anzog. Mit seiner gelassenen Radi-
kalität versuchte ihr Sohn David in ihrem Kraftfeld selbstbewußt
zurechtzukommen.

Das Dinner, bei dem Adam von Trott ranghohe Vertreter der
britischen Politik zu treffen hofft, findet im eleganten Eßzimmer
statt. Die Täfelung schmückte einst Madame de Pompadours
Residenz, weshalb dieser Raum »French Dining Room« heißt.
Die Fenster stehen weit offen, es ist warm, es herrscht eine sehr
angenehme, völlig entspannte Atmosphäre. Lady Astor plazierte
die Gäste – Halifax zu ihrer Rechten, den häufigen Hausgast Lord
Lothian zu ihrer Linken, ein Platz weiter die Damen, dazwischen
Trott. Lord Astor sitzt am anderen Tischende. Nach dem Dinner
sind die Herren unter sich. Lord Astor setzt sich jetzt auf den
Platz, auf dem Lady Astor gesessen hatte, und bittet Trott, näher zu
kommen, damit er Halifax gegenübersäße. Er fordert Adam auf,
über die Stimmung in Berlin zu erzählen. Das Gespräch verläuft
entspannt, Halifax hört aufmerksam zu.

In seinem offiziellen Rechenschaftsbericht schildert Trott den
Beginn des Gesprächs so: »Ich beschloß, meinen Instruktionen
gemäß, bei erster Gelegenheit zum Angriff überzugehen, um
auf diese Weise den beiderseitigen Standpunkt rücksichtslos zu
klären … Als sich nach Fortgehen der Damen auch die übrigen
Herren an unserem Tischende versammelten, konnte ich in etwa
drei Stunden den deutschen Standpunkt mit rückhaltloser Deut-
lichkeit entwickeln und die Art der englischen Erwiderung auf

ihn registrieren.« Um dem Anlaß eine zusätzliche Bedeutung zu geben, verdoppelt Trott die Zahl der Gäste auf dreißig, und auch bei weitem die Länge seines Vortrags vor den Herren, während die Damen auf der Terrasse drei Stunden Kaffee zu trinken hatten... Trott spielt seine Rolle zwar nicht vor den Anwesenden, jedoch für die Leser des Berichts in Berlin voll aus: »Ich ging von der Voraussetzung aus, daß im deutschen Volk heute eine tiefe Verbitterung gegenüber der englischen Politik herrsche und daß – wenn es über Polen zu einem Konflikt kommen sollte – das deutsche Volk wie ein Mann, auch gegen England, antreten würde. Mit seiner ›Garantie‹ für Polen habe sich England erneut mit einem schweren, Deutschland in Versailles zugefügten Unrecht identifiziert.«

Aber was sagt Trott wirklich an diesem Nachmittag in Cliveden? Er erzählt, daß in Deutschland nicht alle Menschen über Hitlers Erfolge glücklich seien. Viele seien mit Hitlers Politik nicht einverstanden, könnten aber ihre Meinung nicht öffentlich äußern und wüßten nicht, an wen sie sich wenden sollten. Deshalb sei es hilfreich, wenn die britische Regierung etwas Ermunterndes sagte. Halifax denkt nach, spielt mit dem Besteck und fragt dann in die Stille, ohne Trott anzusehen: »Was meinen Sie damit?« Dann fixieren seine Augen Trott: »Was könnte die britische Regierung sagen?« Trott antwortet: »Die britische Regierung könnte zum Beispiel Verständnis für die Deutschen äußern, die nicht mit Hitler einverstanden sind und mit dem, was alles geschieht. Deutschland ist nicht nur ein Nazi-Lager, sondern seit alters ein Nachbar mit der gleichen geschichtlichen Landschaft wie England. Wir hatten das gleiche Mittelalter und die gleiche Reformation erlebt. Reden Sie deshalb mit den Deutschen und ermuntern Sie sie.« Er fährt ganz leise fort: »Ich weiß nicht genau, was sie tun, aber sie führen mit den Russen etwas im Schilde...Hitler beabsichtigt, mit Stalin einen Pakt zu schließen.« Diese Mitteilung stimmt die Runde nachdenklich. Am meisten erstaunt ist jedoch Englands Außenminister Halifax, weil dieser zusammen mit Frankreich Stalin für einen gemeinsamen Beistandspakt mit Polen gewinnen will.

Die Herren erheben sich und gehen auf die Terrasse. Der Blick schweift über eine weite, gepflegte englische Gartenanlage, die sich bis zur Themse hinunterzieht. Man parliert. Es dunkelt, Kerzen werden angezündet. Halifax steht jetzt neben Trott. Er hat wohl das Signal verstanden und fordert ihn auf: »Wenn Sie wieder in London sind, dann setzen Sie sich doch mit mir in Verbindung. Ich kann ein Treffen mit Primeminister Chamberlain in die Wege leiten.«

William Douglas Home, der Bruder von Neville Chamberlains Sekretär, ist einer der Dinner-Gäste in Cliveden. Er hält in seinem Tagebuch fest: »Beim Portwein hörte ich eine Diskussion über internationale Politik zwischen einem britischen Kabinettsminister und einem jungen Deutschen namens von Trott. Von Trott, ein ebenso passionierter Anti-Nazi wie auch ein Patriot, sprach in perfektem Englisch von den Bestrebungen der deutschen Nation als Gesamtheit.« Home durchschaut, weshalb Trott angereist war: »Um einige der Planken aus dem Boden von Hitlers gefährlicher politischer Plattform zu entfernen und auf diese Weise den Weg für diejenigen zu ebnen, denen das Interesse der Welt wie auch Deutschlands am Herzen läge«. Genau hier setzt Trotts Krisenszenarium an. Sein Plan baut sich in drei Schritten auf, einem Schachspiel gleich. Erstens: Hitler soll mit dieser Initiative der Boden entzogen werden. Ein verlockendes Scheinangebot soll ihn hinhalten. Der Krieg gegen Polen wäre dann 1939 nicht mehr in Gang zu setzen. Zweitens: Der beabsichtigte Pakt Hitlers mit Stalin könnte dadurch platzen. Drittens: Der Widerstand in Deutschland würde Zeit gewinnen, den Umsturzplan vom September 1938 in die Tat umzusetzen; Hitler also von außen und innen in die Zange nehmen und ihn in eine ähnliche Lage wie vor dem Münchner Abkommen manövrieren.

Es ist ein Wettlauf gegen die Zeit. Ein verzweifeltes Anrennen gegen das, was in Berlin längst entschieden ist. William Douglas Home bilanziert nüchtern seinen Eindruck vom Dinner in Cliveden: »Sei es, wie es wolle, es war eher die Zukunft als die

Vergangenheit, um die von Trott sich in dieser Nacht sorgte. Er sah die Katastrophe voraus, und er fühlte, daß mit gegenseitiger Kooperation und Opfern die Gefahr vielleicht noch abgewendet und das Problem auf eine friedliche Weise gelöst werden könne. Stillschweigende, entscheidende Voraussetzung dabei war, daß der Status quo wiederhergestellt werden müsse. Als er zu reden aufhörte, drückte der Minister seine Zigarre in einem Aschenbecher aus und sagte: ›Ja, das ist ein faszinierendes Problem.‹ Und es schien mir, der ich am anderen Ende des Tisches saß, daß er in der Hoffnungslosigkeit dieser Antwort und mit dieser Geste Deutschland und Europa für viele kommende Jahre ausdrückte.«

Erst Jahrzehnte später – nach Freigabe der Akten – erfahren die Briten von diesem geheimen Treffen: »Ein Nazi-Spion diniert bei Lord und Lady Astor mit der britischen Regierung«, schreibt die Presse. Mit Nazi-Spion ist Adam von Trott zu Solz gemeint. Hätte die britische Öffentlichkeit damals davon erfahren, der Sturm der Entrüstung wäre noch stärker gewesen. Er hätte die Regierung weggefegt.

In seinem offiziellen Bericht geht Trott zum »Angriff« über – also nicht für Londons Ohren, sondern für Berlins Augen: »In einem späteren Gespräch unter vier Augen kam Lothian nochmals auf die nach allgemeiner Auffassung ausweglos dem Krieg zutreibende Lage zurück … Wegen seiner Mission nach Amerika will L. offenbar in der gegenwärtigen dortigen Atmosphäre den Verdacht vermeiden, daß er von der Verständigung mit Deutschland noch nicht belehrt ist. Wenn es im Bereich des Möglichen für den Führer läge – unter Ausbedingung effektiver Rüstungsbeschränktheit und wirtschaftlicher Zusammenarbeit mit Deutschland –, Böhmen und Mähren ihre nationale Selbständigkeit durchgreifend wiederzuschenken, dann fänden Danzig und die Polenfrage ihre selbstverständliche Lösung.«

Das Wort »Korridor« vermeidet Trott in seinem Bericht. Dieser soll Hitler das Hinausschieben schmackhaft machen und das, was in Wirklichkeit die deutschen Verschwörer vorschlagen,

Lord Lothian in den Mund legen. Trott hatte erfahren, daß Lord Lothian bald zum britischen Botschafter in Washington berufen werden soll. Er erkundigt sich bei David Astor: »Glaubst du, Philip Lothian wird etwas dagegen haben, wenn ich einen Bericht schreibe, in dem ich vorgebe, daß er das sagt, was ich an Hitler schicken will?« Astor antwortet: »Meiner Meinung nach ist er ein so ernster Mensch und so wenig eitel, daß er nichts dagegen hätte, wenn es hilft, einen Krieg zu vermeiden.«

Tatsächlich wird Adam von Trott am 8. Juni von Primeminister Neville Chamberlain in seinem Amtssitz in der Downing Street empfangen. In seinem Bericht sucht der den Eindruck zu erwekken, daß Chamberlain selbst, weniger als Halifax und Lothian, auf eine wirklich großzügige Lösung in der Zukunft kommen würde, daß er sie aber – wenn sie einmal definiert sei – mit Mut und Ausdauer gegen jede Opposition durchhalten würde. Auch gegen die Hardliner unter den britischen Konservativen, Eden und Churchill. Der Sekretär Chamberlains, der spätere Außenminister Sir Alec Douglas Home, bestätigt, Trott habe auf den Premier einen günstigen Eindruck gemacht.

David Astor hatte mit Trott vereinbart, sich nach dem Termin in Downing Street zu treffen. Trott hat ambivalente Gefühle. Er erzählt, Chamberlain sei sehr freundlich zu ihm gewesen, hätte ihn sehr nett behandelt und ihm zugehört. Aber er hätte das Gefühl gehabt, mit einem ›halbtoten Mann‹ zu reden.

Trott nutzt seinen Termin in London, um auch Shiela Grant Duff bei ihrer Mutter zu besuchen. Dort wohnen auch Hubert Ripka und seine Frau. Ripka ist Exil-Tscheche und vorübergehend mit der Vertretung tschechischer Interessen in London betraut, weil sich Beneš und Masaryk in diesen Tagen in den USA aufhalten. Trott hatte ihn 1936 in Prag kennengelernt. Er will Ripka allein sprechen. Er komplimentiert die Frauen aus dem Zimmer. Shiela Grant Duff protestiert gegen diesen Hinauswurf im Haus ihrer Mutter. Ripka gibt ihr jedoch zu verstehen, daß er berichten werde. Und tatsächlich gibt er den Inhalt des Gespräches mit

Adam von Trott an Shiela Grant Duff weiter und fügt hinzu: »Wir müssen schnell handeln, Trott darf damit nicht durchkommen!« Sie ziehen den Schluß, daß der einzige, der wirklich etwas dagegen unternehmen könne, Churchill sei. Ripka und dessen Frau schreiben daraufhin einen Brief an ihn.

Am 9. Juni 1939 fliegt Adam von Trott nach Berlin-Tempelhof zurück. Zusammen mit Peter Bielenberg verfaßt er den Bericht an Hewel und für dessen Dienstherrn Ribbentrop. Von seiner geheimnisvollen Mission berichtet er seiner Mutter: »Damit Du dich mit mir freuen und für den segensreichen Fortgang beten kannst, teile ich Dir nur kurz mit, daß die sich eben anbahnende Wendung im deutsch-englischen Verhältnis unmittelbar auf meine Intervention zurückgeht. Heute vor acht Tagen hatte ich in Cliveden eine vierstündige Unterhaltung mit Lord Halifax, am Mittwoch eine halbstündige mit Mr. Chamberlain. Zwischendurch bin ich nicht müßig gewesen. Heute nacht arbeitete ich bis drei, in wenigen Stunden sehe ich Herrn von Ribbentrop, vielleicht auch Hitler.«

Doch Trott trifft weder Ribbentrop noch Hitler, vielleicht Hewel, der möglicherweise angesichts von Trotts Zugang zu höchsten Stellen in London anregt, besser vor Ort zu bleiben, um gegebenenfalls nachzufassen. Tatsächlich fliegt Adam von Trott am 12. Juni 1939 erneut in die britische Hauptstadt, wohnt im Stadthaus der Familie Astor, besucht Peter Mayer und verabredete sich auch mit Hans Siebert, der jetzt bereits zwei Jahre als Emigrant in England lebt.

Shiela Grant Duff versucht einen Kontakt zwischen Adam von Trott und Winston Churchill herzustellen. Trott trifft dort die mit Shiela befreundete Tochter Churchills und dessen Schwiegersohn. Er könnte über diese ein Gespräch mit Churchill erreichen, läßt die Gelegenheit jedoch ungenutzt verstreichen. Für seine Ziele ist der Clivedener Kreis der Appeasement-Befürworter die einzige Hoffnung. »Aber damit war er auch selbst abgestempelt und nicht mehr glaubwürdig, als er während des Krieges Unterstützung für den deutschen Widerstand zu mobilisieren suchte«, kommentiert Shiela Grant Duff Trotts starre Festlegung.

»Warum hast du dich nicht mit Churchill getroffen, die Gelegenheit war doch günstig?« fragt David Astor seinen Freund, der antwortet: »Ich kann alles, was ich getan habe, so erklären, daß die Gestapo nichts sagen kann. Nur eines nicht – Churchill besuchen. Ich könnte ihnen nicht weismachen, daß das Hitlers Plänen irgendwie behilflich sein würde.«

In Oxford besucht Adam von Trott Maurice Bowra, den Leiter des Wadham College. Er berichtet ihm von einer Einladung des IPR und daß er im Herbst nach Amerika fahren wolle. Trott erzählt ihm auch von seinen Gesprächen mit Halifax und Chamberlain. Er habe diesen gegenüber seine Arbeit für die Widerstandsgruppe im Auswärtigen Amt verschwiegen. Bowra ist der einzige, den er in Oxford ins Vertrauen zieht: »Ich vertrete die deutsche Opposition.« Bowra reagiert mißtrauisch: »Mein Verdacht nahm zu, als er fortfuhr, dafür einzutreten, daß wir Hitler all seine Eroberungen belassen und auf diese Weise den Frieden mit Deutschland aufrechterhalten sollten. Ich kam zu der Entscheidung, daß Trott ein doppeltes Spiel betreibe und unseren Widerstand, gerade als er endlich begann, stärker zu werden, zu schwächen suche. In meinem Ärger forderte ich Adam auf, das Haus zu verlassen.« Bowra entschließt sich, seinen Freunden in den USA zu schreiben, um sie vor Trott zu warnen.

Charles Collins, Trotts Studienfreund aus Balliol-Tagen, weiß, warum in Oxford das Mißtrauen Trott gegenüber wächst: »Was man nicht begriff, war, daß er ein doppeltes Spiel spielen mußte. Er mußte zwei Gesichter zeigen. Wenn er nicht dem Anschein nach ein treuer Diener seiner Regierung gewesen wäre, hätte er niemals die Freiheit gehabt, in der Welt herumzureisen.« Collins hatte ihm immer wieder eingeschärft, aufzupassen, was er anderen Leuten erzähle. »Schließlich ist nicht nur Oxford, sondern die ganze akademische Welt ganz besonders ein Hort von Schwätzern. Wenn man was geheimhalten will, dann gibt es nur eine Regel: ›Sag' nichts, sag' nichts‹.« Collins charakterisiert Maurice Bowra ambivalent: »Bowra ist ein hochintelligenter Mann, aber ein Mann ohne echten Durchblick. Er kennt sich bei Dichtern und in vielen Sprachen aus, aber meiner Meinung nach hat er keine gute Menschenkenntnis. Manchmal glaube ich, er zieht einen guten Witz der Wahrheit vor. Trott hatte Eigenschaften, die Bowra nicht begreifen konnte. Intellektuell konnte er ihn natürlich begreifen, sie waren beide hochintellektuell, und Bowra hat einen wunderbaren Intellekt, aber ich hatte nie das Gefühl, daß Bowra viel politischen Verstand hat.«

Trott erfährt wohl, daß Winston Churchill vom Inhalt seines »Friedensplans« unterrichtet worden war. Als er zufällig Shiela Grant Duff in London auf der Straße begegnet, sagt er ihr ins Gesicht: »Du hast mich verraten!« Es ist ihre letzte Begegnung.

Anfang Juli kommt David Astor nach Berlin: »Adam bat mich zu kommen. Er wollte, daß ich seine Position stärke bei seinem ›Strohmann‹, einem alten Nazi namens Hewel, der Adam sehr mochte und an ihn glaubte und den Adam als Beschützer verwenden konnte, ohne ihm zu sagen, was er in Wirklichkeit tat.«

Am letzten Tag seines Aufenthalts lädt ihn Trott zu einer Autofahrt ein. Sie lassen Berlin hinter sich. Trott schweigt, er sucht die Gegend ab. Plötzlich hält er an. Seine Hand weist auf eine Mauer mit einem Tor, vor dem zwei Wachposten stehen. Es ist das Konzentrationslager Sachsenhausen. Dann sagt Trott: »Das ist es, was der Nazismus bedeutet.«

Und dann unternimmt Trott einen letzten, verzweifelten Versuch: Da er Berlin nicht schon wieder verlassen kann, bittet er Peter Bielenberg, nach London zu reisen. Ohne Genehmigung der Behörden fliegt er nach England, wie ein Tourist übers Wochenende. Bielenberg sucht David Astor auf und erörtert mit ihm Trotts Plan: Eine hochgestellte Persönlichkeit aus dem Königshaus oder aus höchsten Militärkreisen solle Hitler aufsuchen und ihm unmißverständlich den Ernst der Lage klarmachen. Astor versucht erfolglos, Bielenberg einen Termin bei Lord Halifax zu verschaffen. Bielenberg kehrt am Sonntagabend, dem 20. August 1939, unverrichteterdinge nach Berlin zurück. Am 23. August reist Außenminister Ribbentrop nach Moskau, um einen Pakt zwischen Hitler und Stalin zu besiegeln. Die Würfel sind gefallen.

Für die Opposition in Deutschland lag in London der Schlüssel zu einer internationalen Verständigung. Den ganzen Sommer lang waren die Besuche aus Berliner Widerstandskreisen nicht abgerissen: Neben Adam von Trott zu Solz waren auch Carl Goerdeler, Helmuth James Graf von Moltke und Ewald von Kleist-Schmenzin in die britische Hauptstadt gereist. Auch die Brüder Erich und Theo Kordt nutzten ihre Kontakte nach London. Churchill, Halifax und Chamberlain waren über die Absichten Hitlers informiert, zuletzt auch über den bevorstehenden Hitler-Stalin-Pakt. Die Warnungen hatten nichts bewirkt.

In diesen Tagen erhält Shiela Grant Duff Post von Adam zu Trott, mit dem sie eine immer schwieriger gewordene Freundschaft verbindet: »Wenn wir endgültig voneinander abgeschnitten sind, dann möchte ich nicht, daß der geringste Tropfen Bitterkeit unsere Erinnerung aneinander vergiftet. Wir wollen die beste europäische Freundschaft tief im Boden versenken, damit der Winter und die Zerstörung der Oberfläche ihr nichts anhaben können und sie einmal wieder Blüten treiben kann.« Später schreibt er: »Du hast recht, daß es das Mißtrauen und nicht der Schmerz ist, das eine Freundschaft vergiftet. Aber wenn Du damit andeuten möchtest, daß meine neuerliche Zurückhaltung Dir gegenüber irgendwie unehrlich gewesen sein soll, irrst Du Dich gewaltig. Ich bin Dir gegenüber niemals bewußt unehrlich gewesen. Ich habe immer geglaubt, daß wir in hohem Maße die gleichen Sachen mochten, und ich habe Dich wegen Deiner Aufrichtigkeit geliebt und bewundert. Aber ich habe oft die schmerzliche Erfahrung gemacht, daß Du völlig unfähig bist, einen natürlichen Verbündeten zu verstehen und mit ihm zu fühlen, wenn er zu seinem Kampf antreten muß in einer Welt, die völlig anders ist als Deine eigene.« Sie antwortet: »Vielleicht überleben wir trotz allem und verstehen eines Tages besser, was dem anderen teuer war. Fürs erste heißt es jetzt wohl adieu. Bleib' heil an Körper und Geist.« Es ist ihr letzter Brief an ihn. Offensichtlich fühlte er sich provoziert. »Es war der kälteste und zornigste Brief, den er mir je geschrieben hat. Es war am 25. August, und Adam wußte, daß zu einer Antwort keine Zeit mehr blieb. Der Krieg war zwischen uns beiden schon erklärt, ehe er zwischen unseren Ländern ausgebrochen war.«

Angesichts der außenpolitischen Lage werden das Unter- und das Oberhaus zu einer Sondersitzung einberufen. In seiner Rede führt Chamberlain aus: »Die internationale Lage hat sich verschlechtert, so daß wir heute den unmittelbaren Gefahren des Krieges gegenüberstehen.« Es ist noch nicht einmal ein Jahr her, daß Chamberlain in München noch glaubte, für eine lange Zeit den Frieden gerettet zu haben.

Am 1. September beginnt ohne Kriegserklärung der deutsche Angriff auf Polen. Am 3. September erklären England und Frankreich aufgrund ihrer Beistandsverpflichtungen gegenüber Polen Deutschland den Krieg. Durch den Beginn des Zweiten Weltkriegs sind alle Hoffnungen Trotts mit einem Schlag zunichte gemacht: »Wir müssen alle noch durch die Mühle.«

New York, Herbst 1939
Im Visier der Geheimdienste

An einem Julitag 1939 bittet Albrecht von Kessel, der Sekretär Ernst von Weizsäckers im Auswärtigen Amt, um einen Tag Urlaub für einen Besuch außerhalb Berlins. Weizsäcker fragt: »Wo?« »Dresden«, antwortet Kessel. Weizsäcker scheint auch hier, wie über die Besuche Trotts in London, Bescheid zu wissen. Alexander Freiherr von Falkenhausen ist jetzt, nach seiner Abberufung als Chef der deutschen Militärmission in China, Kommandierender General des Wehrkreises in Dresden. Kessel sucht noch vor Kriegsbeginn zu erfahren, auf wen die Berliner Opposition im Militär zählen kann: »Trott erklärte sich bereit, mich bei ihm einzuführen, und wir reisten an einem Sonntag gemeinsam nach Dresden. Der Gefahr wegen natürlich ohne Anmeldung.« Tatsächlich treffen die beiden den General an. Falkenhausen empfängt sie. Der welterfahrene und politisch aufgeschlossene Militär erkennt schnell, was seine Besucher wollen. Sie sind sich einig, daß Hitler einer Katastrophe entgegentreibt und entfernt werden müsse. Falkenhausen erwartet, wie so viele, den entscheidenden Schlag von anderen, statt ihn selber ausführen zu wollen, und verschanzt sich hinter Argumenten für die praktische Undurchführbarkeit eines Putsches.

Kessel schlägt vor, Hitler zu einer Besichtigung der an der böhmischen Grenze errichteten Befestigungen einzuladen und ihn in einen Bunker zu führen. Dabei soll er von seiner Begleitung abgedrängt werden. Dann würde man ihm ein politisches Testament vorlegen, darin solle die Exekutive auf das Heer übertragen werden. Hitler hätte drei Minuten Zeit, zwischen Selbstmord und Exekution zu wählen. Falkenhausen hört sich den Plan interessiert an. Er atmet tief ein, mustert zuerst Kessel, dann Trott und sagt ironisch: »Und so etwas kommt aus dem Auswärtigen Amt!« Die Unterhaltung dauert eine halbe Stunde und verläuft ergebnislos.

Der Krieg droht nun eine andere Reise zu blockieren – Trotts Teilnahme an der Konferenz des »Institute of Pacific Relations«. Doch er erhält am 12. September 1939 vom Generalsekretär des IPR ein Telegramm, das die Einladung erneuert. Weizsäcker und Kessel setzen sich daraufhin bei Hewel nachdrücklich für die Amerikareise Trotts ein. Ein Ausloten der amerikanischen Europapolitik und einer Bereitschaft zur Neutralität sei jetzt dringend geboten. Das überzeugt Hewel. Trott wird der Informationsabteilung des Auswärtigen Amts zugeteilt, das Amt finanzierte die Reise.

In Genua, wo er sich nach den USA einschiffen soll, trifft Adam von Trott am Quai Fritz Caspari, einen früheren Rhodes-Stipendiaten. Der schaut überrascht auf: »Ich glaubte, Sie sind in China.« Trott antwortete: »Ich dachte, Sie sind in Kalifornien.« Caspari erzählt, daß er wegen des Kriegsausbruchs eilig nach Amerika zu seinem College in Kalifornien zurückkehren müsse, wo er eine Dozentenstelle habe. Caspari fragt dann: »Wollen Sie auch mit diesem Schiff fahren?« Trott nickt: »Ja, mit der ›Vulcania‹ nach New York.« Caspari berichtet ihm, daß der Kapitän dieses Schiffes den Deutschen an Bord gesagt hatte, es könnte geschehen, daß die »Vulcania« durch britische oder französische Schiffe angehalten würde. Die Gefahr sei groß, daß die deutschen Passagiere dann interniert würden. Wer die Reise abbrechen wolle, der solle das jetzt tun. Sie wägen das Risiko ab und beschließen, die Überfahrt zu wagen.

Neben Trott ist ein weiterer deutscher Passagier in einem Regierungsauftrag an Bord. Sie treffen ihn an der Reling. Der Mitpassagier geht auf Caspari zu, den er von der Kapitänsmesse her kennt: »Ja stellen Sie sich vor, ich habe gerade, was mir sehr schwerfiel, mein Parteiabzeichen über Bord geworfen.« Caspari fragt: »Warum haben Sie das getan?« Die Antwort: »Ja, es ist doch damit zu rechnen, daß wir von britischen oder französischen

Schiffen aufgehalten werden, und ich möchte nicht interniert werden.« Trott wendet sich ihm zu: »Na, also wenn Sie da verhört werden, dann sagen Sie, daß der Adolf Hitler ein ganz gewaltiger Schweinehund ist. Und sagen Sie sonst noch was über dieses verbrecherische Regime.«

Die »Vulcania« wird nicht aufgebracht. Sie kann ohne Zwischenfälle Gibraltar passieren und nach Halt in Lissabon die hohe See gewinnen. Nachdem die unmittelbare Gefahr vorbei war, kommt der dritte Deutsche wieder auf Caspari zu: »Sagen Sie mal, was ist das eigentlich für ein feiner Herr, dieser Herr von und zu? Was ist das für einer?« Caspari schwant nichts Gutes: »Wen meinen Sie?« »Ja, also was er da gesagt hat, das klang doch sehr, als ob er das selber meinte.« Caspari fragt ahnungslos: »Was meinen Sie?« »Ja, also, was der über den Führer und überhaupt über die Partei und das Dritte Reich von sich gegeben hat.« Caspari sucht jeden Verdacht auszuräumen: »Das ist doch unglaublich, das ist doch ein guter Deutscher, wie kommen Sie denn auf diese Idee? Sie haben miteinander ein Gespräch geführt, und er hat Ihnen schauspielerisch vorgeführt, wie Sie sich zu verhalten haben, falls Sie verhört werden sollten, um da also einen glaubwürdigen Eindruck bei den Engländern zu machen.« »Nein, das glaube ich nicht, daß das so gewesen ist, das klang zu echt.« Caspari wird es jetzt etwas unheimlich. Er sucht am Abend Trott auf und sagt ihm: »Dieser Mann schreibt noch einen Bericht über Sie. Sie müssen das irgendwie aus der Welt räumen.« Trott fragt: »Warum soll ich mit dem Kerl reden?« Caspari schlägt vor: »Ich halte es für besser, wenn Sie das tun, denn sonst kann das Ihnen unter Umständen – wie Sie wissen – sehr schaden.« Trott erklärt sich dazu bereit. Er versucht, sich als überzeugten Nationalsozialisten darzustellen. Wahrscheinlich nahm ihm der Mann diese Treue zum Regime ab.

Die Schiffsreise dauert 13 Tage. Caspari und Trott haben genügend Zeit, sich über die politischen Entwicklungen diesseits und jenseits des Atlantiks zu unterhalten. Trott erzählt, daß er Kontakte zwischen dem deutschen Widerstand und der amerikanischen

Regierung aufbauen wolle. Vielleicht schaffe er es, eine Verbindungsstelle innerhalb des IPR zu errichten. Dadurch könne eine Zusammenarbeit von amerikanischen Regierungsstellen mit einer Anti-Hitler-Bewegung in Deutschland organisiert werden, um gemeinsam an Friedensmöglichkeiten und Friedensbedingungen zu arbeiten.

Am 2. Oktober 1939 erreicht die »Vulcania« New York. Trott und Caspari steigen im selben Hotel ab – im Barbizon Plaza. Weil aber Adam von Trott als erster durch die Zoll- und Einwanderungsabfertigung kommt, fährt er per Taxi nach Manhattan voraus. Caspari trifft später ein: »Ich kam dann ins Hotel und legte in der Rezeption einen Zettel in sein Zimmer-Fach. Auf diesen schrieb ich, es tut mir leid, daß ich mich verspätet habe, die Kontrollen hatten so lange gedauert. Und diesen Zettel hat offenbar sofort das amerikanische FBI in die Finger gekriegt. Die dachten, das wäre ein geheimer Code, den ich ihm da hinterlassen hätte oder eine verschlüsselte geheime Nachricht.«

Trott wechselt dann in ein anderes Hotel, in das »Shoreham«, und trifft sich mit ausgewanderten Freunden aus seiner Berliner Zeit. Mit ihnen bespricht er sein Vorhaben. Seit seiner Ankunft in New York wird er vom FBI beschattet. Der britische Geheimdienst hat die amerikanischen Kollegen alarmiert, Trott sei eine zweifelhafte Person. Das FBI hält diesen rätselhaften Reisenden aus Deutschland für einen »weltweit operierenden Agenten«. Man vermutet sogar, daß er Nachrichten nach Deutschland funkt.

Trott will zunächst bis Anfang November in New York bleiben. Er besucht Edward C. Carter, der ihm ein Arbeitszimmer im Büro des IPR zur Verfügung stellt. Über Alexander Böker, ebenfalls ein ehemaliger Rhodes-Stipendiat und jetzt Assistent des früheren Reichskanzlers Heinrich Brüning, erhält Trott Zugang zu dem emigrierten deutschen Politiker, der an der Harvard Universität lehrt.

Bei seinem ersten Besuch in Harvard sagt Trott zu Böker: »Fragen Sie mich nicht, wer die Leute sind, für die ich spreche. Ich darf

das nicht sagen, ich habe mein Ehrenwort gegeben, daß ich's nicht
sage. Es ist viel zu gefährlich, da hängen viel zu viele Menschenleben dran.« Brüning gegenüber nennt Trott, um sich zu erkennen
zu geben, zwei seiner Kontakte – Falkenhausen und Schacht. In
der Folge treffen sich Brüning und Trott mindestens fünfmal.

Trott nimmt auch Kontakt mit einem Bekannten aus den
alten sozialistischen Kreisen Berlins auf – George M. Merten,
der als Hans Muhle für die »Neuen Blätter für den Sozialismus«
geschrieben hatte. Als er im Gefängnis saß, hatte Trott sich um ihn
gekümmert. Sie verabreden sich häufig in New York. Trott vertraut
Merten an, daß sein eigentlicher Auftrag darin bestehe, von amerikanischen Regierungsstellen die Zusicherung zu erhalten, daß
die USA im Falle eines militärischen Staatsstreiches in Deutschland stillhielten. »Wer soll denn diesen Staatsstreich ausführen?«
fragt Merten skeptisch. Trott macht ihm klar, daß Hitler nur mit
einem Militärputsch beseitigt werden könne und daß es nur durch
eine Beendigung des Krieges Hoffnung auf eine sozialistische
Revolution und eine sozialistische Regierung gebe. Ein »anderes«
Deutschland sei aber in den USA nur durch bekannte Namen wie
Schacht und Brüning vermittelbar. Trott führt aus, er plane in
Zusammenarbeit mit verläßlichen Emigranten, ein Memorandum
auszuarbeiten. Dieses solle an hohe Stellen der amerikanischen
Regierung gelangen, auch an Präsident Roosevelt persönlich. Er
habe zwar aus Sicherheitsgründen keine Unterlagen und Notizen
mitgebracht. Der ganze Inhalt dessen, was er in dem Memorandum mitteilen wolle, sei jedoch genauestens mit seinen Freunden
abgesprochen.

Im »Shoreham«-Hotel hatte das FBI ein Abhörgerät installiert.
Trott hört jedesmal, wenn er angerufen wird, ein Klingeln auch im
Nebenzimmer. »Sie werden Sie ausspionieren«, sagt eine Freundin
zu ihm. »Das tun sie bereits, die Kerle folgten mir bis zu Ihrer
Türschwelle.« Adam von Trott wird auf Schritt und Tritt beobach-
tet. Seine Restaurant-Besuche, die an der Rezeption hinterlegten
Nachrichten, sämtliche Telefonkontakte und Erkundigungen,

auch die Nummern der Autos, mit denen er zu Bekannten fährt, werden notiert und identifiziert. Briefe werden geöffnet, selbst Weihnachtspostkarten werden abgeschrieben, sogar ein Schuhkauf oder das Bestellen eines Schokoladen-Milchshakes wird festgehalten. Zum Abhören der Gespräche im Hotel muß das FBI jeweils das Zimmer daneben buchen. Ein Eintrag in den Akten des FBI: »Am 30. Oktober 1939 Unterhaltung zwischen Adam von Trott und Paul Scheffer, früher Chefredakteur des ›Berliner Tageblattes‹ … von Trott war der Meinung, daß ein gewisser praktikabler Plan gemacht werden, ein Friedensprogramm ausgearbeitet werden müsse.«

Noch verhalten sich die USA dem europäischen Kriegstheater gegenüber neutral. Noch ist es kein Weltkrieg. In diesen Monaten wird im Weißen Haus die Interessenlage der Vereinigten Staaten definiert. Der Zeitpunkt für eine Einflußnahme ist günstig.

Trott und Scheffer arbeiten gemeinsam das Memorandum aus. Sie gehen in den Straßen Manhattans auf und ab, um nicht in Räumen abgehört zu werden und um etwaige Agenten abzuhängen. Dabei entwickeln sie die Grundideen: Rechtzeitige Deklaration der alliierten Kriegsziele und Garantie für die neue Nach-Hitler-Regierung, damit die Alliierten die mit dem Umsturz zu erwartende Anarchie in Deutschland nicht zu einer Invasion ausnützten. Entweder sollen Washington oder der Vatikan diese Zusagen garantieren. Scheffer geht an die schriftliche Ausarbeitung und legt Trott bald einen Entwurf vor. Der ist einverstanden.

Auch Heinrich Brüning zählt zu den Autoren des Memorandums. Ein halbes Dutzend weiterer Personen werden zugezogen und machen Vorschläge. Unterzeichnen soll das Memorandum jedoch allein Adam von Trott zu Solz.

Der Zweck des Schriftstücks ist ein doppelter: Einerseits soll höchsten amerikanischen Stellen ein klares Bild von der geistigen und der psychischen Lage in Deutschland gegeben werden, auch um zu zeigen, wo Divergenzen zwischen dem deutschen Volk und dem Regime bestünden; andererseits soll das Memorandum ein Appell an die amerikanische Regierung sein, bei Friedensverhandlungen vernünftige Bedingungen für Deutschland zu finden. Damit soll wiederum die deutsche Generalität überzeugt werden. Sie soll wissen, daß ein Putsch gegen Hitler Deutschland nicht in den Abgrund stürzt.

Das Memorandum besteht aus fünf Abschnitten. Zunächst wird die Dringlichkeit dargelegt: »Hitler kam an die Macht, weil er allen, die etwas zu verlieren hatten, versprach, den Kommunismus zu vernichten und Deutschlands Größe ohne Krieg wiederherzustellen. Im August 1939 zerstörte Hitler endgültig diese beiden Grundlagen seiner Macht.« Jetzt stünde eine Revolte gegen Hitler bevor.

Im letzten Teil wird auf Wilsons Vierzehn Punkte aus dem Jahr 1917 verwiesen. Auch dabei ging es um die Frage der Grenzen nach dem Krieg. »Die Beiträge von beiden Seiten werden substantiell sein müssen. Aber selbst große Opfer, die auf der Grundlage von Verhandlungen gebracht werden, müssen als unendlich besser angesehen werden als die grenzenlosen Opfer an Leben und Wohlstand, die ein Hineintreiben in die europäische Katastrophe notwendigerweise verursachen würde.... Amerika, das nicht wie wir durch soziale und nationale Grenzen geteilt ist, könnte wohl den Maßstab aller Friedensgespräche über unsere verwickelten Vorurteile der Vergangenheit hinausheben.«

Trott verläßt New York und fährt mit dem Auto übers Land; an Trenton vorbei, über Philadelphia Richtung Baltimore. Eine Reise auf oft einsamen Strecken durch eine spätherbstliche Landschaft, parallel zur Atlantikküste. Meeresbuchten berühren immer wieder seine Route. Trott sieht Strand, Dünen und Hügel – weit und breit keine Ortschaften. Während er sich umblickt, entdeckt er im Rückspiegel ein Auto. Damit dieses überholen kann, fährt er langsamer. Das Auto hinter ihm verringert ebenfalls die Geschwindigkeit. Trott beschleunigt wieder; ebenso der Wagen hinter ihm. Trott beobachtet ihn ständig im Rückspiegel bis nach Washington hinein.

Der Besuch in der Hauptstadt der USA läßt sich gut an. Trott wird erwartet, die Türen scheinen offenzustehen. Brüning hat vorgearbeitet. Der Assistant Secretary des Department of State, George S. Messersmith, hatte eine Kopie des Memorandums erhalten. Er hält die Vorgänge in einer Notiz fest: »Als Dr. Brüning kürzlich als mein Gast in meinem Haus war, sprach er zu mir über Adam von Trott und sagte, er sei überzeugt, daß Trott ein ehrlicher Mann sei und wirklich verantwortliche, potentiell mächtige, konservative Ansichten in Deutschland repräsentiere, auf die man sich verlassen könne. Sie würden schließlich eine achtbare und verantwortliche Regierung in Deutschland bilden. Er halte es für nützlich, wenn ich Trott sehen würde, während er hier sei. Ich sagte ihm, ich würde das gern tun, aber ich brachte gegenüber Brüning nicht die Zweifel zum Ausdruck, die ich ihm (Trott) gegenüber hegte.« Am 20. November 1939 empfängt Messersmith Adam von Trott im State Department. Noch am selben Tag macht er seinem Vorgesetzten, Außenminister Cordell Hull, und dem Unterstaatssekretär des State Department, Sumner Welles, folgende Mitteilung: »Herr von Trott besuchte mich heute morgen, und der Eindruck, den er auf mich machte, war im ganzen gut. Ich bin jetzt geneigt zu glauben, daß er ein ehrlicher Mann ist und nicht die Gedanken gewisser in Deutschland verantwortlicher Elemente repräsentiert.«

George S. Messersmith fragt seinen Besucher, ob denn die Zeit für eine Erklärung der alliierten Friedensvorstellungen und -bedingungen schon gekommen sei. Trott zögert. Das Memorandum gebe zwar im ganzen seine Ansichten wieder, aber er zweifle, ob seine Umsetzung zum gegenwärtigen Zeitpunkt nützlich sei, vielleicht eher im Frühling des nächsten Jahres. Dieser Rückzieher ist äußerst unklug, da er die Dringlichkeit und die Notwendigkeit des Memorandums in Frage stellt. Messersmith leitet es mit dem Vermerk »streng vertraulich« an Unterstaatssekretär Sumner Welles weiter.

Aus den ursprünglich vier Exemplaren des vertraulichen Memorandums waren im State Department inzwischen 24 Exemplare

Imshausen

John Jay, 1745–1829, Oberster Richter der USA
(Urgroßvater von Adams Mutter)

Adam mit seinem Vater August von Trott zu Solz, um 1925

Adam als junger Student, 1928

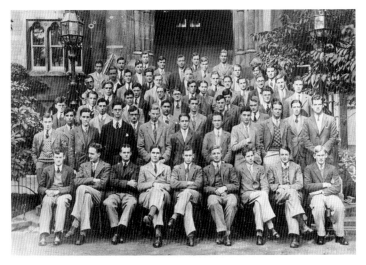

Neueintritte am Balliol College in Oxford, 1931 (Adam in der ersten Reihe, 2. v. l.,
sein Freund David Astor in der ersten Reihe, 2. v. r.)

Trott als Rechts-
referendar in Berlin,
um 1934/1935

Trott im Jahre 1935

Adam von Trott (2. v. r.) und Mitarbeiter des Auswärtigen Amts

Trott im Jahre 1941.
Zur Absicherung seiner
Tätigkeit in der Infor-
mationsabteilung des
Auswärtigen Amts war
er in die Partei einge-
treten.

Die Astors: Lord Astor,
Second Viscount, und
Lady Nancy

Cliveden, Landsitz der Astors in der Nähe von Oxford (*oben*), mit dem repräsentativen French Dining Room (*unten*)

Adam von Trott mit David Astor in Cliveden

Virginia Beach, USA: Konferenz des »Institute of Pacific Relations«, November 1939.
Adam von Trott in der ersten Reihe, 2. v. r.

angefertigt und verteilt worden. Unter anderem auch an Felix Frankfurter. Das Weiße Haus, so erfährt Trott, habe ›lebhaftes Interesse‹ bekundet. Trott hofft, einen Termin bei Präsident Roosevelt zu bekommen.

In Messersmith's Schreiben an Welles heißt es auch, Felix Frankfurter habe ihn aufgesucht und ihn vor Trott gewarnt. Dieser sei hoch verdächtig. Sein Verdacht beruhe auf Informationen, die er von Freunden aus Oxford erhalten habe. Maurice Bowra hatte nach dem Rauswurf Trotts auch seinem Freund Felix Frankfurter geschrieben und diesem seine Vorbehalte mitgeteilt: »Ich schrieb an einflußreiche Freunde in den USA und warnte sie vor ihm … Ich konnte nicht glauben, daß die Gestapo einen so offenbaren Gegner in der Welt herumreisen und seine Ansichten so frei zum Ausdruck bringen lassen würde, und deshalb schöpfte ich Verdacht.«

Trott besucht auch Felix Frankfurter. Er war inzwischen zum Richter am Supreme Court berufen worden und als ein enger Freund des Präsidenten ein sehr prominenter Mann mit hohem Ansehen. Nach ihrer ersten Begegnung 1937 war Trott sehr stolz und froh darüber, Frankfurter als Freund gewonnen zu haben. Um so enttäuschter ist er jetzt, als ihr Wiedersehen so unglücklich verläuft. Der Empfang ist sehr kühl. Frankfurter läßt durchblicken, daß er seine Zweifel habe, was Trotts Mission eigentlich soll, auch, daß er von einer deutschen Opposition gegen Hitler nichts wisse und von einer solchen auch nichts halten würde. Frankfurter bezweifelt überhaupt das Bestehen eines deutschen Widerstands. Dann nimmt das ohnehin unerfreuliche Gespräch eine verhängnisvolle Wendung. Später heißt es, Trott habe entweder gefragt, ob Frankfurter auch dann gegen die Ziele des Memorandums wäre, wenn er kein Jude wäre – oder, in anderer Interpretation: Wenn die offiziellen Stellen der USA die deutsche Opposition unterstützen sollten, dann wäre es sinnvoll, wenn sich jüdische US-Bürger im offiziellen Auftreten zurückhielten. Ob die eine oder die andere Variante der Realität nahe kommt, läßt sich heute nicht mehr nachvollziehen. Der Besuch ist jedenfalls zu Ende, ein Mißverständnis zementiert das beidseitige Mißtrauen für immer.

Trott sucht daraufhin Alexander Böker auf, den er über den Verlauf des Gesprächs unterrichtet. Böker befürchtet schlimme Folgen: »Trotts Bemerkungen hat Frankfurter endgültig übelgenommen und sich bitter über ihn beklagt, daß dieser nun inzwischen doch zu einem Kryptonazi geworden sei und vermutlich sogar zum Spion ... Felix Frankfurter hat die Motive völlig mißverstanden und dann sehr bald eine Kampagne gegen ihn entfesselt, durch die Trott als Naziagent hingestellt werden sollte.«

Diese Kampagne kann alles zunichte machen. Paul Scheffer bemerkt den Umschwung: »Das unterkühlte Wasser in der Schüssel wurde durch den bekannten Ruck mit einem Schlag in Eis verwandelt. Auf deutsch: Dadurch, daß der Präsident vor eine bestimmte Entscheidung gestellt wurde, hat das Memo seiner Unentschiedenheit ein Ende gemacht. Ich gestehe, daß dies die Wirkung des Memos sein könnte, daran hatte ich nicht gedacht.« Auch den Kontakt Trotts zu Edward C. Carter versucht Frankfurter zu unterminieren. Das FBI ist überzeugt, Trott nicht nur als Nazi-Agenten, sondern als Hitlers »Meister-Spion« identifiziert zu haben. Der »Fall Trott« ist ein beliebtes Thema in der politischen Szene Washingtons.

Auf dem Weg zur Konferenz des IPR fährt Adam von Trott von Washington der Ostküste entlang Richtung Süden bis Virginia Beach. Die Tagung beginnt am 22. November und dauert bis zum 3. Dezember 1939. Trott hat den bisherigen Aufenthalt in den USA darauf verwandt, auf das Vorhandensein eines Widerstands in Deutschland aufmerksam zu machen, für seine Ziele zu werben und verdeckte Kooperationsmöglichkeiten zwischen amerikanischen Regierungsstellen und dem Widerstand zu suchen. Dabei soll vor allem das Memorandum helfen, das von vertrauenswürdigen Personen aus konservativen Kreisen in Deutschland und im Exil unterstützt wird.

In Virginia Beach muß Trott nun aber das schwierige Terrain seines offiziellen Auftrags betreten. Um sich nicht zu verraten, muß er seine Rolle perfekt spielen. Da das Deutsche Reich nicht Mitglied im Internationalen Ausschuß des IPR ist, führt Trotts Anwesenheit bei der Konferenz zu Spekulationen. Carter achtet als Veranstalter auf die Choreographie seiner Tagung. Er liebt die freie öffentlich ausgetragene Kontroverse und bei weit auseinanderliegenden Meinungen das Dramatische. Während der Konferenz betreibt Trott sein Doppelspiel perfekt. Es ist unmöglich, ihn festzunageln und seinen tatsächlichen Standpunkt zu erkennen. Er verfolgt die Vorträge und meldet sich in den Diskussionen oft zu Wort.

Der amerikanische Diplomat Robert W. Barnett ist einer der 85 Teilnehmer dieses von der Rockefeller-Stiftung finanzierten Treffens: »Seine ziemlich häufigen Unterbrechungen waren alles andere als langweilig, sondern eher, mit Andeutungen reifer Einsicht in das Arbeiten der Weltmacht, weitsichtig in einer angenehmen Mischung von Bescheidenheit und Selbstvertrauen unternommen. Seine Rolle bei der Konferenz war vielleicht die interessanteste und eindrucksvollste, die von irgendeinem der Teilnehmer gespielt wurde.«

Nach Abschluß der Konferenz deuten viele Teilnehmer Trotts Intention, den Willen der Alliierten aufzuweichen und dadurch Deutschlands Stellung zu festigen. Andere meinen, daß er den Weg für eine rasche Einigung zwischen Deutschland und den Alliierten habe bahnen wollen. Es wurde am Rande der Tagung viel über ihn und seine Rolle spekuliert.

Von Virginia Beach schreibt Trott am 28. November 1939 an seine Mutter: »Die Delegierten aus allen Ländern am Pazifischen Ozean sind sorgfältig ausgewählte, kluge und einflußreiche Männer des öffentlichen Lebens in ihrer Heimat... Die Konferenz hier ist fast unmittelbar am Meer in einem Riesenhotel. Nachmittags finde ich meistens eine Stunde zum Reiten, was in dieser herrlichen Umgebung eine gute Erholung ist. Besonders schön ist es, im Sonnenschein auf dem Sand an der Brandung entlangzugaloppieren. Dir würden viele der Leute hier recht gut gefallen – andere freilich sind recht feindselig, und man muß hart und vorsichtig sein.«

Manche betrachten Trott als den durch seinen Freimut erfolgreichsten Emissär Ribbentrops, während andere um seine Sicherheit nach der Rückkehr ins Reich fürchten. Trott jedenfalls fällt auf – nicht nur dem Tagungsteilnehmer Barnett: »Es gab nur wenige, die nicht eine hohe Meinung von seiner Intelligenz und seinem Scharfsinn gewonnen hätten.«

Doch der Leiter des IPR, Edward C. Carter, beginnt in seiner Einschätzung Trotts unsicher zu werden. Vier Tage nach der Konferenz sucht er Messersmith auf. George S. Messersmith legt über dieses vertrauliche Gespräch eine Aktennotiz an: »Er fragte mich, bis zu welchem Grade man, nach meiner Meinung, von Trott Vertrauen entgegenbringen könne. Mr. Carter bat, wenn ich jemals Informationen erhalten sollte, daß Trott nicht vertrauenswürdig sei, möchte ich ihn das wissen lassen.« Am Tag nach Carters Besuch kommt auch Adam von Trott in Messersmith' Büro. Dieser hält fest, wie er Trotts Rolle in den USA einschätzt: »Mein Netto-Eindruck ist derzeit, daß Herr von Trott ein ehrlicher Mann ist, der in Verbindung mit den konservativen Elementen in Deutschland steht, keine Sympathie für die gegenwärtige Regierung hegt und gern einen Regierungswechsel sehen würde. Ich bin aber der Meinung, daß er nicht völlig frei in seinem Handeln ist, da keine Person, die Erlaubnis hat, Deutschland zu verlassen und zurückzukehren, wie das bei von Trott der Fall ist, völlig handlungsfrei sein kann.«

Bei aller Unsicherheit in der Interpretation von Trotts Rolle durch seine Gesprächspartner gibt es auch Menschen in Amerika, die Trott genau kennen und ihm völlig vertrauen, seine Freundin Ingrid Warburg etwa. Ihre Wohnung ist ein Ort vieler Begegnungen. Sie engagiert sich bei einigen Hilfsaktionen für Flüchtlinge: »Man fragte mich, ob ich für die ›American Friends of German Freedom‹ arbeiten würde. Das habe ich getan, und es war ein sehr wichtiger Moment für mich. Ich habe angefangen, für sie zu arbeiten, und habe dadurch den politischen deutschen Widerstand von einem ganz anderen Standpunkt kennengelernt. Wir haben auch das ›Emergency Rescue Committee‹ gegründet.« Es rettet in dramatischen Aktionen Deutsche, die in Südfrankreich inhaftiert sind, wie zum Beispiel Lion Feuchtwanger. Auch für ihren ehemaligen Mitschüler im Internat Salem, Golo Mann, setzt sich Ingrid Warburg ein.

In New York verkehrt sie auch mit Karl Frank, der sich jetzt Paul Hagen nennt. Der gebürtige Wiener war Mitglied der Kommunistischen Partei Österreichs, nach deren Verbot 1934 emigrierte er im Jahr darauf in die USA. In erster Ehe war er mit Alice von Herdan, der späteren Frau Carl Zuckmayers, verheiratet, in zweiter Ehe mit Anna Caples. Karl Frank und seine Frau Anna gehören zu »Neu Beginnen«, einer Gruppe, die schon früh Widerstand gegen den Nationalsozialismus leistet. Frank organisiert die Auslandsarbeit der Gruppe von New York und von London aus und kämpft für ein sozialistisches Deutschland.

Ingrid Warburg bahnt ein Treffen zwischen Trott und Karl Frank an: »Das war ein sehr entscheidender Moment. Sie trafen sich in meiner Wohnung. Adam sprach von seiner Überzeugung, daß man Hitler und den Nationalsozialismus nur mit Hilfe der Armee bekämpfen könnte, und erzählte von einer Widerstandsgruppe in Deutschland. Er fragte, ob es möglich wäre, mit Vertretern von ›Neu Beginnen‹ in Deutschland Kontakt zu bekommen. Frank, der etwas kleiner war, und Adam, mit seinen langen Beinen, saßen auf dem zierlichen Sofa. Sie haben sich beide sehr gut verstanden. Ein Kontakt zwischen ›Neu Beginnen‹ und linken Widerstandsgruppen in Deutschland sollte umgehend vermittelt werden. Karl Frank ist dann nach England gefahren und hat mir geschrieben, ich sollte Adam überzeugen, daß es für ihn zu gefährlich wäre, zurückzugehen.«

Ingrid Warburg sucht Adam von Trott auf allen Wegen weiterzuhelfen. Über eine Freundin hat sie Zugang zur First Lady,

Eleanor Roosevelt. So kommt Trott ins Weiße Haus zu einem Tee-kränzchen, zu dem Mrs. Roosevelt einige Freunde, meist Frauen, eingeladen hat. Sie stellt ihn mit den Worten vor: »This is Adam von Trott, a friend of ours, who will tell you all about the German underground movement.« Sie hat keine wirkliche Vorstellung von dem, was Opposition in Deutschland bedeutet. Das Teekränzchen ist wohl beeindruckt von diesem seltenen Gast, doch dies hat keine Konsequenzen. Ingrid Warburg: »Ich glaube nicht, daß Mrs. Roosevelt bei ihrem Mann für ihn eingetreten ist. Roosevelt war beein-flußt von Felix Frankfurter und hat dann abgeraten, daß man sich mit Adam beschäftigt, weil sie einfach nicht glaubten, daß wirklich das andere Deutschland kommt. Adam war sehr deprimiert.« Trott spürt, daß sich hier niemand darüber im klaren ist, wie die Wirklichkeit in Deutschland aussieht.

Freunde aus England, unter anderem David Astor, beschwören Trott in Briefen, auf keinen Fall nach Deutschland zurückzukehren. Sein Leben sei in Gefahr. Doch er weiß: »Ich muß zurück-kehren … Jede Minute, die ich zögere, werde ich ein Komplize an einem unsagbaren Greuel. Ich weiß, worüber ich rede, und daß ich vor März zurück sein muß. Ich muß … ich muß etwas zurück-bringen … Meine unmittelbare Rückkehr ist dringlich. All meinen Bemühungen zum Trotz ist mein Hauptzweck hier hintertrieben worden.«

Trott erfährt von dem Brief Maurice Bowras an Felix Frank-furter. Er schreibt an David Astor und klagt über die, die seine Mission scheitern lassen, jetzt, wo das Schicksal der Welt auf dem Spiel steht: »Sie legten niemals der Tatsache Bedeutung bei, daß ich während des letzten Sommers den schlechtverdienten Ruf eines ›appeasers‹ in gewissen Kreisen Englands erworben zu haben scheine. Diese sind allem Anschein nach so weit gegangen, einige Amerikaner vor mir zu warnen, indem sie in den Gemütern eini-ger dieser Ehrenwerten mich unzweifelhaft als jemand ›aus einem anderen München‹ dargestellt haben.« In der zweiten Januarwo-che 1940 verläßt Adam von Trott zu Solz New York. Er verabschiedet sich von seinen Freunden, auch von Alexander Böker: »In den Weihnachtsferien war ich in New York und habe dann auch Trott noch ein letztes Mal gesehen – er war schon beim Kofferpacken. Da kam auch sein Freund Hasso von Seebach mit einem leeren Köfferchen. Trott übergab ihm ganz offensichtlich zur sicheren Verwahrung Akten, die er nicht über verschiedene Grenzen und schon gar nicht nach Deutschland bringen konnte.« Dann geht Trott auf Böker zu und sagt mit unsicherer Stimme: »Wenn alles gutgeht, in ein oder zwei Jahren, können wir uns glücklich zusammensetzen, glücklich über ein freies Deutschland, oder aber – wenn nicht – dann für mich…« Dabei fährt er mit der waagerechten Hand seinen Hals entlang. »Also er war sich völlig klar, daß das ein Opfergang war, den er da antrat. Er war enttäuscht, ja er war sehr enttäuscht von dem Ausgang. Und vor allem lag ihm sehr am Herzen, daß er nun nach Deutschland kommen müßte und vielleicht die doch zur Verschwörung bereiten Elemente entmutigt werden könnten. Er wollte etwas mitbringen, was die Dinge vorantrieb, weil er nur durch einen Umsturz des Regimes die Möglichkeit eines Friedens sah und anderenfalls dieser Krieg eben unvermeidlicherweise in einer Katastrophe für Deutschland enden würde.«

Adam von Trott fliegt von New York nach Kalifornien. Am Flughafen von Los Angeles erwartet ihn Fritz Caspari. Auch bis ins ferne Kalifornien ist Trott der Ruf vorausgegangen, ein Agent der nationalsozialistischen Regierung zu sein. Man hält ihn sogar für den deutschen Spionagechef in Amerika, den »spy master« der Nazis. Das führt von Anfang an zu seiner Beschattung, die zum Teil groteske Formen annahm. Caspari bringt Trott zu seinem Auto, ein älteres Cabrio. Trott sagt: »Sagen Sie mal, Caspari, was für einen Wagen haben Sie und was für eine Nummer hat er?« »Wieso?« Ohne darauf gleich zu antworten, fragt Trott weiter: »Wohin fahren wir?« Caspari setzt nach: »Warum wollen Sie das alles so genau wissen?« »Ja«, sagt Trott, »ich werde hier immer begleitet von zwei Herren vom FBI; die sind auch im Flugzeug mitgekommen. Da drüben stehen sie, und ich will ihnen schnell einen Zettel geben, damit die wissen, wo wir hinfahren, und ich gebe ihnen auch die Adresse und die Autonummer, damit ich ihnen ihre Arbeit erleichtere.« »Das ist ja sehr nett von Ihnen, daß Sie dem FBI so helfen.«

Dann fahren sie los, während Trott ausführlich erzählt, wie sie ihn fortwährend beschatten, wie die Agenten versucht hätten, in den Hotels Löcher in die Wände zu brechen, um Wanzen einzubauen. Dann faßt Trott den Cabrio-Fahrer am Arm: »Wollen wir nicht mal probieren, ob wir sie abschütteln können?« Caspari zweifelt: »Das können wir wahrscheinlich nicht.«

Es ist dunkel geworden. Sie nähern sich einer Stelle, wo man in einer Kurve auf einen Parkstreifen fahren kann. Caspari steuert auf den Parkgrund und schaltet das Licht aus. Prompt schießt das Auto mit den FBI-Agenten vorbei. Sie bemerken jedoch den Trick, wenden und folgen Casparis Wagen erneut.

Von Edward C. Carter hat Trott ein Empfehlungsschreiben an Professor Karl Brandt, der an der Stanford University bei San Francisco lehrt und ein Schwager Walther Hewels ist. Auch Karl Brandt prägt sich die Begegnung mit Trott ein: Sie haben nach dem Abendessen eine lange politische Aussprache. Brandt spricht über den kommenden Weltkrieg. Es sei nur noch eine Frage der Zeit, bis die USA offen kämpften. Trott versucht ihn zu beruhigen, es sei unendlich viel im Gange, den Krieg zu beenden. Darüber regt sich Brandt auf und schreit: »Wenn Sie und all Ihre Freunde die Katastrophe hätten aufhalten wollen, dann hätte es vor dem Einmarsch in Polen geschehen müssen. Jetzt ist es zu spät. Ich weiß zuviel von dem, was hier vorgeht. Die USA sind bereits im Kriege und werden Deutschland vernichten. Sie und Ihre Freunde sind solche ›cunctatores‹, daß der große Antichrist und größte Verbrecher aller Zeiten am Ende Sie und Ihre sämtlichen Freunde – die zum Teil meine besten Freunde sind – zu guter Letzt aufhängen wird!« In diesem Moment bittet ihn seine Frau in ein anderes Zimmer und fleht ihn an: »Du kannst einen hochangesehenen Gast unseres Hauses

nicht so behandeln! Entschuldige dich bei ihm.« Brandt bittet um
Verzeihung für seine temperamentvolle Aussprache. Trott kann die
Argumente nicht entkräften. Er sagt nur: »Sie werden sehen, Sie
gehen in Ihrem Pessimismus viel zu weit. Es werden Dinge geschehen, die das Schlimmste abwenden.«

Am 16. Januar 1940 legt der Direktor des FBI, John Edgar Hoo-
ver, dem Präsidenten den letzten Erkenntnisstand über Trott auf
35 Seiten vor. Roosevelt schreibt spontan einige Zeilen an seinen
Freund Felix Frankfurter: »Um Gottes willen! Sicherlich ließen Sie
Ihren Trott-Freund nicht aus dem Lande trotten, ohne ihn durch
John Edgar Hoover durchsuchen zu lassen. Denken Sie an die
Schlachtschiffpläne und sonstigen Geheimnisse, die er mitgenom-
men haben mag. Dies ist der Höhepunkt von Indiskretion und
Sorglosigkeit Ihrerseits. F. D. R.« Frankfurter erzählt später Isaiah
Berlin, Roosevelt habe ihn, Frankfurter, damit aufgezogen, daß er
in Begleitung eines Nazi-Agenten gesehen worden sei.

Messersmith erkundigt sich bei Frankfurter, ob Trott aus britischer Sicht vertrauenerweckend sei. Frankfurter schreibt daraufhin an Maurice Bowra. Bowra wiederholt seinen Zweifel an Trott.
Diesen Brief fängt die britische Zensur ab, leitet ihn an das Foreign
Office weiter, und er findet Eingang in die Geheimdienstakte. Dies
könnte ein Grunde der britischen Regierung für ihre Anweisung
gewesen sein, Trott zu mißtrauen und keinen Kontakt mit ihm
aufzunehmen. In seiner Autobiographie bedauerte Bowra später,
Trott kritisiert zu haben.

Auf der langen Schiffspassage von San Francisco nach den
Hawaii-Inseln hat Trott Zeit, zu sich zu kommen und seine Gedanken zu ordnen. Er schildert sie in einem Brief an Diana Hubback:
»Vielleicht ist dies ein neues Weltzeitalter, das man entstehen sieht,
fern von Europa und seiner stetig schwindenden Vorherrschaft –
vielleicht ist es die Bedrohung durch eine neue ungeahnte Leere,
die durch neue und andere Anstrengungen gefüllt werden muß.
Die eigenen menschlichen und gedanklichen bisherigen Vorbilder
scheinen empfindlicher und feiner zu sein, genauso wie die lite-

rarische Intelligenz und die Schärfe, mit der kleine Unterschiede erkannt und Phänomene von uns beurteilt werden; jedoch scheinen sie zu klein, um als geeignete Maßstäbe für die nötigen Geisteshaltungen und Taten zu dienen ... In der pazifischen Hemisphäre fehlen in eindeutigem und wichtigem Maße gewisse Komplexe und Begriffe, die auf unseren europäischen Seelen jahrzehntelang gelastet haben. Und doch besteht ein wirklicher Zusammenhang mit den wichtigen Fortschritten, die für die ganze Welt gefunden werden müssen, sofern wir alle nicht in einer Generation des Blutvergießens steckenbleiben wollen. Während man die Gegebenheiten hier draußen studiert, entfernt man sich nie von den wichtigen Problemen der westlichen Welt, sondern nur von ihrem hoffnungslosen Überbau aus Vorurteilen und Feindseligkeiten. Die letztendliche oder zumindest die erträgliche Lösung muß von der westlichen Welt ausgehen, aufgrund ihrer immer noch effektiven Überlegenheit in modernem Fortschritt. Jedoch scheint es mir momentan zugleich faszinierend und kreativ zu sein, in Gedanken eine Weile bei den beeindruckenden orientalischen Vorstellungen zu verweilen, die mit »Weltfrieden« verbunden sind. Vielleicht ist dies alles nur persönliche Geschichte und Allgemeinwissen für die führenden Köpfe hinter den Kulissen Europas.«

Am 17. Januar erreicht Trott Honolulu. Wie die dort eingesetzten FBI-Agenten beobachten, besteigt Trott ein Taxi und fährt zur Wohnung von Klaus Mehnert, Professor für Politische Wissenschaften an der Universität Hawaii. Als Mehnerts Frau während ihrer Unterhaltung in die Küche geht, sagt Trott einige nette Worte über sie, fügt aber unvermittelt hinzu, er könne sich in diesen wirren Zeiten nicht entschließen zu heiraten.

Nach Trotts Besuch wird Mehnert verdächtigt, sich für den Flugplatz und die Abflugszeiten der »Hawaii-Kingsman-Pago-Pago-Auckland Airline« zu interessieren, die »von großer Bedeutung der westlichen Verteidigung der Vereinigten Staaten ist«, so der Agentenbericht vom 19. Januar 1940. Mehnert wird bald als »der scharfsinnigste unter den klügsten Agenten, die jemals das kühne Spiel internationaler Spionage spielten«, bezeichnet. Ja, er sei sogar der Erfinder des japanischen Plans, Pearl Harbor zu bombardieren.

Per Schiff erreicht Trott das von japanischen Truppen besetzte und von inneren Krisen gebeutelte China. Er besucht in Peking noch einmal Gustav Ecke und reist mit der Transsibirischen Eisenbahn durch die Sowjetunion ins Deutsche Reich zurück. Mit Gelbsucht muß er zunächst bei Freunden in Königsberg seine Genesung abwarten.

Knapp zwei Jahre später, am 6. Dezember 1941, greifen japanische Flugzeuge die amerikanische Pazifikflotte in Pearl Harbor an. Japan tritt auf seiten Deutschlands und Italiens, die USA auf seiten Großbritanniens und Rußlands, das im Juni 1941 von deutschen Truppen überfallen worden war, in den Krieg ein. Jetzt war er zum Weltkrieg geworden.

In den US-Geheimdienstkreisen fühlt man sich in der Vermutung bestätigt, daß Trott Haupt eines Spionagenetzes der Nazis sei. Fast alle deutschen Freunde Trotts in Amerika werden polizeilich vernommen, manche während des Kriegs zeitweilig interniert. Das Dossier des FBI, das jede seiner Bewegungen in den USA überwacht und seine politischen Schritte analysiert, ist auf eintausend Seiten angewachsen.

Wenige Tage nach der deutschen Kriegserklärung an die USA vom 11. Dezember 1941 findet in Washington eine Arbeitssitzung statt, auf der die Propagandastrategie im Krieg besprochen wird. Als Berater des Präsidenten nimmt Felix Frankfurter an der Sitzung teil. Er meldet sich zu Wort und drückt in Sätzen, die ihm nicht leichtfallen, aus, was ihn offensichtlich seit geraumer Zeit beschäftigt: »Hier ist ein Punkt, den die übrigen von Ihnen vielleicht nicht erwähnen möchten, aber den ich ohne Verlegenheit vor Ihnen aussprechen kann. Bei all diesen Propagandaunternehmungen sollten Sie sich vorsehen, jüdischen Rednern oder Schriftstellern zu viel Prominenz einzuräumen, weil die ernste Gefahr besteht, daß Sie dadurch bei den Deutschen den Glauben an den von Goebbels von Anfang an geförderten Nazi-Mythos bestärken, nämlich, daß dies ein von den Juden geförderter Krieg sei und daß es sich in Wirklichkeit um einen Konflikt zwischen Deutschen und Juden, nicht zwischen Deutschland und den Vereinigten Staaten und den Alliierten der Vereinigten Staaten handele. Ich habe über diese Sache seit einiger Zeit nachgedacht und sie diskutiert, und ich mache diese Empfehlung sehr überzeugt.«

Das waren Trotts Worte an Frankfurter bei ihrer letzten, so folgenreichen Begegnung vor zwei Jahren.

Berlin, 1940
Perfekte Tarnung

Adam von Trott hat zum zweiten Mal die Erde umrundet und kehrt ins Deutsche Reich zurück. Er ist 31, ohne Wohnung, ohne Beruf. Seine Reise ist gescheitert. Er konnte nicht die Kontakte zwischen deutschen Widerstandskreisen und offiziellen amerikanischen Stellen knüpfen.

Mit Gelbsucht liegt er in Königsberg bei Götz und Erika von Selle, die er aus Göttinger Studententagen kennt, Erika hatte damals seine Doktorarbeit getippt. Ihren Eindruck, den sie sonst von ihm hatte: »Adam lebt gefährlich«, er habe einen »Schuß Abenteurerblut«, sieht sie jetzt in keiner Weise bestätigt. Der Weltreisende liegt wie ein Häufchen Elend im Bett und schreibt fast täglich Briefe an Clarita Tiefenbacher nach Hamburg. Das wundert diese nicht wenig; denn ihre Bekanntschaft vor seiner Abreise in die USA war nicht außerordentlich eng gewesen. Kennengelernt hatten sie sich 1935 bei einem Abend der Hamburger Gesellschaft. Es wurde getanzt. Eine junge Schönheit hatte jede Menge Tänzer. Und plötzlich forderte sie ein großer, sehr eindrucksvoll aussehender junger Mann auf. Als sie tanzten, sagte er: »Sie sind wohl noch in einem Alter, in dem man alle Menschen nett findet.« Da er über 1,90 Meter groß war, sagte er es von oben herab. Sie denkt: Da hat jemand Übersicht, der weiß Bescheid. Als sie so hofiert wurde, flüsterte ihr ein altes Faktotum beim Servieren zu: »Claritchen, Claritchen, eine Hamburgerin heiratet keinen Offizier und keinen Adeligen.« Clarita interessiert sich meistens für Leute, die nicht richtige Hamburger waren. So hatte sie den jungen Mann aus der althessischen Ritterschaft nie vergessen. Und er die schöne Tochter eines bekannten Hamburger Anwalts auch nicht.

Kaum ist er wieder auf den Beinen, tritt er das letzte Stück seiner Heimreise an. In Berlin erleidet er zwei Mal Rückfälle und muß ins Krankenhaus. An seine Mutter schreibt er am 9. April 1940: »Ich werde mich demnächst mit Clarita Tiefenbacher verloben. Sie stammt aus einer Hamburger Patrizierfamilie. ... Am meisten beruhigt mich an ihr, daß sie innerlich Deinem Wesen sehr verwandt ist – ich habe sie noch gar nicht gefragt und übrigens auch seit Anfang September nicht gesehen, sehe sie aber diesen Sonnabend.«

Bei ihrem ersten Wiedersehen verloben sie sich. Trott schreibt seiner Mutter: »Meine letzten Briefe wurden geschrieben, während ich mich akut krank fühlte und mir meines beklagenswerten Mangels an Kraft, mit meiner eigenen und der allgemeinen Lage fertig zu werden, bewußt war. Das bringt einen völlig aus der Fassung, obgleich ich das niemandem außer Dir und C. erzähle. Seit einigen Wochen scheine ich durch eine Krise hindurchzugehen, von der alle diese Krankheiten nur äußere Symptome sind. Eine der Gewißheiten jedoch, die sich mehr und mehr in meinem beunruhigten Gemüt kristallisierte, war, daß ich nun, da ich mich ohne Zögern zur Rückkehr in dieses Land entschlossen hatte, eine Frau nötig hatte. Damit natürlich auch ein Heim, das fest in den Loyalitäten wurzelt, die ich annehme. Meine Frau muß imstande sein, mit mir für deren dauerhafte Verwirklichung zu kämpfen.«

Clarita erzählt er, daß er die Gelbsucht nicht etwa aufgrund seiner Erkältung oder durch die lange Fahrt durch die sibirische Schneewüste bekommen habe, sondern daß diese »sibirische und amerikanische Vereisung« ein seelischer Zustand war. Auf der langen Reise sei ihm plötzlich klargeworden, daß während seiner Abwesenheit etwas Entscheidendes in Deutschland fehlgelaufen sei.

April 1940. In diesen Tagen wird der Überfall auf die Niederlande, Belgien und Frankreich vorbereitet, am 10. Mai 1940 marschieren deutsche Truppen in die Nachbarländer ein. Die britische Appeasement-Regierung um Chamberlain wird aus dem Amt gedrängt. Der neue britische Primeminister hieß Winston S. Churchill, sein Außenminister Anthony Eden.

Im Mai stellt Adam von Trott die Verlobte seiner Familie in Imshausen vor. Er will sich binden, weil er diese Bindung braucht. »Wir heirateten am 8. Juni 1940 an einem herrlichen Frühsommertag in meinem Heimatort Reinbek am Rand von Hamburg.« Unter den Hochzeitsgästen sind auch Peter und Christabel Bielenberg. Bielenberg mustert das Paar und findet, daß die Braut der Feier mit noch mehr Ernst begegnet als Trott, der mit seinem Sinn für Humor die Sache betrachtet wie ein interessantes Schauspiel, in das er selbst unmittelbar verwickelt ist.

Im Juni 1940 macht Adam von Trott noch einen zweiten entscheidenden Schritt in seinem Leben. Er tritt als »wissenschaftlicher Hilfsarbeiter« in den Dienst des Auswärtigen Amts. Er wird in der Informationsabteilung angestellt. Dafür muß Adam von Trott einen hohen Preis zahlen: Er tritt am 1. Juli 1940 in die NSDAP ein. Natürlich spricht das junge Paar darüber: »Das war so selbstverständlich, daß man das machen muß: Wer A sagt, muß auch B sagen, wenn man schon ins Auswärtige Amt geht. Er ist in die Partei eingetreten, da er dies zur Tarnung absolut brauchte. Sonst wäre er ja wahnsinnig gewesen, 1940 noch in die Partei einzutreten.«

Auch Alexander Werth stößt zur Informationsabteilung. Er kennt Trott aus Göttingen. Im Herbst 1940 war er aus der Wehrmacht entlassen worden: »Als ich mich bei der Informationsabteilung in der Kurfürstenstraße 137 meldete, war diese bereits im vollen Arbeiten. Wir richteten uns also auf längere Zeit ziviler Arbeit im Kriege ein und fingen, zunächst durchaus legal, an, auf der uns sich anbietenden Klaviatur so gut wie möglich zu spielen.« Dazu gehört vor allem die Zusammenfassung der für sie interessanten Auslandsreferate wie Großbritannien, Empire, USA und Ostasien, die Siebung des Personals in diesen Referaten und die Schaffung von persönlichen und dienstlichen Querverbindungen zu den geographisch oder politisch entsprechenden Referaten der anderen Abteilungen. »Diese Vorarbeit ist die Voraussetzung gewesen für die Vielfalt der später auf uns zukommenden Aufgaben und ferner dafür, daß gerade Trott neben seinen offiziellen Aufgaben so viele Verantwortungen übernehmen konnte.«

Eine Aufgabe der Informationsabteilung ist, die deutschen Dienststellen über die geistige Lage in den Feindländern zu unterrichten. Da eine direkte Beobachtung nur in Ausnahmefällen möglich ist, muß diese Aufgabe weitgehend über neutrale Länder mit Schwerpunkten in der Schweiz, Schweden und Portugal erfüllt werden. Als Gegenstück zu dieser Aufgabe sollte die Informationsabteilung versuchen, die Stimmung in den Feindländern im Sinne der Ziele der deutschen Kriegsführung zu beeinflussen. Diese vage Definition der politischen Aufgaben der Informationsabteilung ermöglicht es, zu Gruppen des In- und Auslandes Verbindung aufzunehmen, die anderen verschlossen blieben.

Kaum ist die Informationsabteilung im Frühjahr 1941 neu organisiert, werden ihr vom »Staatssekretär für Sonderaufgaben« im Auswärtigen Amt, Wilhelm Keppler, neue Aufgaben übertragen. Betroffen davon sind Adam von Trott und Alexander Werth. Als im Lauf des Jahres 1941 Indien thematisiert wird, bemüht sich Trott darum, eine neue Zuständigkeit zu erlangen: »Sonderreferat Indien«. So bekommt Trott Kontakt zu Netaji Subhas Chandra Bose, der in Indien mit der britischen Kolonialpolitik in Konflikt kam und inhaftiert wurde. Es gelang ihm, aus dem Gefängnis zu entkommen und über Afghanistan, die Türkei und Griechenland nach Italien zu fliehen. Als Vorsitzender der »Vorwärts«-Block-Partei und zeitweise Kongreßpräsident gehörte er zu den Führern der indischen Unabhängigkeitsbewegung. Im Gegensatz zu Nehru und Gandhi aber sieht Bose in Deutschland einen Partner, um Indien von der britischen Herrschaft zu befreien.

Nach Absprache mit der italienischen Regierung beauftragt Keppler seine Mitarbeiter Trott und Werth, den indischen Volkshelden Bose von Rom nach Berlin zu holen, wo er am 3. April 1941 eintrifft. Keppler schafft in der Informationsabteilung eine spezielle Unterabteilung, das »Indienbüro« in der Lichtensteinallee, und überträgt die Leitung Trott. Seine Aufgabe ist, die Zusammenarbeit mit Boses Gruppe in Berlin zu pflegen. Es wird etwa erwogen, diese indische Exilgruppe als »die freie Regierung Indiens« zu deklarieren. Dringlicher erscheint jedoch zunächst das Schicksal der in Nordafrika in deutsche Gefangenschaft geratenen indischen Truppen. Mit der Aufstellung einer »indischen Legion« und der »Zentrale Freies Indien« hofft Bose seinem Ziel näher zu kommen. Daß sich dabei auch Trott seinem Ziel nähert, bestätigt Alexander Werth: »Trotts Arbeit war eine dreifache: einmal die Informationsabteilung, dann das Sonderreferat Indien und schließlich die Widerstandsarbeit. Alle drei Arbeiten flossen sachlich und persönlich ineinander über, ja, sie bedingten eigentlich einander. Denn nur die legale Arbeit schuf die erforderliche Freizügigkeit, um die illegale Tätigkeit aufzunehmen und durchzuführen.«

Clarita von Trott erlebt die »Doppelarbeit« aus nächster Nähe: »Die Schwierigkeit war eben die, daß er da nicht nur seine Zwecke mit den Machenschaften des Amtes irgendwie harmonisieren mußte, so daß das nicht auffiel, was er da machte, also wirklich machte, sondern er mußte auch noch seinen sehr schwierigen alten PG-Chef, der außerdem noch taktlos war, ins Benehmen bringen mit Bose, für den er sorgen mußte. Aber dieses Doppelspiel war wirklich sehr schwierig, weil er auf der einen Seite diese Amtsarbeit hatte, auf der anderen Seite hatte er sich ja mit Hilfe von Alexander Werth die Indien-Arbeit nur deswegen genommen oder an sich gerissen, weil er da eine Tarnung haben wollte, wenn er für den Widerstand ins besetzte oder ins neutrale Ausland fuhr.«

Netaji Subhas Chandra Bose will gleichzeitig seinen Rivalen Gandhi und die englische Kolonialpolitik bekämpfen. Er drängt darauf, schnellstmöglich die Unabhängigkeit Indiens auszurufen, und sieht sich bereits als indischen Premierminister. Das paßt jedoch nicht in Hitlers Pläne und auch nicht zu Trotts Absichten, vor allem deswegen nicht, weil Bose über das neu eingerichtete »Radio Freies Indien« am 13. März 1942 Sir Stafford Cripps angreifen läßt. Cripps war von London nach Delhi aufgebrochen, um die indische Kongreßpartei auf einen Kriegskurs an der Seite Englands einzuschwören. Dieses Vorgehen belastet Trotts Gewissen, Clarita von Trott spürt es: »Er konnte den Konflikt nicht lösen, ohne sein Gewissen auf das schwerste zu belasten. Manchesmal meinte er, die Bürde des Doppelspiels nicht mehr aushalten zu können. Ich erinnere, daß er einige Male morgens vor dem Fortgehen sagte, am heutigen Tage werde er Bose seine wahre Meinung sagen, der werde es doch verstehen. Natürlich tat er es nicht. Ich war dann aber immer besorgt, das Maskieren könne doch einmal über seine Kraft gehen.«

Bose verläßt Deutschland auf eigenen Wunsch im Februar 1943. Ein deutsches U-Boot überstellt ihn südlich von Madagaskar an ein japanisches, das ihn nach Tokio bringt. Sein Nachfolger in Berlin wird A. C. N. Nambiar. Für die Mitarbeiter des »Indienreferats« ist er ein umgänglicherer Partner. Nach Gründung der Bundesrepublik wird er indischer Botschafter in Bonn.

Das »Indien-Referat« ist dem »Staatssekretär für Sonderaufgaben«, Wilhelm Keppler, unterstellt, einem Parteimitglied der ersten Stunde. Trott muß ihm täglich referieren. Bald entwickelt sich zwischen ihnen ein ähnliches Verhältnis wie zwischen Trott und Hewel. In seiner Tätigkeit in der Informationsabteilung ist Trott wiederum dem Staatssekretär des Auswärtigen Amts, Ernst von Weizsäcker, unterstellt. Zwei Dienstwege, zwei Dienststellen und zwei Adressen erleichterten das »Doppelspiel«. Wenn Trott es will, ist er unauffindbar.

Alexander Werth schildert die Tarnung der Widerstandsarbeit: »Abgedeckt wurde diese Kontaktpflege dadurch, daß wir uns offizielle Ermächtigungen zum Besuch gewisser neutraler Personen geben ließen.« War man wieder im Lande, so wurde eine Aufzeichnung gemacht, die mit mehr oder weniger glaubhafter Begründung die Erfüllung des offiziellen Auftrags zu beweisen hatte.

»Trott war ein Meister in der Abfassung solcher Aufzeichnungen. Wir sind schließlich nur noch zwischen Lachen und Beschämung hin- und hergependelt. Aber schließlich gehört zum Handwerk das Klappern.«

Trott bittet eines Tages Franz Josef Furtwängler, der bis 1933 der Berliner Gewerkschaftszentrale angehört hatte, zu sich ins Büro. Als Furtwängler eintrifft, ist Trott damit beschäftigt, eine Aktentasche zu packen. »Ich fahre nämlich noch heute nach Paris, dort hat man Juden festgenommen, die ich kenne; ich habe ihnen allerlei unentbehrliche Spezialkenntnisse zugeschrieben, mit denen man sie fürs Auswärtige Amt dienstverpflichten kann. Dann sind sie dem Griff der Gestapo entzogen.« Auch Furtwängler will Trott »dienstverpflichten«, um sich so einen weiteren Mitarbeiter für die Oppositionsgruppe im Auswärtigen Amt zu sichern. Furtwängler willigt ein. Durch ihn wird Trott bald den ehemaligen sozialdemokratischen Reichstagsabgeordneten Dr. Julius Leber kennenlernen.

Franz Josef Furtwängler berichtet in einem Brief, unmittelbar nach Kriegsende, der Schriftstellerin Ricarda Huch von Trotts Ausstrahlung und Geschick im Umgang mit unterschiedlichen Menschen: »Das ›Umbiegen‹ von Vorgesetzten und von den Gegnern, selbst den gefährlichsten, war seine diplomatische Spezialität. Mit einer fast weiblichen Einfühlungsgabe vermochte er die Gedankengänge des Partners zu ertasten und seine Worte auf dessen Redeweise abzustimmen, ob es sich um ein Schreibmaschinenfräulein, einen kommunistischen Chauffeur, einen humanistisch gebildeten Hofrat, einen General der Armee oder einen Parteibonzen des Hitler-Regimes handelte, wobei ihm eine ihn besonders kennzeichnende Trefflichkeit des Ausdrucks zur Charakterisierung von Personen und Situationen zur Verfügung stand. Es war ein künstlerischer Genuß zuzuhören, wenn er einem Staatssekretär, der zugleich ein Nazihäuptling war, einen Entschluß suggerierte, bei dem der andere das Gefühl hatte, sich trotz entgegengesetzter Anregungen zu einer eigenen, ganz originellen Entscheidung durchgerungen zu haben. Nur so war es möglich, daß er im Dritten Reich jahrelang Dienstreisen unternehmen und dabei seine eigenen, auf den Sturz des Regimes gerichteten Ziele verfolgen konnte, ohne einen begründbaren Verdacht zu erregen. Und das Schönste war, zu wissen, daß dieses Diplomatenhandwerk unter widrigsten Verhältnissen der Wärme und Lauterkeit seines Charakters so wenig anhaben konnte wie die Glasscherben dem Diamanten.«

Weil man mit ihm Argumente von links bis rechts ausdiskutieren kann und niemanden dabei ausgrenzt, hat Trott diesen großen Freundeskreis, dessen Ursprung in Hamburg liegt. Peter Bielenberg folgte Trott nach Berlin, fand zunächst Anstellung im Wirtschaftsministerium und wechselte vorübergehend in die Informationsabteilung des Auswärtigen Amts über. Weil er dieser Arbeit jedoch wenig abgewinnen kann, geht Bielenberg schließlich in die Industrie und ist oft außerhalb Berlins tätig. Das Netz der Freunde, an das später der Widerstandskreis anknüpft, nimmt Gestalt an: Die intensivste Freundschaft entwickelt sich zu Hans-Bernd und Barbara von Haeften, man macht sich wechselseitig zum Paten der Kinder. Barbara von Haeften ist die Tochter des von 1929 bis 1931 amtierenden deutschen Außenministers Julius Curtius. Hans-Bernd von Haeften ist als stellvertretender Abteilungsleiter in der Informationsabteilung Trotts unmittelbarer Ansprechpartner. »Weil er Adams Chef war und unsere Wohnungen nicht weit voneinander entfernt waren, kam das ganz natürlich, die Freundschaften waren nicht erst jetzt entstanden«, erinnert sich Clarita von Trott. Barbara von Haeften berichtet, wie sich Trott und Haeften unmittelbar vor und nach dem Dienst ungestört austauschen konnten: »Adam hatte ein kleines Auto, einen kleinen Fiat glaube ich. Damit fuhren sie gemeinsam ins Amt in die Informationsabteilung. Das war in der Kurfürstenstraße. Dadurch war jeder informiert vom anderen über das, was sie jeweils vorhatten, was jeder dachte oder kritisierte.« Oft trafen sich die Ehepaare Haeften, Trott und Bielenberg zu gemeinsamen Sonntagsspaziergängen.

Eine der Personen, die eine entscheidende Rolle in Adam von Trotts Leben spielt, ist Helmuth James Graf von Moltke. Während des Krieges ist er als Kriegsverwaltungsrat im Amt Ausland/ Abwehr des Oberkommandos der Wehrmacht Sachverständiger für Kriegs- und Völkerrechtsfragen. Sein Vorgesetzter ist der Admiral Wilhelm Canaris. Trott hatte Moltke bereits in England kennengelernt und war mit ihm in Kontakt geblieben, wie sich Clarita von Trott erinnert: »Bevor Adam nach Amerika ging, hat er ihn aufgesucht und von ihm die Empfehlung zu Brüning bekommen. Mit Helmuth Moltke muß Adam den Kontakt auch sehr bald nach seiner Rückkehr aufgenommen haben, denn Furtwängler kam bereits von ihm gesandt. Moltke war sehr distanziert und irgendwie eine Art Organisationsmittelpunkt und hatte auch die Autorität, die damit verbunden war.« Helmuth James Graf von Moltke schreibt am 16. November 1941 an seine Frau Freya: »Mittags aß ich bei Trotts, und dann hatten wir allerhand zu besprechen, was die Zeit bis zur Abfahrt meines Zuges reichlich anfüllte. Vor was für riesigen Problemen wir stehen und welcher Gigant soll sie lösen? Ist es denkbar, daß eine Gruppe von Durchschnittsmenschen das schafft?«

Zu den engsten Freunden zählen auch Eugen Gerstenmaier und dessen Frau Brigitte. Die langen Gespräche zwischen Trott und Gerstenmaier haben zahlreiche Ausgangspunkte, besonders ihr Interesse an Hegels Philosophie. Sie diskutierten auch über Kant und über seinen Satz »Es ist nichts in der Welt wie auch außerhalb derselben zu denken möglich, welches uneingeschränkt könnte für gut gehalten werden als allein ein guter Wille«. Pastor Gerstenmaier will von Trott wissen, was er unter Christentum verstehe. Die Antwort gefällt ihm: »Erleuchtung und Brüderlichkeit.« Als Clarita von Trott am 1. März 1942 die Tochter Verena zur Welt bringt, tauft sie Eugen Gerstenmaier in der Annenkirche in Dahlem.

Eine weitere Freundschaft aus diesen frühen vierziger Jahren entsteht zu dem Ehepaar Peter und Marion von Yorck, die Trott über Bielenberg kennenlernt. Trott hatte schon viel von Peter Yorck gehört. Bald sind sie häufig Gäste in dem kleinen Reihenhaus der Yorcks in der Hortensienstraße. Es wird zu einer Art Hauptquartier.

Genf, 1942
Botschaften nach draußen

Am 20. Januar 1941, Großbritannien ist das einzige europäische Land, das Hitler Widerstand leistet, ordnet der britische Premierminister Winston Churchill eine Politik der »absolute silence« gegenüber jeglichen Friedensfühlern aus Deutschland an: »Unsere Haltung bei solchen Nachfragen und Vorschlägen soll von nun an absolutes Schweigen sein!« Das trifft auch einzelne Kontaktversuche aus deutschen Widerstandskreisen, über die das britische Außenministerium sich unschlüssig ist: »Sind die Botschaften der deutschen Dissidenten echt oder gehen sie auf den deutschen Geheimdienst zurück?«

Am 22. Juni 1941 beginnt Hitlers Krieg gegen die Sowjetunion. An diesem 22. Juni 1941 schreibt Adam von Trott an seine Mutter: »Die Gefahren und Zerstörungskräfte unserer Zeit sind in der Tat größer, als man noch bei Ausbruch des Krieges ahnte, dessen Ausweitung zu einem neuen Weltkrieg sich unter den Augen derer, die außer Europa noch die Vorgänge in den anderen Weltteilen beobachten konnten, mit einer dem menschlichen Einhalt hohnlachenden Zwangsläufigkeit vollzog, ohne daß sich irgendwo in der Welt bis jetzt Widerstand einer festen und zukunftsversprechenden Ordnung gezeigt hätte. So vollzieht sich dann das Vergehen der Welt, die man vor dem Weltkrieg und zu einem geringen Maße nach ihm gekannt hat, mit einer gewissen höheren Notwendigkeit, die man lieber prüfen als beklagen sollte. Es ist wie ein universales Menetekel – aber ich glaube, unser Verstehen in diesen Dingen ist tiefer, als flüchtige Briefbemerkungen es ausdrücken können; immerhin wird es Dich vielleicht freuen, zu wissen, daß ich an solchen Tagen besonders an Dich denke.«

Mit dem Zerbrechen des Hitler-Stalin-Pakts nach dem deutschen Überfall auf die Sowjetunion im Juni 1941 und dem Kriegseintritt der Vereinigten Staaten nach dem japanischen Angriff auf Pearl Harbor im Dezember 1941 ist das vorrangige Ziel in London, die Kriegsallianz zwischen den USA, Großbritannien und der Sowjetunion zu schmieden. Die Unterbindung jeglichen Kontakts mit der Gegnerseite soll die britische Entschlossenheit demonstrieren, den Krieg militärisch zu entscheiden. Jedes Irritieren der Grand Alliance soll vermieden werden.

Sir Stafford Cripps, der von 1940 bis Januar 1942 Botschafter in Moskau war, wird mit der Berufung zum Präsidenten des Geheimen Staatsrates Mitglied von Churchills Kriegskabinett und als Lord President einer der mächtigsten Männer der britischen Politik. In ihm erblickt Adam von Trott eine Chance, die »absolute silence« der britischen Politik zu unterlaufen. Trott muß versuchen, an ihn heranzukommen, ein hochsensibles Unterfangen.

Vom 17. März bis zum 2. April 1942 kuriert Adam von Trott eine eiternde Kieferhöhlenentzündung in Davos. Von hier reist er nach Tagen der Besserung am 27. März nach Genf. Er sucht den Mann auf, den er vor 14 Jahren kennengelernt hatte und dem er vertraut – den holländischen Pastor Willem A. Visser't Hooft, der inzwischen Generalsekretär des Ökumenischen Rates der Kirchen ist. Trott hatte den Kontakt zu ihm gehalten und ihn 1940 und 1941 gesehen. Diesmal hat sein Besuch eine besondere Bewandtnis. Trott weiß, daß Visser't Hooft bald nach England reisen wird, und sieht eine ausgezeichnete Gelegenheit, Kontakt zum inner circle Londons aufzunehmen, vor allem hofft er auf Kontakt zu Stafford Cripps. Visser't Hooft schlägt Trott vor, ein Memorandum zu verfassen, und erklärt sich bereit, es nach London zu bringen. In Genf besucht Trott auch seine alten Freunde Albrecht von Kessel und Gottfried von Nostitz, die inzwischen am deutschen Konsulat in Genf tätig sind.

Zurück in Berlin, bespricht sich Trott mit Eugen Gerstenmaier, dem stellvertretenden Leiter des Kirchlichen Außenamtes der

Deutschen Evangelischen Kirche. Zusammen mit Hans-Bernd von Haeften bilden sie ein Redaktionskomitee für das Memorandum. Gerstenmaier macht klar, worauf es bei dieser Denkschrift ankommt: »Der praktische Zweck des Ganzen war, aus London eine politische Äußerung zu erhalten, die einen Umsturzversuch des kritischen deutschen Militärs fördern könnte.«

Von Genf aus hält der Sekretär der Forschungsabteilung des Internationalen Sozialinstituts, Pastor Dr. Hans Schönfeld, Kontakt zur Evangelischen Kirche in Deutschland. Im April 1942 weilt Schönfeld in Berlin, für Gerstenmaier ein willkommener Besuch. Schönfeld nimmt die Denkschrift nach Genf mit, zeigt sie dort auch Albrecht von Kessel, und beide überarbeiten das Papier ein letztes Mal. Dann erhält Willem Visser't Hooft das vierseitige unsignierte Memorandum. Zunächst verweist es auf die Bedrohung der Zivilisation durch die Massenvernichtung und das Anwachsen der totalitären Kontrolle des Lebens: »Wir wollen ganz besonders unsere Freunde ersuchen, alles in ihrer Macht Stehende zu tun, um dies abzuwenden. Die dringendste und unmittelbare Aufgabe, um eine Katastrophe in Europa abzuwenden, ist ein frühestmöglicher Sturz des Regimes in Deutschland.« Diese Chance könne durch die Errichtung einer Regierung ergriffen werden, die zu den Normen eines zivilisierten Europas zurückkehre. Die komplette Unsicherheit der englischen und amerikanischen Haltung zu einem Regierungssturz behindere einen Putsch in Deutschland. Der Widerstand stütze sich auf große Teile der Arbeiterklasse, auf einflußreiche Kreise der Armee und der Verwaltung sowie auf entschlossene Kirchenkreise. Dieses Schriftstück ist als erster Schritt für weitergehende Gespräche gedacht.

Bald nach Visser't Hoofts Ankunft in London im Mai 1942 überreicht er das Dokument Stafford Cripps. Als dieser hört, daß es von Adam von Trott kommt, reagiert er sehr aufmerksam und verspricht, es dem Primeminister zu zeigen. Stafford Cripps gibt das Memorandum auch an David Astor, da er annimmt, daß Trotts Lebenszeichen auch den alten Freund interessieren werde.

Astor ist hocherfreut: »Es war eine brillante Denkschrift, die eines Tages als ein prophetisches Dokument betrachtet werden wird, das zeigt, daß Adam Trott die Qualitäten und das Kaliber eines großen europäischen Staatsmannes besaß.«

Willem A. Visser't Hooft wartet auf eine Reaktion der Regierung, die ihm Cripps mitteilen will. Er soll nach einer Woche wieder zu ihm kommen und eine Antwort erhalten. Cripps berichtet bei diesem Besuch, Churchill habe die Aufzeichnung sorgfältig studiert und dahinter vermerkt: »Sehr ermutigend«. Die britische Regierung müsse jedoch auf der »absolut silence« beharren, bis Deutschland besiegt sei. Visser't Hooft ist enttäuscht: »Ist das alles, was ich mitnehmen kann?« Cripps antwortet, es sei notwendig, der Welt zu demonstrieren, daß Taten wie die des Naziregimes nicht geduldet werden könnten. Deswegen sei eine unmißverständliche Kapitulation erforderlich. Visser't Hooft könne Trott durchaus Mut machen, aber von ihrem Standpunkt würde die britische Regierung nicht abrücken.

Nach Visser't Hoofts Rückkehr in die Schweiz sucht ihn Adam von Trott erneut auf. Er freut sich auf Nachrichten aus London, doch »die britische Reaktion auf sein Memorandum enttäuschte ihn so sehr, daß er der Verzweiflung nahe war. Was ich ihm über die guten Absichten der Briten erzählen konnte, war kein Trost. Er fühlte sich im Stich gelassen von Männern, die er im Kampf gegen Hitler als Waffenbrüder betrachtet hatte. Er hatte fest auf eine übernationale Solidarität bei der Verteidigung gemeinsamer Grundwerte gebaut, und sie war ihm verweigert worden.«

Adam von Trott kann sich nur schwer damit abfinden, daß die Chance, in Deutschland eine wirksame, von außen gestützte Opposition aufzubauen, erheblich gesunken ist. Er hat das Gefühl, in der ihm anvertrauten Mission versagt zu haben. »Kein Wunder, daß er bitter war. Wir saßen lange bis in die Nacht hinein in meinem Garten. Ich suchte nach Worten, um ihn aufzumuntern, aber ich konnte nichts anderes tun als ihm zeigen, daß ich begriff, wie ihm zumute war. Er hatte große Hoffnung gehabt, daß eine positive Reaktion aus London kommen würde und daß er diese für seine Arbeit in Deutschland benützen können würde. Es war ein schwerer Schlag für ihn, daß er mit leeren Händen nach Hause gehen mußte.«

Hans Schönfeld reist in diesen Maitagen erneut von Genf nach Berlin. Er berichtet Eugen Gerstenmaier, daß er in wenigen Tagen nach Stockholm weiterfliegen werde, um Bischof Bell aus Chichester zu treffen. Er will ihm von dem Memorandum berichten, auch ihn darüber aufklären, welche Leute und Ideen dahintersteckten. Gerstenmaier bringt Schönfeld zum Flughafen Tempelhof. Dort treffen sie zufällig Dietrich Bonhoeffer. Für eine Unterhaltung bleibt kaum Zeit. Gerstenmaier und Schönfeld erwähnen Bell nicht.

In Stockholm trifft Hans Schönfeld Bischof George K. A. Bell. Sie stimmen darin überein, daß die Hitlergegner in Deutschland von den Kirchenführern aus dem Ausland Hilfe und Ermutigung erhalten sollten. Bell bittet Schönfeld, ihm die im Gespräch erörterten Gedanken als Memorandum niederzuschreiben. Bell reist am 31. Mai 1942 nach Sigtuna, wo er den Leiter des Nordischen Ökumenischen Instituts, Harry Johansson, trifft. Nach dem Tee stellt Johansson dem Bischof aus England einen Pastor aus Deutschland vor – Dietrich Bonhoeffer. Bell ist überrascht: Er merkt, daß Bonhoeffer nichts von Schönfeld und Schönfeld nichts von Bonhoeffer weiß und daß jeder an den Bischof aus England heranzutreten versuchte. Bell erfährt von Bonhoeffer, daß er mit einem Kurierpaß des Auswärtigen Amts reist, den er durch Generalmajor Hans Osters Hilfe erhalten hätte. Auf Oster und auf Hans von Dohnányi, Bonhoeffers Schwager, geht der Plan dieser Reise zurück. Oster ist Chef des Stabes im Amt Ausland/Abwehr des OKW und Moltkes Vorgesetzter.

Offenbar sind innerhalb der Berliner Oppositionskreise die Außenkontakte noch nicht aufeinander abgestimmt. Auch Schönfeld war nach Sigtuna weitergereist, um Bell die Gesprächsnotizen zu übergeben. Bevor der Bischof aus England Schönfeld mit Bonhoeffer zusammenbringt, bittet er Bonhoeffer um einen Vertrauensbeweis. Er will Namen aus den Widerstandskreisen erfahren. Obgleich Bonhoeffer anzusehen ist, daß eine solche Namensnennung schwer auf ihm lastet, nennt er die Namen Hammerstein, Goerdeler, Leuschner, Kaiser und Schacht, der als »Seismograph der Zeitereignisse« ein eher unsicherer Kantonist sei.

Jetzt tritt auch Pastor Schönfeld ein. Die beiden Boten des deutschen Widerstands nutzen die Gelegenheit, um Bell klarzumachen, worum es ihnen geht. Bell soll den Inhalt der Gespräche an die britische Regierung weitergeben: Ziel des deutschen Widerstands sei die Beseitigung Hitlers und die Bildung einer neuen deutschen Regierung. Diese würde dann mit den alliierten Regierungen über einen gerechten Frieden verhandeln. Die Gefahr, der sich die Widerstandsbewegung aussetze, sei sehr hoch, wird Bell eingeschärft: »Ich wurde deshalb gebeten, Erkundigungen einzuziehen und, wenn möglich, die zwei deutschen Pastoren das Ergebnis wissen zu lassen. Wenn irgendein Wunsch nach einleitenden privaten Besprechungen seitens der britischen Regierung bestehen sollte, wurde Adam von Trott, ein Freund von Sir Stafford Cripps' Sohn, als sehr geeignete Person vorgeschlagen.«

Bischof Bell verspricht, die Informationen an das Foreign Office weiterzuleiten, ebenso die Denkschrift, die er mit auf die Reise nimmt. Man vereinbart ein verschlüsseltes Codewort für den Fall, daß die britische Regierung an geheimen Kontakten mit dem deutschen Widerstand interessiert sei: »Bitte Manuskript vor dem 20. Juli schicken.« Gemeint ist der 20. Juli 1942. Das Signal an den deutschen Widerstand soll über Genf gegeben werden.

Am nächsten Tag, es ist der 1. Juni 1942, reist Bell nach Stockholm zurück, wo er in der Britischen Gesandtschaft wohnt, am 11. Juni kehrt er nach Chichester zurück und nimmt am 18. Juni Kontakt mit dem Foreign Office auf. Außenminister Anthony Eden empfängt ihn am 30. Juni. »Ich gab ihm einen vollen Bericht meiner Erlebnisse und Gespräche… Ich beschrieb den Charakter der Opposition und gab Mr. Eden all die Namen, welche Bonhoeffer mir genannt hatte.« Eden will wissen, ob die Pastoren nicht auf irgendeinem seltsamen Weg, ohne ihr eigenes Wissen, dazu benutzt würden, Friedensfühler auszustrecken. Er müsse mit peinlicher Sorgfalt darauf achten, nicht einmal den Anschein zu erwecken, mit dem Feind Verhandlungen zu beginnen. Bell antwortet, er habe festes Vertrauen in diese Leute. »Dann händigte ich Mr. Eden das Dokument aus, das Schönfeld für mich vorbereitet hatte. Ich sagte Mr. Eden, daß die Pastoren auf irgendeine Antwort von mir warteten. Mr. Eden versprach, die ganze Angelegenheit zu überlegen und mir später zu schreiben.«

Am 13. Juli besucht der Bischof Stafford Cripps: »Er sprach begeistert von Adam von Trott. Er erzählte mir von seinem Gespräch im Mai mit Dr. Visser't Hooft, der ihm ein Memorandum gegeben hatte, verfaßt von Trott ... Als ich Cripps Schönfelds Niederschrift zeigte, war er höchst beeindruckt. Er bezeichnete sie als ›weitreichend‹ und versprach, es mit Mr. Eden zu besprechen.«

Vier Tage später schreibt der britische Außenminister Eden an George Bell: »Diese interessanten Dokumente sind einer äußerst sorgfältigen Prüfung unterzogen worden. Ohne die Glaubwürdigkeit Ihrer Informanten irgendwie in Frage zu stellen, bin ich überzeugt, daß es nicht im nationalen Interesse liegen würde, ihnen eine irgendwie geartete Antwort zu senden. Ich weiß, daß diese Entscheidung eine gewisse Enttäuschung hervorrufen wird, aber im Hinblick auf die delikate Angelegenheit denke ich, Sie bitten zu müssen, dies so zu akzeptieren, und ich bin mir sicher, daß Sie es verstehen werden.«

Doch weder Bell noch Cripps wollen dies verstehen, und Stafford Cripps sucht Eden auf. Der hatte sich inzwischen in seinem Amt nach den Verfassern der beiden Denkschriften erkundigt und eine Akte über Adam von Trott zu Solz bestellt. Dieses Dossier stellt Trott als listigen Agenten der Nazis dar, als einen Mann, der sich als Gegner des Regimes verkleide. Cripps faßt beim Außenminister erneut nach, will von ihm wissen, auf welche Informationen sich sein Urteil stütze. Eden begründet schriftlich seine Abneigung: »Baron von Trott, der in den späten Zwanzigern Rhodes-Scholar in Oxford war, besitzt die kuriose Mischung von hochgeistigem Idealismus und politischer Unehrlichkeit. Hier ist eine kurze Zusammenfassung einer Einschätzung von jemandem, der mit ihm in Oxford studierte:

›Ein großer, besonders netter junger Mann ist dieser Adam von Trott. Er war vermutlich der erfolgreichste Rhodes-Scholar, was seine Beliebtheit sowohl bei älteren als auch bei jungen Studenten anbelangte. Er bezeichnete sich immer als Hegelianischer Sozialist, was im Klartext bedeutete, daß er sehr vage sozialistische Ideale besaß; denn er kam aus zu guter Familie, als daß er sich, außer in der Theorie, mit der Bewegung der Arbeiterklasse hätte verbinden können. In der Tat, er nahm seine Philosophie sehr ernst.‹

Tatsächlich ist Adam von Trott nicht untypisch für einige junge Deutsche im Auswärtigen Amt – im Grunde von Erziehung und Erscheinung Anti-Nazis, die niemals dazu fähig waren, es fertigzubringen, den Preis für ihre Überzeugung zu zahlen und sich aus dem Dienst am Nazi-Regime zurückzuziehen.«

Stafford Cripps läßt es dabei nicht bewenden. Er antwortet harsch: »Lieber Anthony,… eine solche oberflächliche Aburteilung, wie sie in Ihrem Brief stattfindet, würde zu einem schweren Mißverständnis führen, was ihn und seine Freunde betrifft. Es geht hier nicht um die Frage, daß er für seine Überzeugung den Preis bezahlt, sich aus dem Dienst für das Nazi-Regime zurückzuziehen. Dies wäre eine sehr einfache Lösung von jener Art, wie dies viele Emigranten tun. Er zahlt den viel höheren Preis, indem er das Risiko auf sich nimmt, Widerstand innerhalb des Nazi-Regimes zu leisten, also nach Deutschland zurückzugehen, um dort für die Dinge zu kämpfen, an die er glaubt.«

Was Anthony Eden dem Lord President verschweigt, sind die Quelle, der Autor und der genaue Inhalt der Beurteilung, die der Außenminister in Auftrag gegeben hatte. Das Dossier ist tatsächlich die Beurteilung des Oxforder Kommilitonen Trotts, Richard Crossman. Der hatte beste Beziehungen innerhalb der Labour Party und hatte Adam von Trott so beschrieben: »Er war … bei älteren, aber auch bei jungen Studenten beliebt. Nebenbei, er hatte eine fabelhafte Art, mit Frauen umzugehen, und war in der Lage, seine Anbeterinnen, wann immer es ihm beliebte, wieder abzuschütteln. … Adam fand mich eng in der Beurteilung politischer Dinge, und ich fand ihn immer so hegelianisch, da er beinahe jeder Handlung, so schlüpfrig sie auch sein mochte, eine dialektische Berechtigung geben konnte. Kurzum, ich traute ihm nicht sehr, und er traute mir nicht. … Das vertrauliche Schreiben, das Visser't Hooft von Adam mitgebracht und zum persönlichen Gebrauch für Cripps übergeben hatte, ist ein beinahe perfektes Muster von Adams Bewußtsein – erfinderisch im politischen Denken. Er bemerkt dabei nicht, wie unehrlich er in geistiger und politischer Hinsicht ist.« Das ist das geheimnisvolle Dossier, das Trott belastet, und damit die Glaubwürdigkeit des deutschen Widerstands in Mißkredit bringt.

Angesichts seines eigenen Einsatzes ist davon auszugehen, daß Sir Stafford Cripps von Trotts Aktivitäten im Indien-Referat nichts erfahren hatte.

Auch der Bischof von Chichester läßt sich von Anthony Edens Antworten nicht beeindrucken. George Bell wendet sich erneut an ihn: »Ich hoffe sehr, daß es Ihnen in naher Zukunft möglich sein wird, in einer nachdrücklichen und öffentlichen Weise klarzumachen, daß die britische Regierung (und die Alliierten) nicht den Wunsch haben, ein Deutschland zu versklaven, das sich von Hitler, Himmler und ihren Komplizen befreit hat … Wenn es in Deutschland Männer gibt, die bereit sind, Krieg von innen gegen die ungeheuerliche Tyrannei der Nazis zu führen, ist es dann recht, sie zu entmutigen oder zu ignorieren?« Am 4. August 1942 antwortet ihm Eden, niemand könne an die Existenz einer deutschen Opposition glauben, bis sie aktive Schritte unternommen habe, um sich von ihrem gegenwärtigen Regime zu befreien. »Aber je länger die Deutschen das Nazi-Regime tolerieren, um so größer wird ihre Verantwortung für die Verbrechen, die das Regime in ihrem Namen begeht.«

Als sich der Bischof in Chichester zwei Jahre später in einem Brief an Außenminister Anthony Eden erneut für die Unterstützung des Kontakts mit dem deutschen Widerstand einsetzt, vermerkt Eden am Rand der ihm vorliegenden Akte »pestilent priest!«

Am 23. Juli 1942 gibt Bischof Bell ein Telegramm an Visser't Hooft auf: »Interesse unbezweifelbar, aber bedaure tief, keine Antwort möglich. Bell.« Visser't Hooft muß diese bittere Nachricht aus England an Trott weitergeben: »Als Adam mich im Januar 1943 erneut aufsuchte, bemerkte ich, daß die Enttäuschung seiner Hoffnungen auf Verständigung mit den Alliierten seine Betrachtungsweise stark verändert hatte. In seiner Lagebeurteilung zeigte sich diesmal ein stark emotionales Element. Er meinte, es habe keinen Sinn, das Gespräch mit den Westmächten fortzusetzen. Die britische und amerikanische Propaganda äußere sich höchst anmaßend über die deutsche Opposition. Man scheine nicht zu begreifen, daß die Deutschen, genau wie die Franzosen und Holländer, in einem besetzten Land lebten und daß die deutsche Opposition mit der Fortsetzung ihrer Tätigkeit ein gewaltiges Risiko eingehe.« Die fehlende Bereitschaft der Alliierten, sich auf die gemeinsamen Grundsätze zu besinnen und danach zu handeln, nannte Trott »Pharisäertum«.

Visser't Hooft wendet sich jetzt an Allen W. Dulles. Der war vom Leiter des neuen amerikanischen politisch-militärischen Nachrichtendienstes OSS (Office of Strategic Services), William J. Donovan, in die Schweiz geschickt worden, um von Bern aus die Entwicklung in Europa und besonders in Deutschland zu beobachten. Visser't Hooft berichtet Dulles über das Gespräch mit Adam von Trott im Schreiben vom 11. Januar 1943: »Es steht zu befürchten, daß die angelsächsische Propaganda für diese Gruppen wirklich zu ›anmaßend‹ ist und sie nicht ermutigt hat. In einer Hinsicht hat sie sie sogar entschieden entmutigt, indem sie nämlich erklärt, daß Deutschland in jedem Fall und ohne Rücksicht auf die Bildung einer neuen Regierung besiegt werden müsse. Zwar sollte die Dynamik der deutschen Opposition nicht von Versprechen des Auslandes abhängen, doch ist es klar, daß die Stärke des Echos, das sie im Lande selbst findet, von dem Maß an Ermutigung mitbestimmt wird, das sie von außen erhält. Für die politische Kriegsführung würde sich damit die Frage stellen, ob die Alliierten bereit sind, der deutschen Opposition zu erklären: ›Wenn Ihr Hitler stürzt und durch Taten beweist, daß Ihr mit Nationalsozialismus und Militarismus endgültig gebrochen habt, dann werden wir Friedensbedingungen mit Euch erörtern.‹ Wenn man das nicht sagt, werden auch große Teile der deutschen Bevölkerung, die halb bereit sind, sich der Opposition anzuschließen, weiter zögern und sich fragen, ob nicht Hitler alles in allem ein geringeres Übel ist als die totale militärische Niederlage.«

Während Ende Januar 1943 in Stalingrad die 6. deutsche Armee kapituliert, zeichnet sich in Casablanca die Zukunft Deutschlands ab: Die Alliierten legen ihre politische Strategie und die Nachkriegsordnung fest. Präsident Roosevelt und Primeminister Churchill fordern die bedingungslose Kapitulation Deutschlands, Italiens und Japans. Zwar fügt Roosevelt auf einer Pressekonferenz hinzu, daß damit nicht die Vernichtung der betreffenden Völker gemeint sei; Tatsache aber ist, daß damit die alliierten Nationen in aller Öffentlichkeit jede Art von Verhandlung ausschließen. Aus der internen Anweisung des Foreign Office, ›absolute silence‹ einzuhalten, wird die alliierte Forderung ›unconditional surrender‹. Damit ist auch ein Waffenstillstand mit jeder Nach-Hitler-Regierung ausgeschlossen.

Kreisau, 1942
Der Widerstand formiert sich

Im Sommer 1942 muß Trott um die Stellung Franz Josef Furt-
wänglers im Indien-Referat und um seine eigene Sicherheit
fürchten. Furtwängler war bei der Gestapo angeschwärzt und daraufhin beobachtet worden. Trott warnt ihn, sie beide seien jetzt in
höchster Gefahr. Um die Verdächtigungen und Beschuldigungen
faßbarer zu machen, begibt sich Trott in das Gestapo-Hauptquar-
tier und erreicht beim Amtschef im Reichssicherheitshauptamt,
SS-Standartenführer Walter Schellenberg, die Ausräumung der
Vorbehalte.

Doch die Gefahr ist immer da, und im Oktober 1942 kommt
sie wieder einmal nah. Der Referatsleiter in der Informationsabteilung des Auswärtigen Amts, Rudolf von Scheliha, wird verhaftet.
Er ist verdächtig, mit der in der zweiten Augusthälfte ausgehobe-
nen kommunistischen Untergrundorganisation »Rote Kapelle«
in Verbindung zu stehen. Auf einer seiner Reisen in die Schweiz,
manchmal in Trotts Begleitung, hatte er Informationen über die
»Endlösung der Judenfrage« und über Gewaltverbrechen in Polen
weitergegeben.

Jetzt droht deshalb auch Trott eine Durchsuchung seiner Wohnung in der Rheinbabenallee 47. Clarita von Trott ist allein zu
Hause, ihr Mann gerade im Ausland, als Hans-Bernd von Haeften
aufgeregt eintrifft: »Wenn Sie etwas im Haus haben, was irgendwie
verdächtig ist, bitte verbrennen Sie es sofort.« Eigentlich bewahren die Trotts nie etwas Gefährliches zu Hause auf. Manchmal
allerdings muß Adam von Trott abends ein Schriftstück bearbei-
ten, dann stellt seine Frau vorsichtshalber einen Blecheimer und

Streichhölzer neben das Bett. Im Notfall will sie die Blätter so weit verbrennen, daß sie sich in der Toilette herunterspülen lassen. Clarita von Trott verbrennt auf Haeftens Warnung vorsorglich den Inhalt zweier Papierkörbe.

Am 14. Dezember 1942 wird Scheliha zum Tod verurteilt und gehängt. Auch die Sekretärin Ilse Stöbe, die Scheliha in die Presseabteilung des Auswärtigen Amts geholt hatte, wird hingerichtet.

Äußerste Vorsicht ist ab jetzt angesagt, vor allem was Aussagen über den Freundeskreis betrifft. Man vereinbart untereinander einen Geheimcode, auch die Trotts tun das. Wenn Clarita von Trott ihren Mann mal nicht sehen kann, will sie über Telefon oder Brief dennoch unterrichtet sein. So vereinbaren sie Decknamen: Kopf für Moltke, Herz für Haeften, Schulter für Yorck und Bauch für Gerstenmaier. Ihr Mann gebraucht tatsächlich diesen Code und schreibt etwa: »Heute aß ich mit Kopf und Bauch bei Schulter.« Wenn man im Bild bleiben will, welche Funktion hatte Clarita von Trott ihrem Mann zugeteilt? »Er wäre das Nervensystem, das ganze Nervensystem gewesen. Oder das, was man die Seele nennt.«

Einmal bezeichnet Moltke seiner Frau Freya gegenüber Trott kritisch als »unzuverlässig, aber mit dem Haeften wird es schon bessergehen. Dann zieht der Trott mit.« Clarita von Trott versucht dieses Urteil zu deuten: »Ich nehme an, es hängt damit zusammen, daß mein Mann immer auf eine Tat drängte, im Gegensatz zu Moltke. Was hätte denn die ganze Politik gebracht, wenn nicht die Tat gewesen wäre?« Trott muß auf die Tat drängen, denn er kann gegenüber dem Ausland nur auftreten, wenn er konkrete Aktionen ankündigt. »Folglich wäre er ja nun wirklich schizophren geworden, wenn er auch da auf zwei Gleisen hätte fahren müssen.«

Am 5. November 1942 schreibt Helmuth James Graf von Moltke an seine Frau Freya: »Heute mittag waren Gerstenmaier und Trott da. T. war sehr widerspenstig, aber mit G's Hilfe wurde er in einer 3stündigen Diskussion gezähmt. Er ist erstaunlich intelligent, aber dadurch auch sehr belastet. Außerdem hat er ganz unerklärlicherweise mir gegenüber einen Minderwertigkeitskomplex, der ihn immer wieder zu sehr aggressiven Haltungen und Äußerungen veranlaßt. Das ist alles sehr komisch, hätte aber gestern Schwierigkeiten gegeben, wenn G. nicht dabeigewesen wäre. So ist alles gutgegangen.«

Freya von Moltke skizziert das Verhältnis zwischen ihrem Mann und Adam von Trott: »Aber Trott hat sich wohl auch über meinen Mann Helmuth geärgert. Ich glaube, die mußten sich immer so ein bißchen gegenseitig auseinandersetzen – und das war beiderseits. Und man kann sich ja denken, daß es innerhalb eines solchen Kreises nicht alle so einfach miteinander haben, zumal mein Mann immer etwas verschlossen schien, abgehoben, was er im Grunde gar nicht war. Also er war doch ein in sich abgeschlossener Mensch. Da blieb es nicht aus, sich auch auf die Nerven zu gehen. Aber er hat ihn immer geschätzt, den Adam; und Adam immer den Helmuth. Es waren eben ganz verschiedene Menschen. Adam war zum Beispiel intellektuell viel begabter als mein Mann. Die vielen Briefe zeigen ja, daß er im Leben ein Praktiker war, er konnte mit den Gegebenheiten einfacher umgehen... Während Trott intellektuell begabt war und sich für Philosophie interessierte. Mein Mann interessierte sich für solche Sachen nur in Verbindung mit der Planung für die Zukunft. Er war nicht gerade ein philosophischer Mensch und Trott – er war ein schöner, großer, auffallender Mann, eine außerordentlich auffallende Erscheinung.«

Neben Hans-Bernd von Haeften und Adam von Trott zu Solz gehört auch Eugen Gerstenmaier zum Freundeskreis um Moltke und Yorck. Sie treffen sich mehrfach in der Woche, meist bei Moltke, der ein guter Koch ist, in der Derfflingerstraße zum Mittagessen oder am Abend bei Peter und Marion von Yorck in der Nähe des Botanischen Gartens. Bei diesen Zusammenkünften lernt Gerstenmaier den festen Kern des Kreisauer Kreises kennen. Es ist ein formloser Zusammenschluß von Männern, die in unterschiedlichen Positionen stehen und sehr verschiedene Wege hinter sich haben. Da sind die beiden schlesischen Grafen Moltke und Yorck, die beiden hessischen Sozialdemokraten Mierendorff und Haubach, die Diplomaten Hans-Bernd von Haeften und Adam von Trott, die Theologen Delp und Gerstenmaier, die Juristen beziehungsweise Nationalökonomen und Offiziere Paulus van Husen und Theodor Steltzer, der Pädagoge Adolf Reichwein und, eher gelegentlich, Horst von Einsiedel und Carl Dietrich von Trotha.

Wer und was hält den Kreisauer Kreis zusammen, was bewegt ihn und was bewegt er? Gewiß, ohne Helmuth James Graf von Moltke ist dieser Kreis nicht zu denken. Er ist sein Initiator, die Kraft, die ihn zusammenhält, ihn in unermüdlicher Vorarbeit führt und mit Systematik die weit vernetzte Organisation plant.

Das Bild des Kreises wäre nicht richtig gezeichnet, so meint Eugen Gerstenmaier nach dem Krieg, »wenn seine Mitglieder mehr oder weniger als Beigeordnete des Grafen Moltke oder allenfalls des Paares Moltke-Yorck erscheinen«. Vor allem Personen wie Carlo Mierendorff, Adam von Trott, Adolf Reichwein und Theodor Haubach sind viel zu eigenständige Persönlichkeiten:»Es war ein Team, das aus selbständigen Köpfen bestand, von denen jeder wußte, was er wollte, und die über Arbeits- und Wirkungsbereiche verfügten, in die Moltke selbst oft eine nur begrenzte Einsicht hatte. Man begegnete sich, man wirkte zusammen in größerer oder geringerer Intensität und Lebensdichte, aber auch in verschiedener Funktion.« Es gibt keine offizielle Mitgliedschaft, keine Mehrheitsbeschlüsse und auch keine Satzung.

Erst im Bericht des Reichssicherheitshauptamtes vom 25. August 1944 wird diese Gruppe »Kreisauer Kreis« genannt: »Nach dem gegenwärtigen Stand der Ermittlungen teilt sich der Kreis um Moltke in eine 1. Schlesische Gruppe, 2. Bayerische Gruppe, 3. Berliner Gruppe.« Dieser Kreisauer Arbeitskreis tritt an verschiedenen Orten und in verschiedener Besetzung zusammen, manchmal im Schloßgut der Familie Yorck im schlesischen Klein-Oels, manchmal in München, in der Pfarrwohnung der Sankt-Michaels-Kirche, der Niederlassung der Jesuiten, auch im Pfarrhaus der St.-Georg-Kirche in Bogenhausen oder im Provinzialat der Jesuiten in der Kaulbachstraße; und immer wieder in Groß-Behnitz, nicht weit von Berlin, im Gutshaus der Familie Borsig. Meistens aber trifft man sich im Reihenhaus der Yorcks in Berlin-Lichterfelde in der Hortensienstraße 50.

Insgesamt dreimal trifft sich die Gruppe der Verschwörer auf dem Schloßgut der Familie Moltke, Kreisau bei Liegnitz in Niederschlesien. Generalfeldmarschall Helmuth von Moltke, der Urgroßonkel der Widerstandskämpfers, hatte es als Dank für den Sieg über Frankreich von Kaiser Wilhelm I. geschenkt bekommen. Helmuth James von Moltke verbrachte hier seine Kindheit und Jugend, bis auf seine Zeit im Landerziehungsheim Schondorf am Ammersee, wo er Freyas älteren Bruder als Mitschüler kennengelernt hatte. Als er das Gut Kreisau übernahm, mußte er es vor dem Zwangsverkauf retten und konsolidieren. Das Anwesen besteht aus dem Schloß und dem Berghaus auf einer Anhöhe sowie aus langgestreckten Wirtschaftsgebäuden. Während seiner Haftzeit 1944/45 trägt Helmuth James von Moltke ein Foto des Berghauses bei sich. »Mein Mann hat den Maler Karl Schmidt-Rottluff eingeladen, bei uns zu malen, damit wir was hätten, wenn wir Kreisau verlassen müßten.« Viele Monate bleibt Freya von Moltke nach dem Krieg auf ihrem Besitz, bis sie mit Marion Yorck von Wartenburg Schlesien verläßt. Das Anwesen ist heute eine polnisch-deutsche Begegnungsstätte.

Am 31. Oktober 1931 heiratete Moltke die Bankierstochter Freya Deichmann aus Köln. In Breslau hatte sie 1935 in Jura promoviert. Helmuth James von Moltke ist ebenfalls Jurist, Anwalt auf dem Gebiet des Völkerrechts und des Internationalen Privatrechts.

Da es in Kreisau seit jeher ein Kommen und Gehen gibt, fallen der Gestapo die Besuche dort nicht auf. Am 22. Mai 1942 trifft man sich zum erstenmal auf dem Gut – ein Arbeitskreis von etwa zwanzig Leuten, fast die Hälfte noch keine 35 Jahre alt. Im Berghaus kommt man zu Plenargesprächen zusammen, um sich immer wieder in Arbeitsgruppen aufzuteilen und einzelne Aspekte des Widerstands und einer möglichen Nachkriegsordnung zu diskutieren. Freya von Moltke berichtet von der politischen Offenheit der Kreisauer: »Man muß wissen, daß die beiden Freunde, Yorck und Moltke, von denen das Ganze ausging, von vornherein es darauf anlegten, alle Leute oder Vertreter aller Leute zu gewinnen, die gegen den Nationalsozialismus standen. Und das war natürlich eine ziemlich breite Phalanx, die ging von rechts nach links.« Die einzigen, die nicht in den Kreisauer Kreis integriert sind, sind die Kommunisten, weil sie totalitär, also gegen die parlamentarische und gegen jede Form der Demokratie seien.

Eine solche Gruppe überhaupt zusammenzubringen, war schwer und gefährlich. Sie lebte ja nur von dem Vertrauen, das man gegenseitig hatte. »Und dieses Vertrauen ist auch nie falsch eingesetzt worden. Aus dieser Gruppe ist bis zum 20. Juli 1944 nichts hinausgedrungen. Das war ein Kreis von Individuen, und hinter diesen Einzelpersonen standen Gruppen wie z. B. die Katholiken. Wir hatten die Sozialisten ziemlich früh dabei, einfach weil wir befreundet waren mit Adolf Reichwein. Und Reichwein brachte dann mehrere von den Sozialdemokraten heran, also Mierendorff vor allem und Haubach; das waren die drei Säulen der Sozialdemokratie. Mein Mann war aus seinen Jugendjahren vielleicht etwas mehr links als Peter Yorck, der ein sehr vernünftiger Konservativer war. Und deshalb hatte mein Mann auch natürlich mehr Beziehungen zu anderen Kreisen. Und die holte er sich dann auch einen nach dem anderen.«

Dieses Knüpfen eines Netzes hatte bereits im Sommer 1940 begonnen. Die erste größere Besprechung gab es jedoch erst Pfingsten 1942. Bis dahin hatte sich allmählich ein Kreis von Männern gebildet, die unterschiedliche Hintergründe und sehr verschiedene Ansichten hatten. Die meisten Besprechungen fanden in kleinstem Kreis statt, zuerst zwei und zwei, mal auch vier und vier, weil es eben gefährlich war, aber auch weil diese Opposition erst einmal Zeit haben mußte, sich auszuarbeiten. Freya von Moltke erinnert sich: »Daß es überhaupt zu etwas kam, war ja, daß sie einen gemeinsamen Gegner hatten, und das war der Nationalsozialismus. Das gab ihnen Ohren, sonst hätten sie wahrscheinlich gar nicht auf ihr Gegenüber in dem Maß gehört, sagen wir mal ein Katholik mit einem Sozialdemokraten, oder auch ein Katholik mit einem Protestanten.«

Am 8. Juli 1942 berichtet Moltke seiner Frau vom »Onkel« und meint damit den SPD-Politiker Wilhelm Leuschner: »Der gestrige Abend war rasend anstrengend. Es gab einen schweren Kampf, und wir sind nur so weit gekommen, daß wir die Ursache des abgrundtiefen Mißtrauens des Onkels aufgedeckt haben. Das Ergebnis war jedenfalls, daß wir ihn so weit kriegen, daß er zugab: ja, wenn sich die Faktoren wirklich so einstellen, dann ist eine völlig neue Lage gegeben, und in dieser Lage können auch wir zu anderen Ergebnissen gelangen. – Ich habe den Eindruck, daß der entscheidende Durchbruch gelungen ist, aber erst um 12 Uhr nachts, und daher muß man erst sehen, ob sich nun wieder alles versteifen wird oder ob der Sieg endgültig ist. Am nächsten Dienstag geht es weiter.«

Am 1. August 1942 schreibt er und meint mit »Friedrich« den SPD-Politiker Carlo Mierendorff und mit »Peter(s)« Peter von Yorck: »Abends kamen dann [die Jesuiten] Delp und König aus München, die direkt vom Bischof in Fulda kamen. Ich habe sie dann erst eine Stunde lang in die Gesamtkonzeption eingeweiht, und um 7 stießen Friedrich und Peter zu uns. Es gab sehr gut zu essen: Suppe, gemischte herrliche Gemüse und Kartoffeln, Obst und Kaffee. So um 8.30 begann wohl die ernsthafte Arbeit, um 9.30 wurde es ernsthaft schwierig, nach einer weiteren Stunde war dann der tote Punkt überwunden, und um 12 trennten wir uns mit einem großen Erfolg. Ich glaube, daß zwischen diesen Leuten die notwendige Vertrauensbasis geschaffen ist, um weiterzukommen, was um so wichtiger ist, als Delp im Auftrag der drei Bischöfe Faulhaber, Pr. [Preysing] und Dietz kam und eine Einladung zu der Besprechung für Friedrich und mich überbrachte.«

Einen Tag darauf, am 2. August 1942, braut sich etwas zusammen, was für den Alltag dieses Arbeitskreises nicht ganz typisch sein dürfte: »Gestern war also wieder eine der dramatischen

Unterhaltungen, die dazu führen sollen, die Herren aus München und die Männer des Onkels zusammenzuschweißen. Um 2 aßen wir bei Peters, und um 3 ging es los. Der gute Maass ergötzte uns wieder mit professoralen Ausführungen von 90 Minuten Länge: trocken, humorlos, sehr viele Banalitäten. Wir andern schliefen durch lange Strecken des Vortrags, Peter und ich ganz schamlos, und Friedrich verlor im Schlaf immer die erkaltete Zigarre aus dem Mund, und davon erwachte er immer, sah mich an, lachte, hob sie auf und schlief dann wieder, bis er sie erneut verlor. Aber in diesen 90 Minuten wurde uns doch klar, daß hier ein Mann sprach, der über den Zustand der Arbeiterschaft wirklich etwas zu sagen hatte, und in den 90 Minuten gab es auch Höhepunkte, wo wir alle gemeinsam gespannt zuhörten, und manche Perle war zwischen den Banalitäten versteckt. Aber immerhin, solche Diskurse werde ich ihm in Kreisau nicht gestatten. Dann schien es 1 Stunde lang überhaupt nicht weiterzugehen, und plötzlich so um 6 ging alles im Galopp, der Punkt, den man als Test des gegenseitigen guten Glaubens ansehen wollte, war gefunden ... Ich muß mich also gleich an die Arbeit machen, um Entwürfe von Texten vorzubereiten. Das wird bis 7 etwa dauern, dann ißt F. bei mir, und wir radeln um 8 zu Trott, der endlich seine außenpolitischen Fragen erörtert haben will. So, jetzt habe ich die dramatischen Unterhaltungen satt. Ich kann von dem ganzen Zeug nichts mehr hören. Der Ansatz, den ich Pfingsten anstrebte, ist nun nach vielem Hin und Her erreicht, und ich muß das alles für einige Zeit aus meinem Kopf verbannen.«

Es scheint eine große Herausforderung gewesen zu sein, einen Kreis so unterschiedlicher politischer Köpfe zusammenzubringen und zusammenzuhalten. Doch Clarita von Trott relativiert: »Es war gar nicht so schwer, die bei der Stange zu halten, denn für wirkliche Gegner des Nationalsozialismus war es erlösend, das Gefühl zu haben: Nun können wir was tun.« Alle überlebenden Frauen sagen über ihre Männer aus, wie erfüllt sie in jenen immer schrecklicher werdenden Zeiten waren, wenigstens an etwas Vernünftigem zu arbeiten.

Wie Marion von Yorck in Berlin, so ist Freya von Moltke bei den Besprechungen in Kreisau dabei und schreibt anschließend die Ergebnisse der Diskussionen mit der Maschine nieder. Die Schriftstücke werden auf dem Speicher des Gutshauses versteckt und erst vor der Flucht in den Westen wieder hervorgeholt. Durch ihre Beteiligung an den Treffen in Kreisau, vielmehr aber aus Gesprächen mit ihrem Mann, kennt Freya von Moltke seine politischen Ziele: »Er wollte die Zukunft in Deutschland und in Europa vorbereiten. Und er wollte das in einer Form aufsetzen, daß man hoffen könne, daß die Deutschen endlich lernen würden, mit der Demokratie umzugehen. Ich glaube, das ist es also eigentlich auf eine kurze Formel gebracht, sowohl die Außenpolitik wie die Innenpolitik. Er hat auch diesen Gedanken der überschaubaren Einheiten in diese ganze Planung hineingebracht, weil er eben meinte, nur wenn man sieht, was man selber einbringt, hat man wirklich das Gefühl, man nimmt teil an der Regierung. Wenn man sich da engagiert, dann lernt man Demokratie.« Eine Erneuerung von innen heraus, die den Weg weist für eine gelebte Demokratie. »Er hat geglaubt, es käme nach den Nazis eine ganz große Erneuerung. Und der Grund dafür lag ja in der Schrecklichkeit der Nazis.«

In diesem Kreis, der Programme für eine grundsätzliche Neuordnung Deutschlands entwickelt, arbeiten Christen und Sozialisten zusammen, Landwirte und Gewerkschaftler, Juristen und Nationalökonomen, Protestanten und Katholiken. Auf ihrer ersten Tagung in Kreisau vom 22. bis 25. Mai 1942 stehen das Verhältnis von Staat und Kirche sowie Bildungsfragen zur Debatte. Der Aufbau einer Verfassung und einer Wirtschaftsordnung sind die Tagungspunkte der zweiten Zusammenkunft vom 16. bis zum 18. Oktober 1942 in Kreisau. In einer dritten Tagung werden Außenpolitik, der gesamteuropäische Frieden, die internationale Wirtschaftsordnung und die Bestrafung der Kriegsverbrecher erörtert. Es geht in den Grundsätzen des Programms um die Wiederherstellung des Rechtsbewußtseins.

Die Zeit zwischen den Zusammenkünften nutzt man für die konzeptionelle Ausarbeitung, ganz besonders intensiv vor der politisch entscheidenden dritten Tagung. In diesen Zwischenzeiten wacht Moltke über die zu treffenden Vorbereitungen. Manchmal klagt er: »Der und der hat wieder nichts gemacht!« Aber schließlich liefern doch alle.

Auch Clarita von Trott blickt in diese Ideenwerkstatt hinein: »Yorck und Moltke, Gerstenmaier und mein Mann hatten jeweils beide irgendwelche ersten Anweisungen für die Landesverweser oder etwas Ähnliches entwerfen sollen. Da waren Yorck und Moltke längst fertig, und alles lag vor; während mein Mann und Gerstenmaier nicht fertig wurden. Ich hab mir damals gedacht, das ist ja also eine ganz verschiedene Angehensweise an die Probleme ...«

Unter den »Kreisauern« ist Adam von Trott der Jüngste. Wie nur wenige nimmt er die ganze Zeit über an der Arbeit teil. Moltke, über den alle Kommunikation läuft, ist an 144 Besprechungen beteiligt, Yorck bei 64 Besprechungen, Trott an 63. Trott ist in der Gruppe dieser Kreisauer nicht zu übersehen, seine Persönlichkeit setzt sich mehr und mehr durch. Er knüpft neue Fäden und durchschreitet den gruppendynamischen Sozialisationsprozeß im eigentlichen Sinne des Wortes.

Anfang November 1942 notiert Helmuth James von Moltke sein Bild von den Zeitläuften, die zu beeinflußen er mit seinen Freunden und Mitverschworenen angetreten ist: »Es ist merkwürdig, wie plötzlich unendlich viele Dinge von einer Entscheidung abhängen. Das sind die wenigen Augenblicke, in denen ein Mann plötzlich in der Weltgeschichte zählen kann. Alles, was vorher war, alles, was nachher kommt, wird von Massen getragen, von anonymen Kräften und Menschen. Und dann, plötzlich, hat man das Gefühl, daß diese Kräfte alle den Atem anhalten, daß das Riesenorchester, das bisher gespielt hat, für ein, zwei Takte schweigt, um einem Solisten Gelegenheit zu geben, den Ton für den nächsten Satz anzuschlagen. Es ist nur ein Herzschlag Zeit, aber nach dem einen Ton, der einsam und allein ertönen wird, wird sich das ganze Orchester in dem nächsten Augenblick richten. Und auf diesen Ton wartet man. Man hat die mögliche Melodie im Ohr, man kann sich mehrere Variationen vorstellen, aber man weiß doch nicht, was kommt. Und so wird dieser eine Herzschlag unbeschreiblich lang. Während ich hier sitze, ist ja der Entschluß, auf den es ankommt, längst gefaßt, aber ich horche gespannt in die Welt hinaus, um den Ton aufzunehmen.«

Der Kreis ist eine Ideenwerkstatt, in der in intensiven Diskussionen ein politisches Programm herausgearbeitet wird. Hier werden die Grundlagen eines politischen Neubeginns definiert – eine neue Wirtschaftsordnung, eine europäische Union mit einem Wirtschaftsrat, eine gemeinsame Währung, eine einheitliche Zoll- und Konjunkturpolitik, eine europäische Verteidigungsgemeinschaft, eine europäische Bundesverfassung und ein europäischer Gerichtshof.

Wesentlich hervorgehoben aus den Grundsatzerklärungen des Kreisauer Kreises wird die »Wiederherstellung der Grundrechte«. Diese Formulierung arbeitet vor allem Alfred Delp, der Jesuitenpater aus München, heraus. Ausgehend von einer naturrechtlich begründeten Sozialphilosophie, postuliert er fünf große Erneuerungen, die auch als »Wiederherstellungen« apostrophiert werden. Es sind dies die Wiederherstellung des Rechtsbewußtseins, der Rechtssicherheit, der Staatsordnung, der Familie und der Sozialordnung.

Symbol des Kreisauer Kreises und des neuen Deutschland soll nach Hitlers Sturz, nach dem Fall des Hakenkreuzes ein schwarzes christliches Kreuz in einem roten Ring sein, der Ring steht für Sozialismus. Kirche und Arbeiterschaft sollen nach dem Willen der Kreisauer die Zukunft Deutschlands gemeinsam gestalten.

Bern, 1943
Hoffnung auf die USA

Adam von Trott versucht Anfang 1943, da sein Kontaktversuch nach London gescheitert ist, mit dem amerikanischen Machtzentrum in Verbindung zu treten. Visser't Hooft hilft ihm dabei. Trott nutzt seine Aufenthalte in Genf und fährt nach Bern, um Kontakt zum Europachef des OSS, Allen W. Dulles, zu suchen. Dulles ist Ohr und Auge der USA in Europa. Er sammelt, ordnet und bewertet den Spionage-Nachrichtenfluß. Seine Meldungen nach Washington sind Wetterberichte des europäischen Kriegstheaters. Vor zwei Monaten hat er den neugeschaffenen Außenposten bezogen. Sein Amtssitz in der Herrengasse zwischen Münsterplatz und Parlament verfügt über zehn Telefonanschlüsse. Sie unterliegen der Zensur der Schweizer Sicherheitsorgane und werden abgehört.

Trott kann bei seinem ersten Besuch im Januar 1943 die Position der Kreisauer erläutern. Dulles wird umgehend unterrichtet, trifft Trott jedoch nicht selbst. Er gibt Trotts Positionen in einem langen Telegramm nach Washington weiter: »Die Tatsache, daß seine Annäherungsversuche auf keinerlei Ermutigung oder Verständnis stoßen, scheint für den Widerstand eine Quelle tiefer Enttäuschung zu sein: Immer lautet die Antwort, Deutschland müsse eine militärische Niederlage erleiden, ganz gleich, welches neue Regime errichtet würde. Es wird die Ansicht vertreten, daß der Widerstand enorme Risiken auf sich nehme, um seine Tätigkeit fortzusetzen, und daß er sie wegen der Unfähigkeit der Westmächte, die unterdrückten Völker in den besetzten Gebieten und die Deutschen selbst zu verstehen, einstellen werde, falls die Gespräche nicht fortgesetzt würden. Folglich neigt der Widerstand zu der Auffassung, die angelsächsischen Länder theoretisierten lediglich und seien voller pharisäerhafter Mißbilligung und bourgeoiser Vorurteile.« Am Schluß fügt Dulles, wenn auch äußerst vorsichtig, diesen Ansichten eines Deutschen seine persönliche Meinung an: »Ich übersende diesen Bericht nur, weil er im Zusammenhang mit dem Programm der psychologischen Kriegsführung von Interesse sein könnte, nicht jedoch, weil ich der Meinung wäre, daß es irgendeine ernsthafte Organisation der Widerstandsgruppen in Deutschland gibt. Genausowenig glaube ich, daß diese Gruppen, abgesehen von einem vollständigen militärischen Sieg der Alliierten, irgendeine Ermutigung von uns oder irgendwelche Verhandlungen mit uns erwarten sollten oder veranlaßt werden sollten, solche zu erwarten.«

Die Telegramme aus Bern sind an den Direktor des OSS gerichtet, William J. Donovan. Der General ist seit Juni 1942 Chef des amerikanischen Geheimdienstes. Wegen seines Draufgängertums im Ersten Weltkrieg lautet sein Spitzname »Wild Bill«. Adam von Trott kennt ihn gut: Bei seinem Besuch in Amerika hatte er in Donovans Haus in Washington wohnen dürfen. Trott hatte ihn damals als seinen »hilfreichen Patron« bezeichnet. Donovan baut seine Organisation mit großem Elan auf. Herzstück dieser auf bald 13 000 Mitarbeiter anwachsenden »Intelligence Community« ist die »Research and Analysis Branch« (R&A) – die Forschungs- und Analyseabteilung. Die akademische Elite Amerikas bildet den Kern der Nachrichtenabteilung. Außerdem werden vor allem Emigranten aus Deutschland und Österreich verpflichtet. So auch die Historiker Hajo Holborn und Felix Gilbert, der Staatsrechtler Otto Kirchheimer, die Politikwissenschaftler John Herz und Franz Leopold Neumann, auch der Philosoph Herbert Marcuse. Die Größen der »Frankfurter Schule« hatten ihre wissenschaftliche Arbeit an Universitäten in Amerika fortsetzen können; das Institut für Sozialforschung unter Max Horkheimer ist der Impulsgeber einer neuen Wissenschaftsdisziplin in Lehre und Forschung. Sie alle versorgen das OSS mit wissenschaftlich aufgearbeiteten Informationen und bringen in Memoranden, Analysen und Feldstudien das europäische Kriegstheater den politischen Entscheidungsträgern in den USA näher.

Der geistige Motor dieser Denkfabrik ist Franz L. Neumann, Autor des Standardwerks »Behemoth: The Structure and Practice of National Socialism«. Neumann verweist darin auf die Symbiose von wirtschaftlichem Monopol und aggressiver Politik, »etablierte herrschende Klassen« hätten in Deutschland eine Modernisierung von Politik und Gesellschaft verhindert, deshalb müßten Monopole und wirtschaftliche Konzentration beseitigt und ein demokratisches Regierungssystem in Deutschland eingeführt werden. Die Beseitigung des Nationalsozialismus setze eine grundlegende Beseitigung der Strukturen voraus, die ihn verursacht hätten. Eine soziale Revolution müsse am Anfang einer Demokratisierung Deutschlands stehen. Die Zerstörung der gegenwärtigen Konzentration sozio-ökonomischer Macht sei die Voraussetzung für eine neue Friedensordnung, daher seien die Kräfte in Deutschland zu unterstützen, die aktiv diese sozio-ökonomischen Veränderungen begünstigten.

Aus der im August 1943 verfaßten Studie über den »Zusammenhang zwischen Aggression und Wirtschaftsstruktur in Deutschland« und aus den dieser Studie folgenden Positionspapieren folgt das Ziel, ein demokratisches Deutschland in einer internationalen Friedensordnung einzugliedern. Dies erst garantiere die Sicherheit in Europa, und dieses Modell laufe »auf irgendeine Art europäischer Union« hinaus.

Franz L. Neumann faßt die Grundsätze der »R&A«-Expertisen zusammen: »Wir haben nachzuweisen versucht, daß es keinen spezifisch deutschen Charakterzug gibt, der für Aggression und Imperialismus verantwortlich zu machen wäre, sondern daß der Imperialismus der Struktur der deutschen Monopolwirtschaft, dem Einparteiensystem, der Wehrmacht und der Bürokratie innewohnt. Um die Aggression zu beseitigen, muß außer der Entmachtung von Partei, Wehrmacht und hoher Bürokratie die Macht der

Monopolwirtschaft endgültig gebrochen und die ökonomische Struktur Deutschlands grundlegend verändert werden.« Neumann hält wenig von einem Staatsstreich. Dieser verhindere den sozialen Umbruch und stabilisiere die »traditionell herrschende Klasse«. Nur eine soziale Revolution, eine revolutionäre Massenerhebung könne den Nationalsozialismus beseitigen, nicht ein konservativer Widerstand »bankrotter Generäle«.

Vor allem Dr. Karl Frank, der als Paul Hagen die Untergrundorganisation »Neu Beginnen« aufgebaut hatte, entwickelt Szenarien, wie der Arbeiterwiderstand mobilisiert werden könne. Bereits in der Gründungsphase der OSS weist Hagen den Europaspezialisten Allen W. Dulles auf das »Anti-Nazi-Potential« der Arbeiterschaft hin. Man müsse in operativen Einsätzen Kontakte zum »Anti-Nazi-Underground« schaffen, um eine soziale Massenerhebung zu unterstützen.

Von Bern aus schickt Allen W. Dulles ein Telegramm an die OSS-Zentrale. Er mahnt am 19. August 1943 angesichts der strikten Forderungen nach »bedingungsloser Kapitulation«, daß das OSS jetzt kaum mehr einen Handlungsspielraum besitze, den politischen Druck zu verstärken: »Bislang ist unsere politische Kriegsführung hinter unserer psychologischen Kriegsführung zurückgeblieben.« Und am 21. September 1943 listet Dulles die Widerstandsgruppen auf, von deren Existenz er Kenntnis hat: »Außer den folgenden Zellen, mit denen wir jeden möglichen Kontakt herstellen, gibt es bis jetzt keinen koordinierten Widerstand: (1) Bestimmte protestantische und katholische Kirchenkreise. (2) Gruppen von Arbeitern, die sowohl unorganisiert als auch isoliert sind. (3) Kommunisten. (4) Gewisse Regierungsstellen. (5) Verschiedene Kreise innerhalb der Armee. Die Arbeit dieser Gruppen läuft verdeckt ab, und allen fehlt es an Koordination.«

Zwei Monate später, am 29. November, meldet Dulles Washington, daß er nun Kontakt zu einer Gruppe habe, »von der man am ehesten annehmen darf, daß sie – zumindest vorübergehend – die Macht ergreifen wird, wenn Deutschland zusammenbricht«. Er

Die besten Freunde im Hause Trott:
Christabel und Peter Bielenberg im Sommer 1939

Auch Schiffspassagier auf der »Vulcania« nach New York –
Fritz Caspari, College-Dozent in Kalifornien

Das FBI hatte dieses Cabrio im Visier, in dem Caspari Trott vom Flughafen von Los Angeles abholte

Peking, 1937 – Reisevisum, ausgestellt durch das Konsulat in Tientsin

Adams Notiz- und Skizzen-
bücher

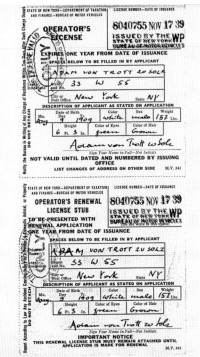

Adams amerikanischer
Führerschein für die Fahrt
nach Virginia Beach

THE WHITE HOUSE

Washington

January 17, 1940

MEMORANDUM FOR

F.F.

For Heaven's sake! Surely you did not
let your Trott friend get trotted out of the
country without having him searched by Edgar
Hoover. Think of the battelship plans and
other secrets he may be carrying back. This
is the height of indiscretion and carelessness
on your part!

F.D.R.

»Trott-Alarm« im Weißen Haus – Präsident Franklin D. Roosevelt verulkt seinen
Freund Felix Frankfurter

Adam von Trott mit seiner Verlobten Clarita Tiefenbacher, Mai 1940

Das Ehepaar von Trott mit Tochter Verena im Frühjahr 1942

Links: Adam von Trott in der Schweiz, März 1942

Unten: Paßfoto von Adam von Trott, aufgenommen im Juni 1944 während der letzten Schwedenreise

Ganz unten: Das Gutsschloß Kreisau, Schlesien

Rechts: Adam von Trott mit seiner Frau bei ihrem letzten Treffen in Imshausen, Pfingsten 1944

Unten: Adam von Trott vor dem Volksgerichtshof, 15. August 1944

Geheime Reichssache

Im Namen des Deutschen Volkes!

In der Strafsache gegen

1.) Bernhard K l a m r o t h , ehem. Oberstleutnant i.G. aus
Zossen, geboren am 20. November 1910 in Berlin,

2.) Hans-Georg K l a m r o t h , ehem. Major d.R. und Kaufmann
aus Halberstadt, geboren am 12. Oktober 1898 in Halberstadt,

3.) Egbert H a y e s s e n , ehem. Major aus Nedlitz, geboren
am 28. Dezember 1913 in Eisleben,

4.) Wolf Heinrich Graf H e l l d o r f , ehem. General der Polizei und Polizeipräsident aus Berlin-Lichterfelde, geboren am
14.Oktober 1896 in Merseburg,

5.) Dr. Adam von T r o t t zu S o l z , ehem. Legationsrat im
Auswärtigen Amt aus Berlin-Dahlem, geboren am 9. August 1909
in Potsdam,

6.) Hans Bernd von H a e f t e n , ehem. Vortragender Legationsrat
in Auswärtigen Amt aus Berlin-Dahlem, geboren am 18. Dezember
1905 in Charlottenburg,

sämtlich zur Zeit in dieser Sache in Polizeihaft,
wegen Landesverrats u.a.
hat der Volksgerichtshof, 1.Senat, auf die am 11. August 1944
eingegangene Anklageschrift des Herrn Oberreichsanwalts in der
Hauptverhandlung von 15. August 1944, an welcher teilgenommen
haben

als Richter:

Präsident des Volksgerichtshofs Dr.Freisler, Vorsitzer,
Volksgerichtsrat Lämmle,
General der Infanterie Reinecke,
Gartentechniker und Kleingärtner Kaiser,
Ingenieur Wernecke,

als

415114

Trott wird durch den Volksgerichtshof zum Tode verurteilt

gibt dieser Gruppe den Code-Namen »Breakers«: Diese Widerstandsgruppe sei also zum »Aufbrechen« der Naziherrschaft fähig. Am 27. Januar 1944 charakterisiert er die Mitglieder dieser Gruppe: »Der deutschen Oppositionsgruppe, die wir ›Breakers‹ nennen, gehören verschiedene Intellektuelle aus gewissen Militär- und Regierungskreisen an. Sie halten losen Kontakt zueinander. … Die ›Breakers‹ [halten] ihre Auslandskontakte und Nachrichtenverbindungen meist über Organisation 659 und sowohl unser 512 [Hans-Bernd Gisevius] als auch Gorter [Eduard Waetjen] agieren hier in Bern als Mittelsmänner.«

Hans-Bernd Gisevius ist ein vom Amt Ausland/Abwehr im Oberkommando der Wehrmacht in Zürich positionierter Verbindungsmann, der als Vizekonsul im Deutschen Generalkonsulat arbeitet und den Kontakt zur Widerstandsgruppe um Beck und Goerdeler hält. Eduard Waetjen ist ebenso im deutschen Generalkonsulat in Zürich angestellt. Auch er soll die Verbindung oppositioneller Gruppen in Deutschland zur Schweiz halten. Er war ebenfalls im Umfeld des Kreisauer Kreises, besonders in dessen Aufbauphase, tätig.

Am 27. Januar 1944 erläutert Dulles die politische Ausrichtung der »Breaker«: »Wir haben jetzt über Gorter [Eduard Waetjen] eine Verbindung zu den ›Breakers‹ gesichert und gehen davon aus, daß wir sie von nun an benutzen können, um nah am Geschehen zu bleiben. Da das kleinste Leck verheerend wäre, ist niemandem durch das Telegraphieren von Einzelheiten gedient. Bei den ›Breakers‹ gibt es drei Richtungen, d. h. evolutionär, revolutionär und militärisch. Die erste dieser Richtungen vertritt den Standpunkt, daß im Angesicht der Geschichte und des Volkes die volle Verantwortung bis zum bitteren Ende vom Führer und seinen Kohorten getragen werden sollte. Im Unterschied dazu finden die beiden anderen Gruppen, daß drastische Maßnahmen zu treffen sind, um sich des Führers zu entledigen, und daß eine neue Regierung vor Ende der Kampfhandlungen gebildet werden muß, so daß sie sich gleich danach an Verhandlungen beteiligen kann.

Trotz dieser unterschiedlichen Auffassungen stehen die Gruppen miteinander in Kontakt und brennen darauf, von unserer Seite mit politischer Munition versorgt zu werden. Daran mangelt es ihrer Ansicht nach sehr; sie hätten sie gerne, um damit zunächst ihre Bewegung zu stärken, aber auch für die Zeit nach dem Zusammenbruch... Ich wäre Ihnen dankbar, wenn Sie mir einen Hinweis geben könnten, was Sie gerne über die ›Breakers‹ erreichen möchten und was überhaupt zur Zeit machbar ist. Ich kenne unsere Politik dazu nicht und weiß auch nicht, welche Angebote, wenn überhaupt, wir einer Widerstandsbewegung machen könnten.«

Ziemlich genau zwölf Monate liegen zwischen Adam von Trotts erster Kontaktaufnahme zum amerikanischen Geheimdienst, der zunächst wenig ermutigenden Haltung von Allen W. Dulles und seiner grundsätzlich gewandelten Einstellung: »Könnten die alliierten Führer nicht öffentlich klarmachen, daß bedingungslose Kapitulation zwar eine vollständige militärische Niederlage beinhaltet, andererseits aber doch auch neues Leben für die Unterdrückten in den Achsenmächten und in den von ihnen kontrollierten Ländern ermöglicht?... Wenn wir abgestimmte Maßnahmen auf dem psychologischen und militärischen Feld der Kriegsführung ergreifen, können wir Deutschland knacken und den Krieg noch in diesem Jahr beenden.« Dieser klimatische Wandel ist wesentlich das Verdienst Adam von Trotts.

Auch in der Denkfabrik der »R&A-Branch« setzt sich die Ansicht durch: »Wir können und müssen sowohl den Krieg als auch den Frieden gewinnen.« Der »R&A«-Historiker Hajo Holborn sagt es so, daß »letztlich derjenige den Krieg gewinnt, der den richtigen Frieden erringt«. Genauso hat es auch Adam von Trott formuliert. Die Voraussetzungen scheinen nun für Trott ideal. Und dennoch – es bleibt ein Rätsel – verschiebt sich das Zentrum der Geheimdienstszene von Bern weg zu den Schauplätzen Stockholm und Istanbul.

Von Kreisau nach Istanbul, 1943
Kooperation nach innen und außen

Eugen Gerstenmaier leitet zusammen mit Adam von Trott ein wichtiges Treffen in die Wege. Ihnen liegt an einer Ausweitung der Aktionsbasis ihres Kreises. Die führenden Köpfe zweier Widerstandsgruppierungen sollen zusammentreffen: der Kreis um den früheren Leipziger Oberbürgermeister Carl Friedrich Goerdeler und die Kreisauer. Auch Generaloberst Ludwig Beck wird für ein solches Treffen umworben. In vielen Vorbesprechungen sucht man eine Plattform für die Zusammenarbeit. Moltke hält nicht viel davon, im Grunde ist er dagegen, denn bei den Kreisauern gilt Goerdeler zwar als ehrenwerter, aber doch an vergangenen Verhältnissen orientierter Mann. Umgekehrt hält Goerdeler Moltke für einen anglophilen Pazifisten und die Kreisauer insgesamt für weltfremde Idealisten, bisweilen nennt er sie »Salonbolschewisten«. Gerstenmaier sind diese gegenseitigen Vorbehalte allzu bekannt: »Das wirkte nicht gut auf die Militärs, denen wir unablässig mit unseren Mahnungen im Nacken saßen, doch um Gottes willen ›etwas zu tun‹. Widerstrebend nur ließ sich Moltke durch Trott und mich dafür gewinnen, an der mit Popitz und Hassell vereinbarten Begegnung der Großkopferten teilzunehmen.«

Am 8. Januar 1943 soll die Begegnung stattfinden. Helmuth James Graf von Moltke schreibt am Vorabend spöttisch seiner Frau: »Da ich morgen als ›Leader of His Majesty's Opposition‹ auftreten soll, so muß ich versuchen, so frisch wie möglich zu sein.«

Die Begegnung läuft unter dem Codenamen »Das Fest«. Die Erwartungen sind gemischt. Der Abend beginnt zunächst mit einem Rundgespräch. Von den Kreisauern trägt zunächst Trott außenpolitische Aspekte des Widerstands vor, Yorck stellt dann die Idee des neuen Staatsaufbaus vor, und Moltke erörtert die Lage der Opposition in Deutschland. Jeder Versuch, ins Grundsätzliche vorzustoßen, wird von der anderen Seite, so empfindet es jedenfalls Moltke, »ins Leichte, Verbindliche umgebogen«. Drei Stunden »plattes phantasieloses Vorgeplänkel«.

Aus der Goerdeler-Gruppe – von den Kreisauern insgeheim »Exzellenzen« genannt – ergreift anschließend nur Goerdeler selbst das Wort: »Goerdeler sprach mit uns wie ein Kanzlerkandidat mit den Vertretern einer kleinen Partei, die er für die von ihm zu führende Koalitionsregierung gewinnen möchte«, erinnert sich Eugen Gerstenmaier. Liebenswürdig und beherrscht meidet Goerdeler jede Kontroverse, geht Konflikten aus dem Weg. Als einige der Kreisauer pointiert ihre wirtschafts- und sozialpolitischen Vorstellungen entwickeln, »wurden wir von Goerdeler mit so viel väterlicher Nachsicht und so viel pädagogischer Weisheit abserviert, daß es unangenehm wurde«.

Je stärker Goerdeler agiert, um so zurückhaltender wird Moltke. Gerstenmaier wird nervös: »Moltkes Schweigen grenzte an Hohn – vor allem Trott und mir gegenüber, die wir uns mit dieser Begegnung so viel Mühe gemacht hatten.« Es geht auf 23 Uhr zu, Gerstenmaier platzt der Kragen: »Herr Oberbürgermeister, verstehen Sie doch, wir machen hier nicht aus patriotischer Herablassung irgendwelche sozial-staatlichen Vorschläge, uns geht es um ganz anderes, es geht uns um die Garantie von Grundrechten, auf die sich jeder Deutsche in unserem Land berufen kann.« Die Reaktion ist ein langes betretenes Schweigen, weil jemand es wagte, Goerdeler zu unterbrechen. Gerstenmaier: »Ich dachte, daß nun ein anderer das Wort nähme. Aber nein. Goerdeler sprach wieder. Es ging auf halb zwölf Uhr nachts zu.«

Was er sagt, ist Moltke zu verschwommen, zu wenig radikal. Moltke flüstert Gerstenmaier zu, daß es die anderen hören können: »Kerenski-Lösung.« Er meint damit die kompromißbereite

Übergangsregierung des russischen Ministerpräsidenten Kerenski, die 1917 zu schwach war, um die Revolution in die richtigen Bahnen zu steuern.

Goerdeler überhört Moltkes Bemerkung und beendet seine Ausführungen. Moltke befleißigt sich eines höflicheren Tons und drückt sein Bedauern aus, daß jetzt, wo es schon so spät sei, die Diskussion eigentlich erst beginnen müsse. Eine Frage richtet er noch an Generaloberst Ludwig Beck: »Wann kann denn mit der entscheidenden Tat gerechnet werden?« Beck antwortet, er könne darauf keine Antwort geben. Er müsse erst sehen, was wirklich aufgebracht werden könne, wie stark die tatsächlich vorhandenen Kräfte seien.

Nach dem Ende dieser ersten Begegnung bleiben Moltke, Yorck, Gerstenmaier und Trott beieinander, üben betreten Manöverkritik und essen Erbsensuppe. Freya von Moltke erinnert sich an die Reaktion ihres Mannes auf das Zusammentreffen der Goerdeler-Gruppe und des Kreisauer Kreises: »Das war [für ihn] das einzige Treffen, und das war verhältnismäßig spät. Mein Mann empfand seine eigene Gruppe als viel radikaler, viel zukunftszugewandter, viel moderner als die Goerdeler-Gruppe. Es war der fundamentale Unterschied, daß Goerdeler sich hinsetzte und immer selber Gutachten für die Zukunft schrieb, während in Kreisau alles immer das Produkt von verschiedenartig denkenden Männern war.« Es ist nicht nur das Alter, das die beiden Gruppen unterscheidet. »Die waren älter, die waren einfach nach Jahren älter. Der Kreis um Goerdeler hatte schon sozusagen mal mitregiert, während die Kreisauer aus jüngeren Leuten bestanden, die noch keine Chance gehabt hatten, sich praktisch zu bewähren. Sie waren noch nicht mal 38 und die anderen weit darüber.«

Während es bei dem Treffen mit dem Goerdeler-Kreis Moltke ist, der ungeduldig reagiert, sind es tatsächlich andere Kreisauer, die stärker als Moltke auf die Tat drängen. Am 4. März 1943 schreibt er an seine Frau: »Warum können Menschen eigentlich keine Geduld haben? Das scheint die Tugend zu sein, die am allerschwersten zu erwerben ist. Ich habe es ja auch lieber, wenn alles schnell geht, aber ich bin doch relativ geduldig. Selbst König und Delp, die doch eigentlich kraft ihrer Disziplin das Warten gelernt haben müßten, können es nicht, und wenn auf eine Aktion der unvermeidliche Rückschlag kommt, so werden sie unruhig und sehen nicht, daß das Tal auch wieder durch eine Höhe abgelöst wird. – Adam, den ich überforsch verließ, fand ich überängstlich wieder. Alle diese Gemütsbewegungen erscheinen mir so unökonomisch: es muß doch so viel Kraft kosten, sie mitzumachen.«

Am 17. März 1943 reist Moltke nach Oslo. In seinem Gepäck befindet sich ein Flugblatt der »Weißen Rose«, von ihm selbst ins Englische übersetzt. So gelangt der Aufruf zum Widerstand der Münchener Studenten über das besetzte Norwegen nach England. In BBC-Sendungen ist bald vom Mut der Geschwister Scholl zu hören. Kampfflugzeuge der Royal Air Force werfen die Aufrufe der Studenten aus München bei ihren Einsätzen über Deutschland ab. Zum erstenmal hören die Menschen in Europa etwas Konkretes über Widerstand in Deutschland.

Im Juni 1943 kommt es auf dem Gut der Moltkes in Niederschlesien zum dritten Kreisauer Treffen. Eugen Gerstenmaier ist dabei: »Zu Pfingsten 1943 fuhren wir wieder nach Kreisau. Die vertrauten Gesichter waren da. Nur Theo Haubach und Carlo Mierendorff fehlten. Aus ›polizeilichen Gründen‹, wie man damals sagte. Trott referierte wieder zur Außenpolitik ohne Kontroverse. Die Frage, die uns beschäftigte, konnte von keinem beantwortet werden: Würde man mit den Sowjets zu besseren Bedingungen kommen können als mit dem Westen? Oder würden sie die sterile Formel von der ›bedingungslosen Kapitulation‹ noch kategorischer in deutsche Ohren blasen, als es der Westen tagaus, tagein inzwischen tat? Die Meinungen gingen auseinander.«

Diese Formel von der »bedingungslosen Kapitulation« ist ein schwerer Schlag, vor allem für den Widerstand aus den Militärkreisen. Denn wenn die Niederlage als Kriegsziel definiert ist, haben die Generäle noch größere Probleme mit einem Staatsstreich gegen Hitler. Moltke allerdings hält die militärische Niederlage für notwendig, um zu einer Erneuerung von innen heraus und zu einer neuen internationalen Ordnung zu kommen. Das Konzept für diesen Neubeginn soll jetzt fertiggestellt werden. Es werden Referate gehalten, diese werden diskutiert und protokolliert. Auf diesem dritten Kreisauer Treffen steht die Außenpolitik auf der Tagesordnung. Der Widerstand geht in seine entscheidende Phase – entsprechend dem militärischen Verlauf des Zweiten Weltkriegs. Eugen Gerstenmaier betont Grundsätzliches: »Der deutsche Widerstand wurde jedenfalls nicht geleistet, um die alliierten Kriegsziele durchsetzen zu helfen, sondern um Deutschland zu retten und Millionen vor sinnlosem Leiden zu bewahren.«

Für die Kreisauer stellt sich immer wieder die Frage, wie die Alliierten auf einen Staatsstreich reagieren würden, der ihnen bereits seit fünf Jahren immer wieder signalisiert wird? Können sie jetzt, da ihre Kriegsmaschine auf hohen Touren läuft und die deutschen Truppen auf allen Fronten zurückweichen, vom wichtigsten Kriegsziel aller drei Alliierten, der bedingungslosen deutschen Kapitulation, abrücken, nur um einem Deutschland, das von sich behauptet, ein anderes zu sein, auf die Beine zu helfen? Trott leitet die Diskussion über diese außenpolitischen Aspekte im Berghaus: Wie kann man jetzt noch von den Westmächten Garantien erhalten, um den Erfolg einer Verschwörung in Deutschland zu ermöglichen? Trott fordert vom deutschen Widerstand eine Westorientierung bei gleichzeitiger Offenheit nach Osten. Freya von Moltke: »Ich erinnere nur, daß sie eigentlich immer alle hofften, sie könnten die Feinde, also die Alliierten, dazu bewegen, von der ›bedingungslosen Kapitulation‹ abzugehen. Mein Mann war verzweifelt darüber; denn er glaubte, daß dann eine neue Regierung gar keine Chance hatte, wenn sie dem unglücklichen besiegten deutschen Volk auch nichts Besonderes zu bieten hatten. Sie wollten irgendwann mal eine Antwort von den Alliierten haben, daß sie mit einer neuen deutschen Regierung kooperieren würden… Damals haben sie sogar darüber gesprochen, ob man nicht, weil es im Westen so schlecht ging und man niemals eine Antwort bekam... ob wir nicht bei den Russen zu besseren Bedingungen kommen. Ich erinnere mich, daß Adam Trott sagte, er könne unter Umständen in Schweden mit der russischen Botschafterin Kollontaj reden.«

Trotts ungewöhnlicher Vorschlag wirkt elektrisierend auf die Gäste im Berghaus, auch auf Freya von Moltke:»Ja, das wurde angesprochen. Aber auch Trott hat sich nicht vom Westen innerlich getrennt. Er hat es ja immer wieder versucht, es wurde ja alles versucht, was möglich war... Man kann also nicht behaupten, daß der Kreisauer Kreis im ganzen sich vom Westen, von der Hoffnung auf den Westen, zu einer Haltung nach dem Osten gewendet hätte.«

Und so sucht Trott zunächst noch einmal Kontakt zu den Westalliierten. Wenige Tage nach dem dritten Kreisauer Treffen vom 12. bis 14. Juni 1943 reist er am 17. Juni in die Türkei. Istanbul, die Stadt am Bosporus, scheint für konspirative Treffen besser geeignet als Bern und Stockholm, die beiden anderen Drehscheiben der Agentenszene. Istanbul ist »die Spionagestadt« des Zweiten Weltkriegs. Offiziell ist Trotts Reise gedeckt durch den Leiter der Gruppe »Vorderer und Mittlerer Orient« in der Politischen Abteilung des Auswärtigen Amts, Dr. Wilhelm Melchers.

Die Botschaft an die Alliierten ist diesmal nicht etwa die Mitteilung über ein baldiges Attentat auf Hitler, sondern vielmehr die Bereitschaft, zu einem Ende des Krieges möglichst schnell beizutragen, um dann mit einer eigenen Nachkriegsregierung den Aufbau einer Nachkriegsordnung zu beginnen. Moltke hatte im Jahr 1942 nach England signalisiert: »Wir hoffen, daß Ihr Euch darüber klar seid, daß wir bereit sind, Euch zu helfen, den Krieg *und* den Frieden zu gewinnen.«

Adam von Trott soll für Moltke in Istanbul das Terrain sondieren, erste Kontakte knüpfen und die Möglichkeiten und Chancen ihres Vorhabens vor Ort erkunden, damit dann ein, möglicherweise kriegsentscheidendes, Angebot an die USA eingefädelt werden kann. Trott ist beeindruckt von dieser zwei Jahrtausende alten

Metropole. Hinter dem Palast des Sultans steigt der Hügel an, auf dem die Residenz des deutschen Generalkonsuls steht – mit Ausblick auf den Bosporus, das Goldene Horn, das Marmara-Meer, die Prinzen-Inseln, Moscheen. Trott hat Mühe, sich von dieser Faszination zu lösen. Trott besucht den Generalkonsul Dr. Fritz von Twardowski. Als Trott sich kritisch über das Nazi-Regime äußert, gibt ihm Twardowski deutlich zu verstehen, er solle derlei Äußerungen beenden. Trott empört sich: »Ich dachte, Sie gehörten zu uns! Ich bin enttäuscht von Ihnen!« Es kommt zu einem heftigen Wortwechsel. Was Trott nicht weiß: Im Gebäude des Generalkonsulats ist auch eine Außenstelle des SD untergebracht. Twardowski befürchtet, daß das Gespräch abgehört wird.

Trott sucht dann Anschluß an die deutsche Emigranten-Szene. Viele Hochschulprofessoren erhielten nach 1933 an der Universität von Istanbul einen Lehrauftrag. Trott trifft hier Dr. Paul Leverkühn, in dessen Anwaltskanzlei er 1935 gearbeitet hatte. Leverkühn ist jetzt Canaris' Mann am Bosporus. Bei einem kurzen Abstecher nach Ankara, wo Trott den deutschen Botschafter in der Türkei, Franz von Papen, aufsucht, unterrichtet er den ehemaligen Reichskanzler über die Lage des Widerstands in Deutschland und versucht, ihn für eine aktive Mitarbeit zu gewinnen.

Am 3. Juli verläßt Trott Istanbul. Nach seiner Ankunft in Berlin berichtet er Moltke, alles sei vorbereitet, und er könne reisen. Zwei Tage danach reist Moltke in die Türkei. Seine Mission wird vom Amt Canaris gedeckt, ebenso der Plan, den Moltke bei sich hat. Nach seiner Ankunft ruft Moltke Hans Wilbrandt an. (Bis 1933 war er Wirtschaftsprüfer bei der Frankfurter Rentenbank und mit Moltkes befreundet. Er hatte bei der finanziellen Sanierung des Gutes Kreisau geholfen. 1934 war er in die Türkei emigriert.) Zusammen mit Wilbrandt besucht Moltke den ihm aus Berlin ebenfalls bekannten Paul Leverkühn. Wilbrandt führt Moltke auch zu Alexander Rüstow, Professor für Wirtschafts- und Sozialgeschichte an der Universität Istanbul. Dieser pflegt enge Kontakte zur OSS. Auch Wilbrandt arbeitet mit dem amerikanischen Dienst zusammen. Beide sind dem OSS-Außenposten-Chef Lanning Macfarland zugeordnet. Wilbrandt, Rüstow und Moltke erörtern den Plan, der das Ende des Krieges, zumindest im Westen, einleiten soll. Er erhält die Bezeichnung »Herman-Plan«. OSS Istanbul führt Moltke und seine Gruppe unter dem Codenamen »Herman«, eine Bildung aus Helmuth und German. »Herman« sieht eine Kooperation zwischen dem deutschen Widerstand und den Westmächten vor:

»Die Gruppe hält eine unbezweifelbare militärische Niederlage und Besetzung Deutschlands aus moralischen und politischen Gründen für absolut notwendig.

Ihre pro-angelsächsische Einstellung beruht auf der Überzeugung, daß in den weltanschaulichen Idealen, in den Grundanschauungen und Grundzielen bezüglich der Zukunft der Welt, Europas und Deutschlands, zwischen der Gruppe und den Alliierten weitgehende Übereinstimmung besteht, daß die wahren Interessen eines künftigen freien und demokratischen Deutschlands mit denen der Alliierten konvergieren und daß sich daraus ganz von selbst und mit Notwendigkeit eine produktive Zusammenarbeit ergeben muß und wird.

Die Gruppe ist zu einer militärischen Kooperation größten Stiles mit den Alliierten bereit, jedoch nur, wenn Gewißheit besteht, daß diese Kooperation zu einem unmittelbar durchschlagenden militärischen Erfolg der Alliierten auf breitester Front führen wird. Ein solcher durchschlagender Erfolg, eine alliierte Besetzung ganz Deutschlands innerhalb eines kurzen Zeitraums, würde in Deutschland schlagartig eine völlig neue politische Situation schaffen.

Ist man entschlossen, die zweite Front durch einen schlagartigen und überwältigenden Einsatz der gesamten alliierten Streitmacht zu schaffen, mit dem Ziel einer sofortigen Besetzung ganz Deutschlands, so wäre die Gruppe bereit, die Erreichung dieses Zieles mit allen ihren Kräften und Mitteln zu unterstützen.

Nur unter solchen Voraussetzungen könnte auch mit hinreichender Sicherheit darauf gerechnet werden, daß eine ausreichende Zahl von geschlossenen Truppenteilen zum Einschwenken in die neue Front der Kooperation mit den Alliierten bereit sein würde.

Die Gruppe würde dafür sorgen, daß, gleichzeitig mit der Landung, in Deutschland die Bildung einer provisorischen antinazistischen Gegenregierung erfolgt, die den nicht militärischen Teil der Aufgaben, die sich aus der Kooperation mit den Alliierten ergeben, zu übernehmen hat. Die Zusammensetzung dieser Regierung wäre vorher festzulegen.

Eine solche Regierung müßte, um gegenüber der Arbeiterschaft und ihren kommunistischen Tendenzen nicht von vornherein in aussichtsloser Lage zu sein, innenpolitisch mit einem sehr starken linken Flügel operieren und sich mit Nachdruck auf sozialdemokratische und Gewerkschaftskreise stützen. Sogar die Beteiligung persönlich vernünftiger und nicht an Rußland gebundener Kommunisten könnte aus den gleichen Gründen erwünscht sein.«

Der Plan sieht also nach der Eröffnung einer »zweiten Front« eine militärische Unterstützung durch die deutsche Seite vor. Für dieses Angebot an die Westmächte gibt es für Moltke eine Bedingung: den Verzicht auf die Formel »bedingungslose Kapitulation«. Das, so wirft Rüstow ein, sei freilich nicht durchsetzbar. Er, Rüstow, könne an diesem Plan nur dann weiter mitarbeiten, wenn Moltke diese Bedingung fallenließe. Moltke lenkt ein. Ihm geht es darum, durch eine militärische Kooperation das Ende des Hitler-Regimes möglichst schnell herbeizuführen. Jetzt wird überlegt, wie man geheime Verhandlungen mit den Westalliierten aufnehmen und die Aktion koordinieren könne. Als Mittelsmann denkt Moltke an den jetzt in Ägypten agierenden US-Gesandten Alexander C. Kirk. In seiner früheren Eigenschaft als Geschäftsträger der amerikanischen Gesandtschaft in Berlin war er Moltke wohlvertraut. Moltke ist bereit, von Istanbul nach Kairo zu fliegen, um Kirk zu treffen. Vor der Rückreise verabredet Moltke mit Wilbrandt und Rüstow den Wortlaut eines Telegramms nach Berlin – für den Fall, daß Kirk zu einem Treffen bereit sei.

Da in den ersten Monaten des Jahres 1943 die Bombenangriffe auf Berlin zunehmen und Trott um das Leben seiner zum zweiten Mal schwangeren Frau Clarita und seiner Tochter fürchtet, macht er ihr klar, daß sie nicht mehr in Berlin bleiben kann: »Ich habe das Gefühl, es ist besser für uns und die Familie, wenn du nach Imshausen gehst. Es ist mir schwergefallen, es hat auch ein Weilchen gedauert, bis ich mich dazu durchringen konnte. Aber ich kann es nicht mehr verantworten.« In Imshausen kommt dann am 9. November 1943 die zweite Tochter der Trotts zur Welt. Sie heißt wie ihre Mutter – Clarita.

Staatssekretär Wilhelm Keppler hatte sich am 17. Oktober 1942 in der Personalie Trott an Ribbentrop gewandt und gegen Ribbentrops anfänglichen Widerstand erreicht, daß Adam von Trott schließlich am 17. November 1943 zum Legationsrat befördert wird.

In diesen Novembertagen zerstört ein Feuersturm ganze Berliner Stadtviertel. Auch Gerstenmaiers und Moltkes Wohnungen sind getroffen. Beide Ausgebombten finden bei Peter Graf Yorck von Wartenburg Unterschlupf. Bei ihm in der Hortensienstraße in Lichterfelde-West ist nun das Lagezentrum des Kreisauer Kreises. Bald glaubt Trott die Gruppe in einer Krise: »Kopf und Schulter fühlten sich weder mit mir noch mit sich recht einig. Es sieht nach einer dauernden Erkältung aus.« Moltke, Yorck und Trott sind sich uneins. Moltke schreibt das »furchtbaren Auseinandersetzungen mit Leber, Reichwein und Mierendorff« zu.

Daß äußerst vorsichtig mit Namen umgegangen werden mußte, führt auch Clarita von Trott auf einen Irrweg: »Ich dachte, Leber wäre ein Codename wie die ›Labour Party‹ für Sozialisten … Wie ich das von meinem Mann her weiß, hätte das Verhältnis zu Julius Leber nicht besser sein können, denn mein Mann hat ungeheuren Wert darauf gelegt, daß die Menschen irgendwie so im praktischen Leben standen, und Julius Leber war als früherer Reichstagsabgeordneter ein gestandener Sozialist. Mein Mann hat ihn persönlich wohl auch besonders gern gehabt. Er ist vor jeder Auslandsreise zu ihm gegangen, hat sich lange mit ihm in seiner Kohlenhandlung besprochen.«

Am 28. November 1943 schreibt Moltke: »Gestern mittag waren Carlo [Mierendorff] und Julius [Leber] da. C[arlo]. ging weg, ehe wir so recht in Schuß gekommen waren, und das Ergebnis der dann fortgesetzten Unterhaltung war außerordentlich bedauerlich. Es bedeutet das Ende einer Hoffnung, und mir scheint das Abbrennen der Derfflingerstraße durchaus symbolisch berechtigt zu sein. Heute kommen Carlo und Theo [Haubach] noch einmal. Wenn das ganze Rezept, in das Julius sich hat einspannen lassen, nicht so völlig blödsinnig wäre, dann wäre alles gleichgültig. Aber das ist es.« Mit »Rezept« sind Attentatspläne gemeint. Sie rücken wegen des absoluten Schweigens auf alliierter Seite gegenüber den Kooperationsangeboten des deutschen Widerstands wieder in den Vordergrund. Am 4. Dezember verlieren die Kreisauer und die Sozialdemokraten im Untergrund einen wichtigen Mitstreiter: Carlo Mierendorff kommt bei einem Luftangriff in Leipzig ums Leben.

Noch im November kommt jedoch das längst erwartete Signal aus Istanbul: Kirk käme in die Türkei, um Moltke zu treffen; deshalb reist Moltke am 11. Dezember 1943 erneut an den Bosporus. Doch dort wartet er vergebens auf Kirk, ohne Nachricht und ohne Angabe von Gründen. Tatsächlich hatte sich erneut der Wind gedreht: Auf der Konferenz von Teheran Ende November 1943 hatten sich die Alliierten auf eine gemeinsame Politik gegenüber Deutschland eingeschworen. Lediglich auf unterster Ebene sind Kontakte möglich. Freya von Moltke erinnert sich: »Die Amerikaner wollten immer militärische Geheimnisse erfahren. Dazu war mein Mann nicht bereit. Der Verrat militärischer Geheimnisse ist Landesverrat. Und wenn man Hochverrat begeht, darf man keinen Landesverrat treiben.«

Moltke wartet noch immer auf ein Signal aus Kairo. Er hofft jetzt, mit einer amerikanischen Militärmaschine zu Kirk nach Kairo zu fliegen. Als von dort keine Antwort eintrifft, läßt er Kirk wissen: »Ich kann Istanbul das nächste Mal für 48 Stunden verlassen. Ich stehe voll zu Ihrer Verfügung und verlasse mich darauf, daß das Risiko des Arrangements niedrig gehalten wird. Zum Zeitplan: Ich denke, wenn ich mich mit meiner Arbeit zu Hause beeile, könnte ich frühestens Mitte Februar kommen und spätestens Mitte April. Beste Wünsche zu Weihnachten und für das neue Jahr.« Man bedrängt Moltke, seinen Aufenthalt in Istanbul zu verlängern, um hier auf eine Antwort aus Kairo zu warten. Doch Moltke will Weihnachten zu Hause sein.

Am 16. Dezember 1943 verläßt er enttäuscht Istanbul. »Nun ist alles vorbei«, soll er bei der Abreise gesagt haben. »Er kam sehr deprimiert aus der Türkei zurück«, bestätigt Freya von Moltke. »Zu Weihnachten, als mein Mann kam, lagen meine beiden Kinder mit Lungenentzündung krank im Bett. Wir konnten nicht Weihnachten feiern, weil die Kinder krank waren. Wir traten in eine schwere Phase.«

Es ist vereinbart, daß Wilbrandt und Rüstow den Moltke-Plan schriftlich als Memorandum aufgeben. In der zweiten Dezemberhälfte wird das geheime Schriftstück in einer überarbeiteten Form fertiggestellt: »Exposé on the readiness of a powerful German Group to prepare and assist Allied Military Operations against Nazi Germany.« Die beiden OSS-Männer leiten es an Lanning Macfarland, der diesen »Herman«-Plan umgehend an die OSS-Zentrale, an William J. Donovan, weitergibt. In seinem Begleitschreiben erläutert Macfarland: »Seit vielen Monaten sind wir in Verbindung mit Herman … Während der letzten sechs Monate war er zweimal in Istanbul, jedesmal in der Hoffnung, einige ihm wohlbekannte Amerikaner zu treffen, denen er sein ganzes Programm anvertrauen wolle.«

Der OSS-Agent in Istanbul Alfred Schwarz setzt sich am 29. Dezember 1943 in einer ausführlichen Bewertung an den US-Militärattaché in der Türkei, General R. G. Tindall, für den Plan ein: »Eine Konferenz mit zumindest einer dieser Persönlichkeiten [Präsident Roosevelt, General Marshall oder OSS-Chef Donovan] sollte arrangiert werden, auf der der volle Umfang und die Tragweite des vorgeschlagenen Planes in aller Ausführlichkeit referiert und alle Vorkehrungen für ein entscheidendes Treffen mit den deutschen Bevollmächtigten getroffen werden können, das nicht später als Januar 1944 stattfinden sollte. Ich kann nicht entschieden genug meiner Überzeugung Ausdruck geben, daß absolut keine Mühe gescheut werden sollte, den Plan in kürzestmöglicher Zeit zu verwirklichen. Weder ein begrenztes geheimdienstliches Vorgehen noch Pläne einer partiellen Unterstützung durch deutsche Stabsoffiziere bieten eine auch nur entfernt vergleichbare Gelegenheit, den Krieg im Westen auf einen Schlag zu beenden und möglicherweise viele hunderttausend Leben zu retten.«

OSS-Direktor William J. Donovan läßt den »Herman«-Plan auch von dem Trott bekannten Professor Karl Brandt, der an der Stanford University lehrt, prüfen. Brandt kommt zu dem Schluß: »Nach meiner Einschätzung stellt der Plan das Angebot der seriösesten revolutionären Gruppe innerhalb Deutschlands dar, die entscheidende strategische Positionen innehat. Er bietet an, die Bemühungen der anglo-amerikanischen Alliierten, die Festung von außen aufzubrechen, durch ein durchdachtes und genau abgestimmtes Lahmlegen der Widerstände von innen zu unterstützen, mit dem einzigen Ziel, dadurch eine anglo-amerikanische Besetzung unter Ausschluß der russischen Truppen zu erreichen.« Brandt bewertet das Angebot »als die einzige und allerletzte Chance, die ›Festung Deutschland‹ von innen heraus aufzuweichen, während die Invasion von Westen voranschreitet; als einzige verfügbare und wirkungsvolle Sicherheit dafür, daß das hohe Risiko des Verlustes von Hunderttausenden der endgültigen Entscheidung auf ein erträgliches Maß reduziert werden könne; und als einzig praktikablen und politisch zulässigen Weg, Rußland aus Mitteleuropa herauszuhalten.«

Erst am 3. April 1944 wird »Herman« von der OSS-Planning Group unter Vorsitz von Donovans Stellvertreter Whitney Shepardson, bei der auch Macfarland und Donovan zugegen sind, besprochen. In einem Gutachten zum »Herman«-Plan äußert sich Shepardson gegenüber Donovan: »Sie werden sich vielleicht erinnern, daß zu dieser Zeit ein anderer Deutscher hierherkam. Er war kurz vor Ausbruch des Krieges hier. Er war sehr interessiert daran, den Krieg zu beenden, noch ehe er begonnen hatte. Ich habe zu Haus ein Memorandum unter Verschluß, welches Trott mir damals gegeben hatte, in dem er seine Ideen über die Art von ›Frieden‹, der einen Krieg verhindern könne, weiter ausführt. Ich erwähne dies deshalb, da ich erfahren habe, daß Trott – für einen Mann seines Alters – einen sehr wichtigen Posten im deutschen Auswärtigen Amt innehat, und da Trott Mitglied einer Gruppe ist, über die ich bereits nach oben berichtet habe. Außerdem ist er ein Freund des Autors, der das Ausgangsdokument geschrieben hatte.« Gemeint ist Moltke.

Adam von Trott war dem jetzigen geschäftsführenden Vorsitzenden der OSS-Planning-Group, Whitney Shepardson, am 30. Oktober 1939 in New York begegnet und sich mehrfach getroffen, auch wenn Shepardson später sagte, er habe gegenüber Trott stets eine »heftige Abneigung« gehegt.

In den OSS-Stäben wird der »Herman«-Plan umfunktioniert. Shepardson will den deutschen Widerstand für die alliierte Kriegsführung instrumentalisieren: »Es wird daher empfohlen, daß Mr. Macfarland instruiert wird, sein Unternehmen auf einer sondierenden und informellen Basis weiterzuführen, und daß er die Aufgabe erhält, sich auf die Möglichkeit zu konzentrieren, die ›Herman‹-Verbindungen auf irgendeine Weise zur Unterstützung der Invasionsbemühungen zu nutzen, ohne Rücksicht auf irgendwelche weiteren Überlegungen wie die Zukunft Europas oder die Zukunft Deutschlands. Daß er insbesondere instruiert wird, die ›Planning Group‹ als mögliches Reservoir von Doppelagenten auszunutzen, oder in jeder anderen kalt kalkulierten Form, um den Erfolg der Invasion zu fördern, ohne Rücksichtnahme auf die beteiligten deutschen Individuen, deren Sicherheit, die persönlichen Beziehungen zu ihnen oder die letztendliche Wirkung auf Deutschland, sobald die Invasion erfolgreich war.«

Andernfalls müsse ein so weitreichender Plan wie »Herman« mit Moskau abgestimmt werden. Moskau und London zum jetzigen Zeitpunkt den »Herman«-Plan einsehen zu lassen, hielt das Planungsgremium für nicht opportun.

Trotts Türkei-Mission hat ein Nachspiel: Als er Paul Leverkühn besuchte, bat dieser ihn um eine Hilfeleistung für eine befreundete Familie. Sein junger Mitarbeiter Erich Vermehren möchte gerne seine Frau bei sich in Istanbul wissen. Trott besorgt im Auswärtigen Amt ein Visum für Vermehrens Gattin, die an Weihnachten 1943 nach Istanbul reist. Schon drei Tage später nehmen die Vermehrens Kontakt mit dem britischen Geheimdienst auf und laufen zur Gegenseite über. Der Fall macht Schlagzeilen. Die Gestapo ermittelt und spürt Trotts Hilfsleistung nach. Er wird mehrfach verhört und Leverkühn nach Berlin zurückbeordert.

An Silvester 1943 schreibt Moltke seiner Frau: »Gestern abend war der ältere Bruder Stauffenberg da. Ein guter Mann, besser als mein Stauffi, männlicher und mit mehr Charakter.« Der »ältere Bruder« ist Claus Schenk Graf von Stauffenberg, »Stauffi« dessen Bruder Berthold, der in Moltkes Amt arbeitet. Im selben Brief schreibt Moltke: »Ich habe das Gefühl eines vollständigen Stillstandes überall ... Solche Perioden hat es immer gegeben, und sie haben sich als genauso trügerisch erwiesen wie die Perioden, in denen sich alles zu entfalten und zu entwickeln, vielleicht sogar stürmisch vorwärtszudrängen schien. So nehme ich diesen scheinbaren Stillstand nicht tragisch.« Zwei Tage später blickt er gefaßt in das eben angebrochene Jahr: »Welch ein Jahr liegt vor uns. Hinter diesem Jahr werden, falls wir es überleben, alle anderen Jahre verblassen. Wir waren gestern früh in der Kirche und haben das Jahr mit einer mächtigen Predigt von Lilje begonnen. Wir können nur hoffen, daß wir die Kraft haben werden, uns der Aufgabe, die dieses Jahr uns stellen wird, würdig zu erweisen. Und wie könnten wir das, wenn wir nicht bei allem Übel, das uns zustoßen wird, bei allem Leid, bei all den Schmerzen, die wir werden erdulden müssen, wüßten, daß wir in Gottes Hand stehen. Das darfst du nie vergessen.« Am 19. Januar 1944 wird Helmuth James Graf von Moltke verhaftet.

Moltke hatte von der bevorstehenden Verhaftung eines Bekannten erfahren und diesen warnen wollen. Das Telefonat wurde abgehört, Moltke festgenommen. Dieser Schlag trifft die Kreisauer schwer. Noch im März wird in Trotts Wohnung jede Möglichkeit geprüft, Moltke freizubekommen. Obwohl die Gefangenschaft zunächst eine Untersuchungshaft ist, weil man ihm zunächst nicht viel nachweisen kann, sind die Bemühungen der Freunde vergeblich.

Die Vermehren-Affäre, die Verhaftung Moltkes und das Durchsickern einiger von Stockholm nach London übermittelten Informationen, die in der englischen Presse veröffentlicht werden, setzen Trott zu. Inzwischen ist auch sein Freund Albrecht Graf von Bernstorff verhaftet. Trott fürchtet die Gestapo auf seiner Spur.

Stockholm, 1944
Mit dem Kopf in der Schlinge

Im Winter 1943/44 lebt Adam von Trott getrennt von seiner Familie allein in Berlin. Clarita von Trott sucht mit ihren beiden Töchtern auf dem Stammsitz der Familie in Imshausen Sicherheit vor den alliierten Bomberströmen, die immer häufiger ihre tödliche Last auf Berlin und die anderen deutschen Großstädte werfen. Über Trennungsschmerz und Entfernung versucht man sich mit Briefen, Telefonaten und gelegentlichen Besuchen hinwegzuhelfen. Jetzt, in diesen Wintermonaten 1944, bräuchte Adam von Trott seine Familie. Die Verhaftung Moltkes ist für ihn ein schwerer Schlag. Die Rückschläge in seinem Bemühen, ermunternde Zeichen der Alliierten für den deutschen Widerstand zu erhalten, lasten schwer auf ihm. Anfang Januar erkankt er an einer heftigen Erkältung. Sein Körper ist, wie schon nach der Heimkehr aus Ostasien 1940, durch ein »seelisches Erschrecken« geschwächt. Ein weiterer Schicksalsschlag trifft ihn, als seine treue Sekretärin Hildegard Walter bei einem Luftangriff im Keller ihres Wohnhauses mit der gesamten Familie umkommt. Trott versucht Hilfe für die Verschütteten zu organisieren und steht danach mit einem Mitarbeiter stundenlang vor den rauchenden Trümmern.

Adam von Trott fühlt sich an manchen Tagen so schlecht, daß er bei Luftalarm kaum in den Keller hinuntersteigen kann. Mitte Februar tritt eine Besserung ein, doch die Krankheitsattacken kehren mehrmals zurück. Am 23. Februar 1944 schreibt er seiner Frau: »Ich versuche wieder recht fleißig zu sein und fühle mich ganz wohl dabei.« In diesen Februartagen erreicht Trott eine Nachricht aus Stockholm. Er wird gebeten, möglichst bald in die schwedische

Hauptstadt zu kommen. Aus Vorsicht vor der Gestapo verschiebt er die Reise.

Da weder die »Schweizer Straße« noch der Weg über Istanbul zu einem positiven Signal seitens der USA führten, sucht Trott ein weiteres Mal eine Verbindung nach Großbritannien. Erreicht ihn in Stockholm endlich das lang ersehnte Signal aus London?

Trott hatte diesen Kontakt bereits bei zwei früheren Besuchen in der schwedischen Hauptstadt geknüpft. Zum erstenmal war er vom 18. bis zum 28. September 1942 hier gewesen. Sein unentbehrlicher logistischer Stützpunkt sollte Inga Kempe, geborene Carlgren, werden. Er hatte sie durch ihren Schwager, Heinz von Bodelschwingh, den er aus der Studentenzeit kennt, im Haus der Carlgrens zum ersten Mal gesehen. Dort hatte Trott auch Harry Johansson getroffen, mit dem ja bereits Dietrich Bonhoeffer, Hans Schönfeld, auch Eugen Gerstenmaier zusammengekommen waren, als sie mit dem sogenannten »Sigtuna-Kreis« in Kontakt standen, einer kleinen Gruppe christlich orientierter, einflußreicher Schweden. Durch diesen Kreis lernte Trott auch Ivar Andersson, den Chefredakteur des »Svenska Dagbladet«, kennen.

Im Auftrag der Kreisauer reiste Adam von Trott am 27. Oktober 1943 erneut nach Stockholm. Der offizielle Anlaß war eine Einladung des Außenpolitischen Instituts zu einem Vortrag über südostasiatische Probleme. Wie schon bei seinem ersten Stockholm-Aufenthalt besuchte er auch Chefredakteur Ivar Andersson. Trott war daran interessiert, Anknüpfungspunkte an die Interessen und Bestrebungen in England zu finden, die mit den seinen korrespondierten. Andersson sah die einzig mögliche Kooperation zwischen den Westalliierten und der deutschen Opposition darin, daß eine Landung britischer und amerikanischer Einheiten auf deutschem Boden mit Aktionen des Widerstands koordiniert werden. Der einflußreiche Journalist verschafft Trott einen Termin beim schwedischen Außenminister Christian Günther. Doch Günther kann für Trott und die Kreisauer nichts tun.

Bei dem zweiten Aufenthalt in Stockholm sah Trott auch Inga Kempe. Sie erzählte nebenbei, daß sie mit Angestellten der britischen Botschaft bekannt sei, worauf Trott bat, einen Kontakt zu vermitteln. Sie versprach, es zu versuchen. Eines Abends traf Trott zwei Personen, die in der britischen Botschaft arbeiteten: Roger Hinks und James Knapp-Fisher, beide offiziell von der Presseabteilung, doch in Wirklichkeit vom britischen Geheimdienst. James Knapp-Fisher war nervös: »Ich erhielt vom Gesandten die Erlaubnis, und wir vereinbarten, Trott solle mich besuchen. Ich bat ihn aber, vor neun Uhr abends zu kommen, da die Haustüren aller Stockholmer Etagenhäuser um die Stunde geschlossen werden und es dann schwerfällt, hineinzukommen, ohne daß man seinen Namen nennt. Er wurde natürlich beobachtet, und man folgte ihm. Es war ihm aber nicht möglich, vor zehn Uhr dreißig in unserer Etage zu erscheinen. Ich erinnere mich, daß ich die Hoffnung, er werde kommen, aufgegeben hatte und bereits im Pyjama war, als er läutete.« Adam von Trott hielt sich im Treppenhaus verborgen. Er wollte sich vergewissern, daß ihm niemand folgte. Trott berichtete den beiden von einem bevorstehenden Staatsstreich in Deutschland und fragt sie, ob die Alliierten von ihrer Forderung nach »bedingungsloser Kapitulation« abgehen würden und ob Briten und Amerikaner im Falle des Staatsstreiches die Bombardierungen einstellen könnten.

Trott hielt jedoch keinen der beiden Geheimdienstmitarbeiter für befähigt, eine solche Kooperation zu managen. Er ließ über Inga Kempe nach einem anderen Kontakt fragen. Die Briten sollten mit Inga Kempe Kontakt aufnehmen, sie würde dann eine Nachricht an Trott weiterleiten. Inga Kempes Kontakt mit der britischen Gesandtschaft schien doch erfolgversprechend zu sein. Roger Hinks nahm bald mit ihr Kontakt auf, Trott würde dringend in Stockholm gebraucht. Man schärfte ihr ein, daß er der einzige wäre, mit dem die Alliierten in dieser äußerst wichtigen Angelegenheit verhandeln würden. Es habe also keinen Zweck, jemand anderen zu schicken. Inga Kempe versucht sofort, diese Nachricht

mittels eines Code über einen Sekretär der deutschen Gesandtschaft zu Trott nach Berlin weiterzuleiten.

Ist dies nun die längst erwartete, erlösende Antwort aus London? Im Frühjahr 1944 beginnt in Stockholm das Rätselraten
um eine höchst geheimnisvolle diplomatische Aktion im Zweiten
Weltkrieg.

Am Abend des 13. März 1944, einem Montag, trifft Trott auf
dem Stockholmer Flughafen Bromma ein. Trott ist sehr vorsichtig, spielt ein Spiel mit den Deutschen, die hier an der deutschen
Botschaft beschäftigt sind. Von den Kontakten zu den Briten weiß
allein Inga Kempe. Nur die schwedische Polizei schöpft Verdacht.
Sie kann sich keinen Reim darauf machen, daß durch ein und
dieselbe Tür ein Deutscher hinein- und ein Engländer heraus-
geht. Die Polizei bewacht Tag und Nacht das Haus Inga Kempes,
in deren Wohnung sich Trott mit den Briten trifft. Er nutzt das
Wohnzimmer als Büro. David McEwan ist nun Trotts Kontakt-
mann, ebenfalls ein Geheimdienstmitarbeiter. Er scheint besser
qualifiziert als seine Vorgänger zu sein.

Trott wird schnell klar, daß die dringliche Angelegenheit, deret-
wegen er nach Stockholm kommen sollte, der alliierte Plan ist,
deutsche Industriegebiete mit schwersten Bombardements anzugreifen. Doch zuvor will man Stärke und Schlagkraft des deutschen
Untergrunds in Erfahrung bringen. Wie groß ist die Zahl derer, die
den Alliierten helfen würden, den Krieg rasch zu beenden? Adam
von Trott macht klar, daß er nur unter einer Bedingung Informationen geben kann: Die Alliierten müssen ihre Forderung nach
einer »bedingungslosen Kapitulation« zurücknehmen.

Trott befindet sich in einem Dilemma: Er kann nicht sicher
sein, daß seine Informationen nicht bis zum Zeitpunkt eines
Einlenkens der Alliierten in falsche Hände geraten würden. Er
will sich nicht als ein Doppelagent instrumentalisieren lassen.
Die Alliierten dagegen, machte McEwan deutlich, wollen nichts
versprechen, solange sie nichts Konkretes über die Stärke der
Widerstandsbewegung wissen. Inga Kempe erinnert sich an diese

dramatischen Tage: »Trott war ein zäher Mann. Er wollte ›uncon-ditional surrender‹ mit Leib und Seele wegbekommen. Er wollte es immer wieder versuchen. Die Engländer und die Amerikaner waren sehr hartnäckig zu der Zeit. Manchmal war er sehr depri-miert. Er hat fast geweint. Er hat aber nie aufgegeben. Er wollte von Stockholm nach London fliegen und mit Churchill sprechen. Ich glaube, er verstand zu der Zeit, daß er es nicht schaffen werde. Dabei wollte er doch nur, daß die Engländer und Amerikaner sehr schnell nach Deutschland ›reinkommen‹, um ein ganzes Jahr Krieg zu sparen.«

Von Trott muß einsehen, daß ein Abrücken von der Forderung nach »bedingungsloser Kapitulation« nicht durchzusetzen ist und daß eigentlich niemand in London und Washington an der außen-politischen Absicherung einer neuen deutschen Regierung interes-siert ist. Die Kontakte dienen aus Sicht der Westmächte lediglich dazu, die deutsche Opposition für ihr militär-taktisches Kalkül zu verwenden. Politisch-strategische Lösungen sind den Alliierten unerwünscht.

Die Eintragungen in Trotts Notizbuch zeigen, wie dicht sein Besuchsprogramm ist. Auch Ivar Andersson, den Chefredakteur des »Svenska Dagbladet«, sieht er. Andersson notiert nach dem Treffen am 14. März in sein Tagebuch: »Wir sprachen etwa eine Stunde über die Situation in Deutschland und die politische Lage. Er sah keine Möglichkeit für eine Wende. Er fragte mich, ob ich wirklich glaubte, daß Stalin Frieden mit z. B. den Generalen oder einer anderen deutschen Regierung schließen würde, und ich ant-wortete, daß es eine Reihe von Gründen dafür gäbe, die dafür sprä-chen, daß Stalin sehr wohl eine solche Stellung beziehen würde. Gewisse Reden und Handlungen deuteten in eine solche Richtung. Falls eine deutsche Katastrophe ein Vakuum in Zentraleuropa schaffen würde, ob dann Stalin nicht schon auf dem Sprung sei, dieses auszufüllen? Ich antwortete, daß ich das nicht glaube. Stalin ist zu klug, um sich auf solche Experimente einzulassen. Er wird nach dem Krieg seine Ressourcen besser einsetzen und die Kriegsziele für sich nutzen, ohne sich auf irgendwelche neuen riskanten Unternehmungen einzulassen.«

Kulturattaché an der deutschen Gesandtschaft ist Ulrich Freiherr von Gienanth. Er war bis 1941 an der deutschen Vertretung in Washington und hatte Trott bei dessen USA-Besuch kennengelernt. Nun treffen sich die beiden in Stockholm erneut: »Herr von Trott war bei mir zu Hause eingeladen und kam gelegentlich mit Frau Inga Kempe. Die Familie Carlgren hat sich manchmal sehr heftig gegen die Nazis ausgesprochen, nicht gegen die Deutschen, sondern gegen die Nazis. Das wußte ich, und das sagte ich ihm auch mal: Er soll ein bißchen aufpassen, daß er nicht irgendwie reingehängt wird. Da war er sehr dankbar für den Wink.« Der Kulturattaché hat den Rang eines SS-Hauptsturmführers.

Eigenartigerweise hält sich ein anderer Kundschafter zeitgleich mit Trott in Stockholm auf, Bruno Peter Kleist. Er ist Ministerialdirigent im Auswärtigen Amt und Leiter des Ostreferats bei der »Dienststelle Ribbentrop«. Kleist gehörte seinem Stab an, als der Außenminister im August 1939 den Hitler-Stalin-Pakt in Moskau unterzeichnete. Als die Situation der deutschen Wehrmacht im Osten immer katastrophaler wurde, streckte Ribbentrop seine Friedensfühler in die Sowjetunion aus. Hintergrund dieser Kontaktversuche ist eine wachsende Diskrepanz zwischen Stalin und den Westalliierten, die seinem Drängen nach einer Invasion Frankreichs keine ihn befriedigende Antwort geben.

Als Kleist von seinem ersten Stockholm-Besuch Anfang Dezember 1942 nach Berlin zurückgekehrt war, hatte er Kontakt mit Adam von Trott und mit dem letzten deutschen Botschafter in Moskau, Friedrich-Werner Graf von der Schulenburg, aufgenommen. Kleist berichtete ihnen von einem Verbindungsmann, der beste Beziehungen zur sowjetischen Botschafterin Kollontaj und zum ersten Botschaftsrat Wladimir Semjonow habe. Trott und Schulenburg ermunterten Kleist, die Kontakte aufrechtzuerhalten. Im Juni, September und Oktober 1943 sowie im Februar 1944 hielt sich Kleist in Stockholm auf, ohne daß es jedoch zu einem direkten Kontakt zwischen ihm und der sowjetischen Botschaft kam.

Am Tag seiner Abreise bittet Trott Ivar Andersson um ein kurzfristiges Treffen. Trott ist nervös, will mehr über die russische Haltung gegenüber Deutschland und die Positionen der Westalliierten erfahren. Würde Stalin nach der Beseitigung Hitlers eine andere deutsche Regierung akzeptieren? Was weiß man darüber in Schweden? Und was weiß man hier über die Haltung der Briten? Würden britische und amerikanische Flugzeuge auch ein Deutschland nach Hitler bombardieren? Das würde die deutsche Bevölkerung so bewerten, daß England nicht gegen Hitler, sondern gegen Deutschland als solches kämpfe, um es vollständig zu vernichten. Führte dagegen ein Regimewechsel dazu, daß die Luftangriffe aufhörten, gäbe das mehr als alles andere der neuen Regierung Möglichkeiten, sich durchzukämpfen und zu bestehen. Trott dringt Andersson gegenüber darauf, irgendeine positive Antwort auf diese Fragen zu erhalten. Es sei von äußerster Wichtigkeit für die, die jetzt in Deutschland gegen die Nazis kämpften.

Was ist die Bilanz dieses dritten Stockholm-Besuchs? Fragen, vage Möglichkeiten, keine konkreten Antworten. Vielleicht ein Flug zu Churchill in näherer Zukunft. Erste Tastversuche der deutschen Opposition Richtung Osten. Enttäuscht fliegt Adam von Trott am 18. März 1944 zurück nach Berlin. An seine Frau schreibt er: »Als ich so über das Meer und die Wolken in das düster umdrohte Deutschland zurückflog, erfüllte mich von neuem eine tiefe Liebe und Freude, in dieser schweren Zeit gerade hierhergestellt zu sein und für unsere Heimat mitzukämpfen. Ich glaube, daß mich keine Beziehung zu irgendeinem Menschen so tief bindet wie diese und daß hierfür besser und brauchbarer zu werden meine erste Pflicht ist – das klingt vielleicht etwas bombastisch und verhüllt womöglich einen geheimen und gefährlichen Egoismus; aber es ist doch etwas Wahres … Die eigene, eigentliche Aufgabe zu erkennen, befreit und gibt dem Leben Halt und klare

Wahl in den mannigfach verwirrten Prinzipien und Werten, die die Horizonte des modernen Weltbürgers erfüllen. Wir sollen in diesem die Last und seelenbedrängende Verengung des vorigen Jahrhunderts abwerfen und durch harte Prüfung und Arbeit ein neues Lebensgebäude errichten. Noch stehen wir in den Anfängen, aber in den Grundrissen von Ruinen zeichnet sich die Aufgabe schwarz und klar ab.«

Im Mai 1944 ist in der schwedischen Presse zu lesen: »Vor ein paar Tagen oder sogar Wochen war Herr von Trott in Stockholm zu sehen. Er ist seit langer Zeit mit bedeutenden diplomatischen Missionen für Deutschland im Ausland betraut worden, sogar (wie wir annehmen) schon vor dem Krieg. Man geht in seiner Spekulation wohl kaum zu weit, wenn man annimmt, daß in seinem letzten Besuch in dem winterlichen Schweden ein Friedensfühler der deutschen Regierung zu entdecken ist.«

Clarita von Trott macht sich Sorgen um ihren Mann. Sie beschwört ihn, vorsichtig zu sein. Er versucht sie zu beruhigen: »Du kannst ganz sicher sein, daß ich jede nur erdenkliche Vorsichtsmaßregel treffe; aber es gibt einen Grad an Vorsicht, der das, weswegen man vorsichtig ist, zunichte macht. Und das ist klar: Mit jedem Auslandsaufenthalt lege ich meinen Kopf in die Schlinge.«

Bern, Venedig, Stuttgart, Stockholm, 1944
Letzte, verzweifelte Versuche

Claus Schenk Graf von Stauffenberg wird im Herbst 1943 zum Ersatzheer nach Berlin kommandiert. Stauffenberg ist ein Vetter von Peter Graf Yorck von Wartenburg, verkehrt also privat in dessen Wohnung in der Hortensienstraße und nimmt auch bald an Besprechungen des Kreisauer Kreises teil. Bereits im November 1943 berichtet Trott Stauffenberg über seine Auslandsreisen. Er verkehrt häufig in Stauffenbergs Dienststelle. Zwischen beiden wächst eine tiefe Freundschaft, von der Trott bei seinem Besuch an Ostern 1944 seiner Frau berichtet: »Er sagte, er hätte einen hochbefähigten, feurigen, jungen Offizier kennengelernt, durch den die festgefahrene Situation wieder in Bewegung gekommen wäre.«

Trott hält auch engen Kontakt zu Julius Leber. Seit dem Tod Mierendorffs gehört er zum engeren Kern der Kreisauer. Auch Stauffenberg schätzt Leber, den er Ende 1943 kennenlernt. Noch rechnet man in Widerstandskreisen nach dem Umsturz mit einer Regierung Goerdeler. In einem Gespräch mit Leber denkt Stauffenberg laut darüber nach, ob ein Umsturz nicht zur »Revolution der Greise« werde. Stauffenberg favorisiert Leber für die Kanzlerschaft in einer Nach-Hitler-Regierung. In der Ministerliste Goerdelers ist Leber als Innenminister vorgesehen. Je stärker sich die Umsturzpläne verdichten, um so drängender ist die Frage, wer Kanzler werden soll. Stauffenberg sucht sich den Spekulationen zu entziehen: »Was dann alles wird, kann niemand wissen, und es kommt darauf an, daß dann die richtigen Persönlichkeiten von Können und Charakter an der richtigen Stelle stehen.« Am 15. Mai 1944 trifft sich die Goerdeler-Gruppe erneut mit den Kreisauern.

Es kommt zu heftigen Auseinandersetzungen. Vor allem als es um Goerdelers Konzept geht, einen Separat-Frieden mit den Westmächten zu schließen, um dann gemeinsam gegen die Sowjetunion vorzugehen. Leber dagegen setzt sich dafür ein, mit Westmächten und Sowjetunion gleichermaßen zu verhandeln.

In einem Brief vom 19. Mai 1944 vertraut Trott seiner Frau an: »Ich war gestern um 2 Uhr nach Hause gekommen. Ich bin von Dingen absorbiert, die ich Dir nicht schreiben kann.« Es geht um das Attentat auf Hitler. Für Moltke stand die Frage eines Attentats nicht an erster Stelle. Er wollte seinen Kreis bereithalten und ihn vorbereiten auf die Zeit nach Hitler, bekräftigt Freya von Moltke: »Der Kreisauer Kreis hat sich wirklich nur mit der Zeit nach Hitler befaßt. Das war wirklich eine Glaubenstat – es unter den Siegen der Nazis für möglich zu halten, daß das mal ein Ende nehmen würde.« Man konnte das Hitler-Regime nicht anders loswerden, als die Niederlage Deutschlands in Kauf zu nehmen: »Mein Mann fürchtete, daß ein Attentat, was nicht gelänge, die Lage noch verschlimmern würde. Und darum war er geneigt zu denken: ›Man muß warten, bis der Krieg zu Ende geht.‹ Da sagten die anderen mit vollem Recht: ›Jeder Tag kostet Tausende von Menschen das Leben: Wir müssen so schnell wie möglich den Krieg zu Ende bringen, und das können wir nur durch ein Attentat.‹«

Moltke hatte schon früher versucht, Stauffenberg zu gewinnen. Sie suchten eben immer Leute aus dem Militär. Es fehlten der Gruppe Offiziere. So ließ Moltke nachfragen, ob er nicht mitmachen würde. Stauffenbergs unpolitische Antwort lautete: »Erst müssen wir den Krieg gewinnen, und dann werden wir die braune Pest los.«

Was hielt Moltke von einem Attentat? »Man soll nicht denken, daß mein Mann ein Pazifist war. Der wollte auch Hitler beseitigen und hätte ihn gern beiseite geschafft; aber wie sollte man das fertigbringen? Seit Januar 1944 war mein Mann im Gefängnis. Er hat also gar keinen Einfluß mehr gehabt. Er war immer sehr skeptisch, ob es gelingen würde. Er hatte ein abgrundtiefes Mißtrauen gegenüber dem hohen Offizierskorps. Und er hat auch immer den schönen Satz benutzt, wenn Leute kamen und auf Manstein oder Stülpnagel hofften: ›Die Generäle sind hoffnungslos.‹ Das war sein Wort.« Im Juli 1944 steht Moltkes Entlassung an. Die Ermittlungen hatten keine weiteren Ergebnisse erbracht, belastende Hinweise konnten nicht erhärtet werden. Aber es sollte im Juli 1944 anders kommen…

Im Mai 1944 reist Christabel Bielenberg von Graudenz, wo ihr Mann einen Rüstungsbetrieb leitet, über Berlin nach Süddeutschland. In der Hauptstadt hat sie einige Stunden Aufenthalt. Unangemeldet sucht sie Adam von Trott auf. Christabel Bielenberg fällt auf, daß er sehr schmal geworden ist. Er stellt ihr eine unerwartet persönliche Frage: »Was denkst du über mich? Was denkst du über den Krieg?« Sie atmet tief durch: »Du bist halb Amerikaner, du bist halb deutsch, und du hattest die schönste Zeit deines Lebens, bis jetzt wahrscheinlich, in Oxford. Von deiner amerikanischen Seite hast du dieses Strengmoralische bekommen. Von Deutschland hast du etwas Ernstes; die Deutschen wollen immer, genau wie du jetzt, ›tief schürfen‹, die wollen immer unter der Oberfläche irgend etwas finden, was sie da vielleicht vermuten. Und dann, als drittes, hattest du Oxford. Dort hast du eine Art Beweglichkeit gelernt. Und diese drei Sachen zusammen sind es, die dich prägen. – Noch dazu siehst du wirklich ausgezeichnet aus; die Mädchen laufen dir alle nach… Also, das Gesamtbild ist eigentlich ganz positiv.« Trott lacht: »Ach, du Dummkopf! Im Grunde genommen«, sagt er – und schaut aus dem Fenster – »im Grunde genommen bin ich alt und kahlköpfig, und ich habe Zahnweh.« Er scheint sehr bedrückt, schaut wieder aus dem Fenster. Hinter ihm hängt ein Bild, auf das er sehr stolz ist, das Porträt von John Jay. Christabel Bielenberg betrachtet Trott und das Bild, die Ähnlichkeit empfindet sie plötzlich als »ganz kolossal«. Dann sagt er: »Ja, Oxford… Ich hab' das gemacht, was alle meine Oxforder Freunde gemacht hätten, wenn in England so was passiert wäre wie ein Hitler. Ich glaube, die wären alle auch nach Hause gefahren, um in England irgendwie etwas dagegen zu tun. Das habe ich gemacht. Und die haben es mir immer übelgenommen und gar nicht verstanden. Ich weiß nicht, wie du darüber denkst, aber ich bin sicher, wenn die, die ausgewandert sind, zurückkommen, werden die nie richtig verstehen können, wie es hier war. Sie werden Fremde. Sie werden nicht verstehen, was hat einen Menschen zu einem Nazi gemacht? Was haben die Soldaten gefühlt, als sie an der Front waren? Der Heroismus, all die gescheiterten Pläne, die gescheiterten Leben – das werden die alle nicht verstehen. Die werden im Ausland irgendwo mehr oder minder abgetrennt von ihren Wurzeln, und das könnte ich nie sein.«

Es dunkelt. Trott sagt in die Stille: »Du darfst nicht glauben, daß wir hier gar nichts tun.« Er beginnt, auf und ab zu laufen: »Es ist sogar sehr aufregend, was passiert. Eine Sache ist für meinen Begriff sehr wichtig, und das ist, daß wir Deutsche selber uns von dieser Regierung befreien. Wir dürfen nicht warten. Und es bleibt nicht viel Zeit, weil die Alliierten bald landen werden. Wir müssen es selber machen, sonst muß ich sagen, haben wir alles verloren. Ich kann nicht mehr ins Ausland reisen, es ist inzwischen zu gefährlich. Aber ich muß ehrlich sagen, ich hab' mein Bestes getan. Das letzte Mal in Schweden war's schon zu gefährlich. Bei allen Besuchen im Ausland heißt es immer: ›bedingungslose Kapitulation‹, ›bedingungslose Kapitulation‹, ›bedingungslose Kapitulation‹, wie eine kaputte Grammophonplatte. Es war immer dieselbe Antwort.«

Bern

Aus Allen W. Dulles' Büro in der Herrengasse schaut man über die Dächer der Berner Altstadt. Von hier aus beobachtet er die Vorgänge in Europa und spinnt sein Netz. Dulles wirkt wie ein Professor, ein Sammler und Katalogisierer, der liebevoll seine Objekte betrachtet. Jedes dieser Exemplare trägt Nummern und Namen wie »Tucky« oder »Bobcat«. Im Nachrichtengeschäft nimmt er die Schlüsselstellung ein. Sein Assistent, sein enger Berater und Mitarbeiter, ist der Deutsch-Amerikaner Gero von Gaevernitz, ein Schwager des Großindustriellen Friedrich von Stinnes. Er spricht mit Adam von Trott, wenn dieser in Bern ist.

Dulles ist über die Vorgänge in Berlin informiert. Er weiß von den Problemen, die Trott wegen der Vermehren-Affäre hatte, von Moltkes Verhaftung, weiß, daß Admiral Wilhelm Canaris, der Chef der deutschen Auslandsspionage, Anfang März 1944 seines Amtes enthoben wurde, und Dulles kennt auch den Verdacht, daß die Gestapo über die Vorgänge in den Berliner Widerstandskreisen informiert ist. An die OSS-Zentrale in Washington berichtet er: »Wir müssen davon ausgehen, daß die Gestapo Bescheid weiß und zuwartet, entweder weil man erst durchgreifen will, wenn die Situation dafür reif ist, oder weil man einen Rettungsanker nach Westen behalten möchte... Die Breakers-Botschaft wirft wieder das alte Dilemma auf, gegenüber dem Osten oder dem Westen zu kapitulieren, die Deutschen können sich niemals die dritte Alternative vorstellen: nach beiden Seiten hin gleichzeitig zu kapitulieren.«

Anfang April 1944 erhält Dulles über seine Kontaktleute ins Deutsche Reich, Gisevius und Waetjen, neue Informationen. Er signalisiert nach Washington: »Die Situation in Deutschland spitzt sich rapide zu. Das Ende des Krieges in Europa ist klar abzusehen... Die Gruppe ist nur dann bereit loszuschlagen, wenn sie von den Westmächten die Zusicherung erhält, daß sie nach Beseitigung der Nazis direkte Verhandlungen über die weiteren praktischen Schritte mit den Angelsachsen beginnen kann. Die Gruppe hat ein spezielles Interesse daran, die Verhandlungen über Washington und London zu führen und nicht direkt mit Moskau verhandeln zu müssen... Das Hauptmotiv für ihre Aktion ist der glühende Wunsch, Zentraleuropa davor zu bewahren, ideologisch und faktisch unter russische Herrschaft zu kommen. Sie sind davon überzeugt, daß in einem solchen Falle die christliche

Kultur, die Demokratie und alles, was damit zusammenhängt, aus Europa verschwinden würde und daß die gegenwärtige Nazi-diktatur nur durch eine neue Diktatur ersetzt werden würde. Die Gruppe betont mit allem Nachdruck, daß die Gefahr einer solchen Entwicklung keineswegs unterschätzt werden dürfe, vor allem, wenn man die vollständig proletarisierten Millionen, die jetzt Zentraleuropa bevölkern, in Betracht zieht. Sie sagt ebenfalls, daß, wenn die Übergabe vornehmlich mit Moskau verhandelt werden müsse, die Verhandlungen von einer anderen Gruppe, nicht von den ›Breakers‹, geführt werden.« Nach einem Putsch in Berlin wären die deutschen Generäle, die das Kommando an der West-front haben, Falkenhausen und vor allem Rundstedt, bereit, den Widerstand aufzugeben und die Landung der alliierten Truppen zu erleichtern. In derselben Weise würden auch Vorbereitungen getroffen werden, um alliierte Fallschirmtruppen in Schlüsselstel-lungen in Deutschland zu empfangen.

Über Gisevius erhält Dulles eine Variante des »Herman«-Plans: Die antinazistischen Generäle würden den amerikanischen und britischen Truppen den Weg für die Besetzung Deutschlands frei machen und gleichzeitig die Russen an der Ostfront festhalten. Mehrere taktische Operationen sind vorgeschlagen. Als erstes soll-ten drei alliierte Luftlandedivisionen auf Berlin herunterkommen, wo ihnen die dortigen deutschen Kommandeure alle nur mögliche Unterstützung geben würden. Als zweites sollten große alliierte Truppenkontingente an der deutschen Küste in der Nähe von Bremen und Hamburg landen. Drittens sollten verläßliche anti-nazistische Truppen Hitler und die führenden Nationalsozialisten auf dem Obersalzberg isolieren. Schließlich sollte als viertes eine Landung an der französischen Küste erfolgen.

Dulles drängt die OSS-Leitstelle in Washington, Maßnahmen der psychologischen Kriegsführung anzuwenden: »Ein Wort vom Präsidenten, um der Goebbelsschen Propaganda entgegenzutre-ten, wonach die Alliierten die völlige Vernichtung des deutschen Volkes planen würden. Das könnte anti-nationalsozialistische

Widerstandsgruppen ermutigen.« OSS-Chef Donovan pfeift seinen Statthalter in Europa zurück: Ratschläge an den Präsidenten gehörten nicht zu den vordringlichen Aufgaben einer OSS-Filiale, sondern Informationsbeschaffung.

Gisevius steht eher den konservativen Verschwörern um Carl Goerdeler und Ludwig Beck nahe. Den Linkskurs mancher Kreisauer, wie den eines Adam von Trott, sieht Gisevius kritisch: »Als ich im April 1944 mit ihm über diese Zusammenhänge sprach, war ich geradezu erschrocken, wie radikal dieser im Grunde westlich eingestellte Diplomat seine Option für den Osten, besser sollte ich sagen, seine Absage an den Westen, innerlich vollzogen hatte.« Gisevius sieht in Trott einen »Tiefenttäuschten«. Er beobachtet mit Mißmut sein Bündnis mit der extremen Linken, die Goerdeler als »reaktionär« abkanzelt und statt seiner eindeutig Julius Leber als »Kanzler der Jüngeren« favorisiert. Gisevius beschreibt eine gespaltene Opposition: »Es ging weder um die Politik Goerdelers noch um die Lebers, es ging um zwei sich diametral gegenüberstehende willensmäßige Richtungen. Dieser unterirdische Machtkampf kennzeichnet das erste halbe Jahr 1944, obwohl die Mehrzahl der Opposition von diesen Gegensätzen kaum etwas wußte und nach wie vor an eine einheitliche Führung glaubte ... Zuletzt saß Trott hier, um mit mir offen über die Opposition seines Kreises gegen Goerdeler zu sprechen.«

Trott reist im April 1944 erneut in die Schweiz und trifft sich ein weiteres Mal mit Gaevernitz. Er will jetzt persönlich Druck machen. Gaevernitz berichtet umgehend Dulles von einem drohenden Umkippen in der Stimmung weitester Widerstandskreise, nachdem alle bisherigen Signale an die Westmächte ungehört geblieben waren. Ist es ein Drohen, ist es ein Spiel mit dem Feuer, ist es der volle Ernst? In der Herrengasse wird das, was Trott anführt, nüchtern aufgelistet:

»Von Rußland kommen dauernd konstruktive Ideen und Pläne für den Wiederaufbau Deutschlands nach dem Kriege. Diese Pläne und Ideen werden von den Kommunisten vor allem durch gut organisierte Flüsterkampagnen im deutschen Volk verbreitet. Im Vergleich dazu haben die demokratischen Länder der Zukunft von Zentraleuropa nichts zu bieten. Die deutschen Sozialistenführer betonen, daß es höchst wichtig ist, dieses Vakuum so schnell wie möglich auszufüllen, um dem sich immer mehr verstärkenden kommunistischen Einfluß entgegenzuwirken. Das Abgleiten zur extremen Linken hat verblüffende Ausmaße angenommen und wächst ständig an Bedeutung. Wenn es so weitergeht, müssen die deutschen Arbeiterführer befürchten, daß die Demokratien den Frieden verlieren werden, selbst wenn sie auch einen militärischen Sieg erringen, und daß die augenblicklich in Zentraleuropa vorhandene Diktatur nur gegen eine neue vertauscht werden wird. Um die deutschen arbeitenden Klassen für eine gemäßigte und geordnete Wiederaufbaupolitik zu gewinnen, regen die deutschen Arbeiterführer folgendes an:

1. Eine Reihe von ermutigenden Erklärungen seitens der Demokratien, sich an die deutsche Arbeiterschaft zu wenden. Diese Erklärungen sollen besonders betonen, daß eine Teilnahme der Sozialistenführer in einer künftigen deutschen Regierung und die Mitarbeit der deutschen Arbeiterschaft am Wiederaufbau Deutschlands begrüßt wird.

2. Eine weitere Erklärung soll betonen, daß die deutsche Arbeiterschaft die Erlaubnis bekommen soll und sogar dazu ermutigt wird, die deutsche Arbeiterbewegung nach ihren eigenen Wünschen zu gestalten, ohne daß kapitalistische Gruppen des Westens mit ihren arbeiterfeindlichen Tendenzen sich einmischen werden.

3. Eine grundlegende Äußerung über die künftige Selbstregierung Deutschlands, aus der auch hervorgehen soll, wieviel Unabhängigkeit die Demokratien der deutschen Verwaltung zuzugestehen beabsichtigen. Dabei wird empfohlen, daß auf die Selbstverwaltung der Länder und Gemeinden besonderes Gewicht gelegt wird.

4. Eine Ankündigung, daß die Demokratien nicht beabsichtigen, Hitlers Methoden zu folgen und eine aus Quislingen bestehende Marionettenregierung in Deutschland aufstellen werden,

welche die alliierten Interessen vertreten und so über das deutsche Volk regieren würden.

5. Eine aufmunternde Botschaft der amerikanischen Regierung, die den deutschen Sozialistenführern vertraulich weitergegeben werden sollte.

6. Wenn auch während der Glanzzeit der deutschen Siege das Abwerfen von Flugblättern über Deutschland wenig Effekt hatte, so kann heute die Geisteshaltung der Deutschen durch Flugblattpropaganda durchaus beeinflußt werden. Flugblattaktionen sollten aber von den Bombenangriffen getrennt ausgeführt werden, damit die Wirkung nicht verlorengeht. Die Flugblätter sollten in solch großen Mengen abgeworfen werden, daß die Gestapo mit dem Wegschaffen nicht nachkommt. Die Flugblätter sollten gemeinsam mit der deutschen Widerstandsbewegung abgefaßt werden, so daß sie im Einklang mit den sich ständig ändernden psychologischen Tendenzen in Deutschland bleiben.

7. Dem engen Kontakt, der zwischen den deutschen Kommunisten und Rußland besteht, sollte ein ebenso lebhafter Kontakt zwischen der deutschen sozialistischen Arbeiterbewegung und den fortschrittlichen Mächten des Westens die Waage halten. Ein lebhafter Gedankenaustausch sollte begonnen werden.

8. Das Bombardieren von großen besiedelten Gebieten führt die rapide und endgültige Proletarisierung Zentraleuropas herbei. Die Arbeiterführer schlagen daher vor, daß das Bombardieren so weit wie nur irgend möglich auf die militärischen und industriellen Ziele konzentriert wird.«

Die politische Bündnisstrategie Washingtons ist jedoch längst definiert. Es geht nur noch darum, den Krieg zu gewinnen. Die militärischen Pläne liegen auf dem Tisch, Aktionen mit Widerstandsgruppen sind darin nicht vorgesehen. Die Vorbereitungen zur Invasion laufen auf Hochtouren. Die OSS-Zentrale reagierte auf Trotts Darstellungen: Hauptziel bleibe »die Infiltration des Reichs durch unsere Leute«. Keine Signale und Zugeständnisse an den deutschen Widerstand. Und dennoch meldet Bern an Washington am 21. April 1944: »We have kept open the channel for contacting him in the future.« Gemeint ist Adam von Trott. OSS-Bern führt ihn jetzt unter der Code-Nummer »800«.

Venedig

Staatssekretär Ernst von Weizsäcker war inzwischen nach Rom versetzt worden – als deutscher Botschafter beim Vatikan. Sein jahrelanger enger Mitarbeiter Albrecht von Kessel ist ihm auch in die italienische Hauptstadt gefolgt. Anfang Mai 1944 freut sich Kessel, von seinem Freund Trott zu hören. Dieser fragt an, ob sie sich gegen Ende des Monats in Venedig treffen können. Er habe sich eine Dienstreise zu Rahn nach Oberitalien verschafft und könne sich zwei bis drei Tage freimachen. Botschafter Rahn betreut in Hitlers Auftrag das faschistische Reduit am Gardasee, die Republik von Salò. Kessel unterrichtet Weizsäcker, der gibt seine Zustimmung zu dieser Begegnung. Ironisch fügt er hinzu, es wäre vielleicht gut, sich auf die Rückreise nach Rom zu machen, ehe die Alliierten vor den Toren stünden. Weizsäcker und Trott haben, seit sie sich durch Kessel kennengelernt hatten, ein gutes Verhältnis, wie Kessel festhält: »Der junge, genialische Feuerkopf, der ab und zu voreilig sein konnte, und der weise alte Diplomat, den hin und wieder das große Zaudern überkam.«

Das Wiedersehen in Venedig schockiert Kessel. Noch vor nicht allzu langer Zeit wirkte Trott wie ein strahlender junger Held auf ihn. »Jetzt hatten ihn die Zeitläufe und das enttäuschende Ergebnis seiner fast tollkühnen Auslandsreisen an den Rand der physischen und vor allem psychischen Erschöpfung gebracht.« Trott wirkt übermüdet und niedergeschlagen. Er will mit Kessel, den er seit 15 Jahren kennt, die bevorstehenden Entscheidungen in Ruhe abwägen. »Doch erst stürzten wir uns, unserem Temperament entsprechend, hitzköpfig in stundenlange Gespräche. Die Bilanz unserer Lage, wie er sie sah, war katastrophal ... Trott war obendrein äußerst entmutigt über seine jüngsten Erfahrungen in Schweden.« Das einzige, wozu die Engländer bereit seien, berichtet Trott, ist, bei einem Sturz Hitlers die Luftangriffe auf Berlin auszusetzen, um der neuen Regierung eine Schonzeit zu geben.

Mitten in ihren stundenlangen Debatten hält Trott inne und stellt die Frage:»Lohnt sich das alles noch? Sollen wir nicht angesichts dieser verzweifelten Ausgangslage unsere Initiativen einstellen und uns aufs ›Überwintern‹ beschränken?« Kessel denkt nach und sagt dann:»Wenn wir nichts unternehmen, wird kein Deutscher auf ein halbes Jahrhundert Ausländern vor die Augen treten können, wird der deutsche Name befleckt und die deutsche Kollektivschuld bewiesen sein.« Erst ein Umsturz in Deutschland werde die Nebel der Haßpropaganda zerreißen und vielleicht eine völlig neue weltpolitische Lage schaffen.

Kessel ist froh darüber, daß Trott sich vier Tage Zeit für diese Begegnung genommen hat,»als Gegengewicht gegen den Berliner Alltag«. Er zeigt seinem Freund die Stadt im Meer.»Er, der die Welt umfahren hatte, kannte diese Stadt noch nicht. Als ich ihm nach unseren ersten gedrängten Unterhaltungen über die Zeitereignisse mein Vorhaben eröffnete, sträubte er sich und meinte, er sei zu nervös und mißgestimmt, um irgend etwas zu genießen. Nach 24 Stunden aber hatte ihn Venedig völlig in seinen Bann geschlagen. Noch nie hatte ich ihn so entspannt und froh gesehen; es war etwas Vollendetes an ihm, so daß die Menschen stehenblieben, um ihm nachzuschauen.« Die Museen und Paläste sind zwar geschlossen, aus den Kirchen die Bilder entfernt oder eingemauert – aber was schert sie das? In dieser Umgebung scheint der Krieg fern, bis einmal zur Mittagszeit Bombergeschwader hoch über den Markusplatz hinwegfliegen, Flak von den umliegenden Inseln schießt und bald eine schwarze Rauchwolke aus den brennenden Öltanks in Mestre zum Himmel aufsteigt. Dann wieder stundenlange Gespräche und Selbstprüfungen.

»Was heißt denn ›bedingungslose Kapitulation‹?« fragt Kessel. »Eine Festung kann bedingungslos kapitulieren, ihre Besatzung geht dann in Gefangenschaft. Soll sich also das ganze deutsche Volk auf unbestimmte Zeit als Gefangener betrachten? Wenn das nicht gemeint wäre, warum teilt man das dann nicht mit? Wenn man dem deutschen Volk aber etwas mitteilt, dann war es ja keine ›bedingungslose Kapitulation‹ mehr. Churchill und Roosevelt sind Gefangene ihrer eigenen Formel, deshalb immer diese schroffen ablehnenden Antworten.«

Zusammen reisen Trott und Kessel anschließend an den Gardasee. Auf dem Bahnhof von Verona nehmen sie Abschied voneinander. Trott reicht ihm über die Bahnsteigsperre die Hand und sagt: »So wissen wir wenigstens, daß einer von uns in Sicherheit ist.«

Auf seiner Rückreise nach Rom geben Kessel die letzten Worte, die Stauffenberg vor Wochen bei einer Besprechung in Berlin an ihn richtete, Mut: »Wenn es soweit ist, schicke ich Ihnen ein Sonderflugzeug nach Rom.«

Die Pfingsttage verbringt Trott bei seiner Familie in Imshausen. Nach unbeschwerten Tagen fährt er nach Berlin zurück. Es ist sein letzter Besuch in seinem Vaterhaus, und zum letzten Mal sieht er seine beiden Töchter, die zweijährige Verena und die sechs Monate alte Clarita. Es sind Tage der Ruhe vor dem Sturm.

Stuttgart

Am 6. Juni 1944 beginnt die alliierte Invasion in der Normandie. Mit Tausenden von Schiffen und Hunderttausenden von Soldaten wird die zweite Front eröffnet.

Mitte Juni startet von Stuttgart aus ein letzter Versuch, die USA auf die Ereignisse in Berlin vorzubereiten – immer noch in der vagen Hoffnung, daß die amerikanische Kriegsmacht auf die Angebote des deutschen Widerstands eingeht. Trott setzt auf einen Schweizer, der als Referent für Friedensfragen für das Departement für Auswärtige Angelegenheiten arbeitet – Philippe Mottu. Schon 1941 hatte Trott ihn in Bern getroffen. Sein zweiter Kontakt fand in Lausanne statt: »Bei diesem Gespräch sagte er mir, daß es sehr nützlich wäre, wenn ich nach Berlin käme, um einige seiner Freunde zu treffen, die Deutschland nicht verlassen könnten. Da ich im November 1942 eine Reise nach Schweden und Finnland machen mußte, nutzte ich die Gelegenheit, heimlich ein paar Tage in Berlin zu verbringen. Trott spielte, wie viele andere Männer des Widerstands, ein höchst gefährliches Doppelspiel. Ich hatte ein langes Gespräch mit ihm. Wir trafen uns in seinem Wagen und fuhren durch Berlin, um sicher zu sein, daß niemand hörte, was wir sprachen. Trotts Topolino war ein kleines Auto, das dafür sehr geeignet war.«

Im Frühjahr 1944 erhält Mottu ein Telegramm aus den Vereinigten Staaten. Er wird zu einer Konferenz eingeladen, die sich mit Themen der Nachkriegszeit befaßt. »Zu dieser Zeit war ich junger Praktikant beim Auswärtigen Departement, und als solcher mußte ich von Zeit zu Zeit die Nacht im Büro neben dem des Außenministers verbringen, damit ich zu seiner Verfügung stände, sollte er Hilfe brauchen oder irgendetwas benötigen. Ich hatte dieses Telegramm aus den Vereinigten Staaten erhalten, und eines Abends hatte ich Dienst, als der Außenminister in mein Büro kam, um ein wenig mit mir zu plaudern.« Da zeigt ihm Mottu das Telegramm. Zu seinem großen Erstaunen sagt der Außenminister: »Warum nicht, Mottu?« Die politische Abteilung beantragte daraufhin die Visa sowie die erforderlichen Genehmigungen aus Deutschland. »Das war nötig, denn man mußte aus der Schweiz ausreisen, nach Deutschland einreisen, Frankreich durchqueren … Wir befanden uns in einer Festung, das darf man nicht vergessen. Und es gab immer angespanntere Beziehungen zu Deutschland. Deswegen brauchte ich unbedingt diese Genehmigungen. Wir befanden uns vor einer Mauer.« Doch die Genehmigung aus Deutschland bleibt aus.

Einige Wochen später ist Trott in der Schweiz und besucht auch Mottu. Der erzählt ihm vom Ausbleiben der Reisegenehmigung. Trott sagt: »Es ist von großer Wichtigkeit, daß Sie in die Vereinigten Staaten fahren. Ich werde das Nötige veranlassen, damit Sie die deutschen Genehmigungen erhalten.« Und tatsächlich, es gibt ein Arrangement, bei dem Nostitz vom deutschen Konsulat in Genf behilflich ist. Einige Tage später erhält Mottu den Hinweis, nach Stuttgart zu kommen, wo er Trott treffen würde. Mottu reist in Begleitung seiner Frau Helène. »Als wir am 16. Juni landeten, war von Trott nicht auf dem Flugplatz. Wir warteten zwei Stunden. Wir wußten nicht, was wir tun sollten, also fuhren wir in die Stadt und fragten nach einem zentralen Hotel.« Als sie dort ankommen, trafen sie am Hoteleingang Hans Heinrich Brunner, den Cousin von Frau Mottu. Er sagt zu ihnen: »Von Trott konnte nicht kommen, weil die Gestapo unterwegs ist. Aber du wirst ihn noch treffen.«

Und tatsächlich, Trott kommt, auch er mit seiner Frau. Sie hatte ihren Mann in Berlin besucht; von dort waren sie gemeinsam nach Stuttgart gefahren. Diese Reise war für Clarita von Trott die einzige, bei der sie Einblick in konspirative Zusammenhänge nehmen konnte.

Es kommt zu einer Zusammenkunft in der Villa eines Industriellen, bei der Adam von Trott in Begleitung seiner Frau Clarita, Eugen Gerstenmaier, Hans Schönfeld, Philippe Mottu und Hans Heinrich Brunner zugegen sind. Der Schweizer Diplomat erfährt von der Verschwörung in Berlin, davon, daß ein Attentat bevorstünde. Wann es stattfände, wisse man nicht genau, doch alles sei vorbereitet. Nach dem Attentat würde eine Regierung eingesetzt werden. Mottu soll die Liste der designierten Regierungsmitglieder lesen und sich die Namen einprägen. Staatspräsident soll General Ludwig Beck werden. Als Kanzler ist Goerdeler vorgesehen. Mottus Aufgabe ist es, diese Namensliste nach Washington zu übermitteln.

Clarita von Trott beobachtet die kleine Runde. Sie fühlt, daß von diesen Männern Würde, etwas Hoheitsvolles ausgeht – ein Eindruck, den nur Menschen ausstrahlen, die zum Äußersten entschlossen sind.

»Am nächsten Tag in der Früh haben wir Mottus zum Flughafen gebracht.« Ihre eigene Abreise prägt sich Clarita von Trott tief ein, denn auch sie muß sich von ihrem Mann verabschieden. »In der Nacht fuhren wir mit dem Schlafwagenzug Richtung Berlin. In Erfurt mußte ich aussteigen, weil ich ja nach Imshausen zu meinen Kindern zurück mußte. Es war das letzte Mal, daß ich mit meinem Mann zusammen war. Er war auch irgendwie anders als sonst, er war ferner, er war irgendwie absorbiert, schwerer erreichbar. Ich bin fest überzeugt, daß das damit zu tun hatte, daß er eben vollkommen beschäftigt war mit dem, was ihm und seinen Freunden bevorstand.« Als es dämmert, ist Clarita in Imshausen, während Adam von Trott Berlin entgegenfährt.

Für Mottu beginnt eine Mission mit vielen Hindernissen: »Wir starteten mit der Condor; wir mußten in nur 300 Meter Höhe fliegen. Ich war noch nie so niedrig wie bei einem Heckenhüpfen geflogen, mitten während der Schlacht in der Normandie.« Es war nur wenige Tage nach der Landung der Alliierten. Über Barcelona und Madrid erreichen die Mottus Lissabon, wo sie von Allen Dulles' Leuten empfangen und nach einigen Tagen auf einen Clipper der PanAm gebracht werden, der sie über die Azoren und die Bermudas nach New York bringt. »Von New York aus fuhren wir nach Washington, und da gab es für mich eine herbe Enttäuschung. Ich hatte den Kopf voll von der Realität des Kampfes der deutschen Widerstandsbewegung gegen den Nationalsozialismus und befand mich nun Leuten gegenüber, die Gefangene ihrer eigenen Propaganda waren und sagten: ›Alle Deutschen sind schlecht, alle Deutschen sind Nazis, alle Deutschen sind dies, alle Deutschen sind das.‹ Es gab überhaupt keine Aufgeschlossenheit. Ich hatte beinahe das Gefühl, daß meine Nachrichten das State Department störten, nach dem Motto: ›Was will denn dieser neutrale Diplomat, der sich in Angelegenheiten einmischt, die ihn nicht betreffen?‹ Und es war tatsächlich sehr, sehr schwierig für mich. Wenn ich heute zurückblicke, bin ich persönlich davon überzeugt, daß sowohl die Amerikaner als auch die Engländer eine außergewöhnliche Gelegenheit verpaßt haben, indem sie die Widerstandsbewegung in Deutschland nicht unterstützten.«

Stockholm

Noch am 16. Juni 1944 findet in Berlin zwischen den Kreisauern und den Leuten um Goerdeler eine Besprechung statt. Goerdeler moniert das radikale sozialistische Programm, und Leber kritisiert Goerdelers außenpolitische Illusionen. Auf dieser Sitzung schlägt Leber vor, mit Mitgliedern des kommunistischen Widerstands Kontakt aufzunehmen. Viele Teilnehmer raten davon ab, da sie eine zu starke Linksorientierung des Widerstands befürchten.

Am 21. Juni 1944 treffen sich die beiden Gruppen zu einer weiteren Besprechung in Yorcks Wohnung. Wiederum ist die Öffnung nach links Thema. Julius Leber setzt sich für eine Ausweitung der Aktionsbasis ein: »An mich sind zwei bekannte Kommunisten herangetreten, die mir gesagt haben, sie wüßten, daß ich an einer Umsturzbewegung teilnehme. Sie wollten mitmachen und bitten um eine Besprechung.« Vor einer Einbeziehung der Kommunisten habe er, Leber, keine Angst. Schließlich sei er »mit ihnen fünf Jahre auf derselben Pritsche im KZ gelegen«. Die Konservativen fürchten, daß die SPD und die Gewerkschaftsgruppe mit Hilfe der Kommunisten »über Goerdeler hinweg selbst zur Macht« vorpreschen wollen. Und Goerdeler argwöhnt, daß »Stauffenberg hinter Leber steckte«.

Tags darauf trifft Leber zusammen mit Professor Adolf Reichwein, über den der Kontakt läuft, Vertreter der illegalen KPD. Auf kommunistischer Seite erscheinen statt der verabredeten zwei Personen drei. Leber ist verwundert; auch darüber, daß die Kommunisten Details über den »Tag X« erfahren wollen. Ein weiteres Sondierungsgespräch wird auf den 4. Juli terminiert. Leber will erfahren, wie sich die illegale KPD und die UdSSR bei einem Umsturz verhielten.

Am 18. Juni, dem Vorabend seiner vierten Reise nach Stockholm, trifft sich Trott mit Stauffenberg. An dem Gespräch nimmt auch Oberst Georg Hansen, Canaris' Nachfolger in der Abteilung Abwehr im OKW, teil. Angesichts des Zusammenbruchs der deutschen Front in der Normandie und einer erwarteten sowjetischen Großoffensive drängt Stauffenberg zu schnellen Entscheidungen und macht Trott klar: »Ich muß wissen, wie sich England und die USA verhalten, wenn Deutschland zur Aufnahme kurzfristiger Verhandlungen genötigt sein sollte. Wie kann man den Engländern klarmachen, daß das Schlimmste, was geschehen könnte, wäre, wenn sie ihre Luftangriffe auf Deutschland fortsetzen, selbst wenn eine Änderung des Regimes eingetreten ist. Das würden die Deutschen doch so auslegen, daß England nicht gegen Hitler, sondern gegen Deutschland kämpft, und daß die Alliierten beabsichtigen, Deutschland vollständig zu vernichten.«

Am späten Nachmittag fahren Trott und Stauffenberg in die Rheinbabenallee. »Unterdessen war mein Besuch ein besonders erfreulicher hier und ist zu Tee und Abendbrot geblieben, das unser ganz vortrefflicher kleiner Hausgeist wunderbar bereitete. Es wäre noch schöner gewesen, wenn Du zum Schluß hättest dabeisein können. Ich habe dann unter grau bewölktem Sommerabendhimmel einen stillen Gang um unsern See gemacht, das Gespräch und Dein und mein Zusammensein mit dankbaren Hoffnungen überdenkend.« Das schreibt Trott seiner Frau noch in der Nacht vor seiner Abreise nach Stockholm.

Am 19. Juni trifft Adam von Trott in der schwedischen Hauptstadt ein. Umgehend nimmt er Kontakt mit David McEwan von der britischen Gesandtschaft auf. Angesichts der erfolgreich verlaufenden Invasion zeigt sich die britische Seite noch mehr verhärtet. Trott muß erfahren, daß die Alliierten keineswegs von einer »bedingungslosen Kapitulation« abrücken wollen, im Gegenteil – die Konturen einer neuen Direktive zeichnen sich ab. Es geht um ein besiegtes, nicht um ein befreites Deutschland, in dem der Grundsatz der Selbstbestimmung Beachtung finden sollte.

Trott sieht voller Sorge eine Aufteilung in ein kommunistisches Lager und in einen von den Westmächten besetzten Teil, in dem eine Anti-Nazi-Opposition sogar als politische Gefahr für die Zukunft betrachtet würde, weil sie die Integrierbarkeit des Landes stören könnte. Trott warnt vor diesem Horrorszenarium und appelliert an die politische Vernunft der Alliierten, in der politischen Praxis die Formel »bedingungslose Kapitulation« zu korrigieren. Dieser letzte Hinweis ist ihm wichtig, er fügt ihn handschriftlich seiner fünfseitigen Gesprächsaufzeichnung hinzu.

Nach dieser weiteren Enttäuschung hat Trott nichts mehr zu verlieren. In der großen Spanne zwischen politischer Hypothese und militärischer Realität ist für ihn angesichts des Mauerns der Westmächte wenig zu erreichen. Die englische Seite ist lediglich bereit, während des Umsturzes eventuell die Bombardierung Berlins einzustellen. McEwan hat nur ein konkretes Angebot an Trott: Er könne nach London geflogen werden, um dort Churchill zu sprechen. Die Bedingung sei aber, daß er dort bleibe und auf keinen Fall nach Deutschland zurückkehren dürfe.

Wie damals, als dieser Kontakt zwischen Trott und McEwan angebahnt wurde, ist wieder der Direktor des Nordischen Ökumenischen Instituts, Harry Johansson, dabei. Trott übergibt McEwan ein Exemplar seiner Gesprächsaufzeichnung zur Übermittlung nach London. Ein zweites Exemplar verwahrt Johansson in Sigtuna.

Eine letzte verzweifelte Aktivität beginnt, um die Pläne der Widerstandskreise für ein anderes Deutschland zu retten. Was innenpolitisch mit der Öffnung nach links vorbereitet wird, soll außenpolitisch abgestützt werden: ein Abtasten der politischen Haltung Stalins im Fall eines Umsturzes in Deutschland. Am 26. Juni 1944 berichtet der Stockholmer US-Botschafter Herschel Johnson an das State Department: »Von Trott berichtet einem schwedischen Freund am 22. Juni, daß ein ›Freies Deutsches Komitee‹ jetzt in Deutschland aktiv sei. Die Organisatoren wurden mit Fallschirmen aus der Sowjetunion geschickt. Seine eigene illegale Gruppe hat keine politischen Einwände, mit diesem Komitee zusammenzuarbeiten, weil sie den Kontakt mit den Russen genauso wünscht wie mit Anglo-Amerikanern ... Die Gruppe hofft, irgendeine politische Rolle nach Hitlers Sturz zu spielen, und macht jetzt Pläne für einen Schlag gegen die Nazis.«

Trott besucht bei diesem Aufenthalt in Stockholm auch den jungen deutschen Emigranten Willy Brandt, der ein norwegisch-schwedisches Pressebüro leitet und für OSS Stockholm auch die Aktivitäten des deutschen Widerstands beobachtet. Willy Brandt erinnert sich an Trotts Besuch: »Der Emissär, der an jenem Junivormittag 1944 zu mir kam, war der Legationsrat Adam von Trott zu Solz. Ein Mann der schwedischen Kirche hatte mich zuvor angerufen und gefragt, ob er mit einem Bekannten vorbeikommen könne. Er kam, empfahl mir seinen Begleiter und verabschiedete sich sofort. Der große, selbstsichere Mittdreißiger mit dem fast kahlen Kopf stellte sich vor und sagte: ›Ich bringe Ihnen Grüße von Julius Leber. Er bittet Sie, mir zu vertrauen.‹ ... Aufregend neu war sein Fingerzeig, daß das Attentat bevorstehe. Die Struktur einer neuen Regierung, so erfuhr ich, sei weithin festgelegt, es könne aber noch eine ›fortschrittliche Korrektur‹ geben und auf Leber eine noch wichtigere Aufgabe als die des Innenministers zukommen ... Warum war Trott zu mir gekommen? Erstens, er fragte, ob ich mich der neuen Regierung zur Verfügung stellen und einstweilen für eine noch näher zu bestimmende Aufgabe in Skandinavien ausharren wolle. Ich durfte sicher sein, daß auch Leber diese Frage an mich richtete, und antwortete ohne Zögern mit ja. Zweitens, er wünschte, im Einverständnis mit Leber wie mit Stauffenberg, daß ich ihm zu einem Gespräch mit der Gesandtin Alexandra Kollontaj verhelfe, das sowjetische Verhalten nach einem Umsturz in Berlin betreffend. Ich traute es mir zu und bejahte.« Trott und Brandt verabreden sich auf ein paar Tage später.

Im schwedischen Außenministerium hatte der Chef der Politischen Abteilung, Staffan Söderblom, seinen Mitarbeiter Sverker

Åström gebeten, für einen Gesprächstermin mit Trott zur Verfügung zu stehen: »Ich wußte natürlich, daß er zwar im Auswärtigen Amt arbeitete, aber wohl auch ein Mann des Widerstands war. Er suchte Kontakt zu den Alliierten und wollte sich zuerst über deren Absichten orientieren. Er hat die Gespräche mit mir dazu benutzt, um zu erfahren, was wir im schwedischen Außenministerium über die Absichten der Engländer wußten. Ob sie also an der ›unconditional surrender‹-Bedingung festhielten, besonders die Amerikaner, und ob es da irgendwie eine Öffnung gab.«

Sverker Åström war bislang an der schwedischen Gesandtschaft in Moskau tätig. Trott will Åströms dort gesammelte Einschätzungen erkunden und dadurch herausfinden, ob man unterhalb der »unconditional surrender« mit Moskau ins Gespräch kommen könne. Åström meinte: »Eigentlich ja, denn es gab ja dieses ›Komitee Freies Deutschland‹ in Moskau, und es wurde in den diplomatischen Kreisen immer darüber gesprochen, ob nicht Rußland irgendwie einen Separatfrieden mit irgendeinem deutschen Regime schließen könnte; denn für die Russen gab es keine ideologischen Hindernisse. Diese Gerüchte bildeten einen Grund für die Westalliierten, so fest an der ›unconditional surrender‹-Formel festzuhalten, um den Russen zu sagen: ›Das dürft ihr nicht tun!‹ Das war ein Teil des Spiels… Das Endziel für Stalin war natürlich ein kommunistisches Deutschland, ein ganzes kommunistisches Deutschland – total. Das war ganz klar sein Kriegsziel.«

Am 2. Juni 1944 schrieb ein in Stockholm agierender, geheimnisvoller Deutscher an den sowjetischen Gesandtschaftsrat Semjonow: Das Auswärtige Amt suche um jeden Preis, »mit Ihnen in Verbindung zu treten und einen Kontakt mit Moskau herzustellen«. Er kündigt die Ankunft zweier Männer in Stockholm an. Seine »beiden Freunde« seien »ganz und gar Anhänger eines ›Freien Deutschland‹ und in jeder Hinsicht zuverlässig«. Der Mann, der den Russen diesen Hinweis gab, hieß Edgar Klaus. Ihm wurden gute Kontakte zur Botschafterin Madame Kollontaj nachgesagt.

Am 16. Juni 1944 trifft Bruno Peter Kleist in Stockholm ein, am 19. Juni Adam von Trott, beide aus dem Auswärtigen Amt in Berlin. Kleist reist offiziell für Außenminister Ribbentrop, Trott inoffiziell für den Widerstand. Nach Beobachtungen der schwedischen Polizei telefoniert Edgar Klaus am Freitag, 23. Juni 1944, mit der sowjetischen Gesandtschaft. Er fragt, ob er am nächsten Tag Semjonow sprechen könne. Antwort: »Semjonow pflegt am Samstag hier zu sein, aber man müßte die genaue Zeit vereinbaren.« Aber Semjonow ist am Samstag nicht erreichbar. Am Sonntag ruft Klaus wieder an. Er bekommt die Auskunft: »Herr Semjonow ist heute verreist. Er bat, daß Sie ihn morgen um elf anrufen.« Am Montag, dem 26. Juni 1944, ruft Edgar Klaus erneut die sowjetische Gesandtschaft an und fragt nach Semjonow. Der ist anwesend und empfängt Klaus. Das OSS-Büro Stockholm berichtet der Zentrale in Washington: »Klaus besuchte die russische Gesandtschaft und ging dort in Semjonows Büro. Nach zehn Minuten verließ er es wieder, aber er hatte anscheinend einige Papiere für Semjonow dagelassen.«

Trott besucht noch einmal Willy Brandt: »Als ich zwei Tage nach unserer Verabredung erneut mit Trott zusammentraf, bat er mich dringend, den Kontakt zur sowjetischen Mission nicht weiter zu versuchen. Er habe gehört – ich vermutete von seinem Vertrauensmann in der deutschen Botschaft –, daß es bei den Sowjets in Stockholm eine undichte Stelle gebe. Zudem beunruhigte er sich, weil Gerüchte über seinen Aufenthalt in Umlauf seien. Ich akzeptierte Trotts Wunsch sofort. Wir nutzten die Stunde zu einem Meinungsaustausch, den ich unter die anregendsten und belastendsten rechne, die ich während der Kriegsjahre hatte.«

Was führte zu Trotts Meinungsumschwung und seine Bitte an Willy Brandt, die Bemühungen um einen Kontakt mit der sowjetischen Gesandtschaft einzustellen? Darüber kann nur spekuliert werden: Läßt Trott den Kontakt über Klaus oder über den Obersturmbannführer Kleist laufen? Jedenfalls ist nicht nachzuweisen, daß Trott Madame Kollontaj tatsächlich besucht hat. Wahrscheinlich ist, daß anstelle von Madame Kollontaj Semjonow zur Verfügung steht und daß anstatt Trott auf Madame Kollontaj jetzt Kleist auf Semjonow zukommt. Möglich ist, daß das Aktenstück, das Klaus während seines Kurzbesuchs bei Semjonow deponiert, von Trott stammt. Denn das Ziel seiner Reise ist, in Stockholm Garantieerklärungen von britischer und von sowjetischer Seite zu erreichen, jeden Versuch einer Spaltung des alliierten Bündnisses zu unterlassen und die Haltung der Sowjetregierung einer Nicht-Nazi-Regierung gegenüber zu sondieren. Über das Treffen von Kleist und Semjonow meldet OSS-Stockholm an die Zentrale: »Am 28. fuhr Kleist mit dem Auto zu Semjonows Villa in Lidingö. Semjonow war zu Hause. Kleist blieb etwa anderthalb Stunden in der Villa.« Dieser Nachricht wird noch ein Hinweis aus vertrauenswürdiger Quelle angefügt: »Himmler ist vorbereitet, das Ruder an sich zu reißen, und falls er es schafft, dies zu erreichen, ein separates Abkommen mit der UdSSR anstreben. … In Stockholm haben unsere Leute berichtet, daß es äußerst wahrscheinlich ist, daß ein Bruno von Kleist mit sowjetischen Beamten in Stockholm in Verbindung getreten ist. Man glaubt, daß von Kleist der vertrauliche Helfer von ›Champagne Boy‹ [Ribbentrop] ist.«

Bei einem Treffen zwischen Adam von Trott und Inga Kempe in diesen Tagen wirkt er geistig und körperlich erschöpft. Sie bittet ihn, in sein Hotel zu gehen, um sich auszuschlafen. Trott antwortet: »Warum sollte ich schlafen, wenn noch soviel zu tun ist … Und, nebenbei gesagt, alte Leute brauchen nicht soviel Schlaf.« Inga Kempe entgegnet: »Aber Sie sind doch erst 35.« »Nein, ich bin mindestens 60, und ich werde nie wieder jünger sein. – Ich denke, ich habe getan, was ich vermutlich in meinem Leben zu tun hatte, was immer man von mir zu tun verlangte. Und ich bin zum Sterben bereit, aber ein paar Dinge sind noch zu tun.«

Am Tag vor seiner Rückkehr nach Berlin erzählt Trott Inga Kempe, er sei von den Briten und Amerikanern gebeten worden, nicht nach Deutschland zurückzukehren, weil er zu diesem Zeitpunkt mehr Gutes außerhalb als innerhalb seines Landes tun könne. »Vielleicht könnte ich – aber das ist keine Frage mehr für mich, ich habe für mein Vaterland getan, was ich konnte; aber ich habe auch eine Pflicht gegenüber denen, die sich der gleichen Sache geweiht haben wie ich. Ich muß mit ihnen teilen, was auch kommen mag. Und – da ist Clarita und da sind die Kinder.«

Inga Kempes jüngerer Bruder Matts Carlgren bringt Trott zum Stockholmer Flughafen Bromma. Trott sagt plötzlich zu ihm: »Ich wollte eigentlich im September hierher zurückkommen. Aber ich komme nie zurück. Es wird nicht klappen. Zu viele Menschen kennen das Ganze.« Trott wendet sich ab, er geht durch die Kontrolle und mit wehendem Mantel durch die niedere Abflughalle zum Ausgang. Er sieht durch die großen Fensterscheiben die startklare Maschine auf dem Flugfeld. Am 3. Juli 1944 fliegt Trott nach Berlin-Tempelhof.

Berlin, im Juli 1944

Noch in der ersten Juliwoche 1944 reist wieder ein Mann des Auswärtigen Amts nach Stockholm. Doch es ist nicht Trott, sondern
sein Mitarbeiter Alexander Werth. Er fliegt mit seinem Chef Franz
Six und dessen Referenten Horst Mahnke. Werth soll für Trott bei
McEwan nachfassen. Er verheimlicht seinen beiden Mitreisenden
gegenüber diesen Termin. Werth ist überzeugt, »daß die SS (Six,
Mahnke u. a.) in den letzten beiden Kriegsjahren im Hinblick auf
die gegen Hitler gerichteten Tendenzen häufig zweigleisig gefahren
sind. ... Ich glaube ..., daß diese Leute vor allem in den letzten
Monaten vor dem 20. Juli 1944 mehr oder weniger wissend die
Dinge verfolgt haben.« Himmlers SS beobachtet tatsächlich die
Aktivitäten der Widerstandskreise sehr genau. Die Telefonate der
wichtigsten Männer werden abgehört, deren Aktivitäten manchmal gedeckt, zumindest geduldet. Die SS sieht einer Entwicklung
zu, die im Juli 1944 eine ungeheure Dynamik entwickelt. Adam
von Trott jedenfalls ist nach seiner und nach Werths Stockholm-
Reise äußerst verzweifelt. Er sagt: »Es ist kein Gespräch mehr möglich. Wir können mit den Alliierten erst wieder reden, wenn sie in
Berlin sitzen.« Trott muß begreifen, daß der deutsche Widerstand
sich selbst überlassen ist.

Claus Schenk Graf von Stauffenberg beschreibt im Juli die Verfassung der Verschwörer: »Es ist jetzt Zeit, daß etwas getan wird,
aber wer den Mut hat, dies zu tun, der muß es in der Erkenntnis
tun, daß er in die deutsche Geschichte als Verräter eingehen wird.
Tut er es nicht, dann wird er ein Verräter sein vor seinem eigenen
Gewissen.«

Am Samstag, dem 1. Juli 1944, wurde Stauffenberg zum Chef

des Stabes des Ersatzheeres und zum Oberst im Generalstab befördert. Als Trott ihn im Herbst 1943 kennengelernt hatte, hatte er an
der Vorbereitung des Operationsplans »Walküre« gearbeitet. Unter
dieser Bezeichnung laufen Pläne zur Niederschlagung von inneren
Unruhen und Aufständen von Zwangsarbeitern. Für einen solchen
Fall soll die vollziehende Gewalt und die militärische Vollzugsge-
walt auf den Befehlshaber des Ersatzheeres übergehen. In Wirklichkeit dient die »Operation Walküre« dazu, Hitler auszuschalten,
die militärische Befehlsgewalt zu erlangen und die Regierungsver-
antwortung zu übernehmen. Diese Operation zur Mobilisierung
des Ersatzheeres innerhalb des Deutschen Reiches soll einen
Staatsstreich tarnen. In seiner neuen Position kann Stauffenberg
jetzt selbst die »Operation Walküre« durchführen.

Nach seiner Rückkehr aus Schweden erhält Adam von Trott
den Besuch seines Freundes Gottfried von Nostitz, dem deutschen
Konsul in Genf. Trott deutet ihm an, daß ein Attentat gegen Hitler
in Vorbereitung sei. Er nennt Stauffenbergs Namen. Dieser sei jetzt
entschlossen, auch ohne Mitwirkung der Feldmarschälle, auf die
man so oft und immer vergeblich gerechnet hatte, das Attentat
durchzuführen.

Zum Abendessen lädt Trott auch Hans-Bernd von Haeften und
Peter Yorck ein, die ebenfalls mit Nostitz befreundet sind. Sie sprechen über die militärische Lage im Westen und im Osten, die zu
einer baldigen Tat zwingen würde. Es gelte noch, letzte Bedenken
zu zerschlagen. Es ist drückend warm, die Stimmung nervös. Der
Besucher aus Genf wird Zeuge eines beängstigenden Vorfalls: »Wir
waren noch mitten in der Erörterung dieser Frage, als sich hinter
mir plötzlich die Tür auftat und ein mir Unbekannter, dessen
Name nur undeutlich genannt wurde, in sichtlicher Aufregung vor
uns stand. Yorck und er begaben sich in ein anderes Zimmer und
fuhren bald darauf mit Trott fort. Ich hörte dann, daß der Unbe-
kannte die Nachricht gebracht habe, zwei der Hauptverbindungs-
leute zur Linken seien seit 24 Stunden verschwunden und offenbar
verhaftet worden.«

Aufregung und Besorgnis sind groß. Haeften sagt mit erregter Stimme: »Allmählich verhaften sie uns einen nach dem anderen. Das geht so nicht weiter.«

Adam von Trott fährt zu Stauffenberg in die Bendlerstraße, um ihm von der Verhaftung Lebers und Reichweins zu berichten. Stauffenberg: »Wir brauchen Leber! Ich hole ihn raus. Ich hole ihn raus.« Bei dieser Gelegenheit übergibt Trott die Proklamation des »Nationalkomitees Freies Deutschland«, die er aus Stockholm mitgebracht hatte, an Stauffenberg.

Zurück in seiner Wohnung, bringt Trott ein Schriftstück in Sicherheit. Es ist die von ihm ausgearbeitete Denkschrift »Deutschland zwischen Ost und West«. Nostitz kennt das Positionspapier: »Es ging von der These aus, ein von Hitler befreites Deutschland müsse zwar den Kontakt mit dem Westen ernstlich suchen, dürfe aber niemals die Fäden nach Osten aufgeben. Und wenn der Westen nicht wolle, werde man entschlossen für den Osten optieren. Das Schriftstück wurde von Trott und mir in einem Hohlraum unter der Terrassentreppe hinter Blumentöpfen versteckt.«

Am nächsten Morgen, Freitag, 7. Juli, erlebt Nostitz einen Luftangriff auf Berlin. Dennoch sieht er noch einmal in Trotts Büro vorbei. Auf dem Gang trifft er Staatssekretär Dr. Franz Six. Dieser redet auf Nostitz ein, der ihm geduldig zuhört: »Er hatte das Bedürfnis, mir seine neuesten ›Propagandathesen‹ zu entwikkeln. Wieder wurde mir klar, wie unendlich heikel Trotts Dasein war, eingezwängt zwischen einem fanatischen Nazi und seiner geheimen Arbeit. Wie konnte er die aufreibende Spannung auf die Dauer ertragen?«

Noch am 6. Juli war Stauffenberg nach Berchtesgaden geflogen. Auf dem Berghof trägt er Hitler den Bericht über die »Neuaufstellungen« für die »Operation Walküre« vor.

Am 11. Juli wird Stauffenberg erneut zu Hitler auf den Obersalzberg bei Berchtesgaden befohlen. In seiner Aktentasche befindet sich ein Sprengstoffpaket. Himmler, den er zusammen mit

Hitler anzutreffen hofft, erscheint nicht. Am späten Nachmittag fliegt Stauffenberg unverrichteterdinge nach Berlin zurück. Am Abend trifft in Stauffenbergs Wohnung seinen Vetter Caesar von Hofacker ein. Er berichtet ihm über ein Gespräch mit Generalfeldmarschall Rommel und über den drohenden Zusammenbruch der deutschen Front in der Normandie.

Am 15. Juli muß sich Stauffenberg in Hitlers Hauptquartier in Ostpreußen, der »Wolfschanze«, einfinden. Erneut hat er das Sprengstoffpaket in seiner Aktentasche dabei. Auch hier fehlt Himmler. Und ohne ihn scheint Stauffenberg das Attentat wenig erfolgversprechend. Warum aber erscheint Himmler, der üblicherweise stets an den Lagebesprechungen teilnimmt, ausgerechnet an den Tagen nicht, an denen Stauffenberg das Attentat auszuführen plant?

Am Sonntag, 16. Juli, besucht Stauffenberg den Mann, der bei einem Gelingen des Attentats neues Staatsoberhaupt und Oberbefehlshaber der Wehrmacht werden soll, Generaloberst Ludwig Beck. Er informiert ihn über das Absetzen des zweiten Attentatsversuchs.

Am Abend dieses 16. Juli treffen sich in Stauffenbergs Wohnung sein Bruder Berthold, ihre Vettern Hofacker und Yorck, Trott, Ulrich von Schwerin-Schwanenfeld, Fritz-Dietlof Graf von der Schulenburg, Oberst Albrecht Ritter Mertz von Quirnheim und Oberst Georg Hansen. Sie beraten die Lage. Hofacker berichtet von der Bereitschaft Rommels, Kluges und Stülpnagels, mitzumachen. Trott spricht über die Dringlichkeit, unmittelbar nach dem Attentat Friedensverhandlungen mit dem Westen und dem Osten aufzunehmen. Drei Lösungen der Vorgehensweise werden erörtert:

Erstens die »Westlösung«: Sie bedeutet die Einstellung der Kampfhandlungen durch die deutschen Oberbefehlshaber im Westen und Zurücknahme der Westfront, um so »die Voraussetzung für ein gemeinsames Vorgehen der Westmächte und Deutschlands gegen die Sowjetunion mit der Absicht des baldigen Kriegsabschlusses« zu schaffen. Trott hält eine solche Lösung für eine Illusion. Ein Waffenstillstand im Westen habe keine Wirkung, wenn nicht entsprechende Schritte auch im Osten unternommen würden.

Zweitens die »Berliner Lösung«: Besetzung des Nachrichtenapparats der Wehrmacht für 24 Stunden und Befehl an alle Heeresgruppen zur Zurücknahme der Fronten. Ein solcher Befehl kann durch den nun einmal eingeleiteten Rückzug wegen der Nachrichtensperre nicht mehr rückgängig gemacht werden. Waffenstillstandsverhandlungen nach Osten wie nach Westen sollen dann umgehend aufgenommen werden. Trott soll die Gespräche mit dem Westen und der ehemalige deutsche Botschafter in Moskau, Friedrich-Werner Graf von der Schulenburg, die Verhandlungen mit der Sowjetunion führen.

Drittens die »zentrale Lösung«: Sie sieht die Ermordung Hitlers vor. In der Tristanstraße entscheidet man sich an diesem Abend für diese Variante. Schon zweimal war die »Operation Walküre« in Gang gesetzt und die Alarmbereitschaft verkündet worden. Eine dritte Alarmbereitschaft kann jetzt erst nach einem gelungenen Attentat ausgelöst werden.

Tags darauf erreicht Stauffenberg eine deprimierende Nachricht: Englische Flugzeuge haben den Wagen Rommels beschossen und den Feldmarschall schwer verwundet.

An diesem 17. Juli 1944 meldet sich im Auswärtigen Amt Wilhelm Melchers zurück, der Trotts Auslandsreisen stets unterstützt hatte, wenn es »an ausreichenden Motiven zu ihrer dienstlichen Begründung« fehlte. Er dachte sich für Trotts konspirative Missionen stets zusätzliche Aufträge aus seinem Arbeitsgebiet aus. Weil er seit März 1944 an einer Lungenentzündung erkrankt war, konnte er seinen Dienst vier Monate lang nicht wahrnehmen. An diesem ersten Arbeitstag trifft er Trott auf dem Flur. Der bittet ihn dringend in das große Dienstzimmer des Staatssekretärs Keppler. Trott zieht Melchers in die von Schreibtisch und Telefon am weitesten entfernte Ecke des Zimmers und sagt leise: »Also jetzt ist es endlich soweit.« Er teilt ihm mit, daß sich eine größere Gruppe zusammengefunden habe, die unter ausschlaggebender Mitwirkung des Militärs einen wohlvorbereiteten Staatsstreich für einen der nächsten Tage plane. Hitler solle beseitigt werden. Näheres dürfe er noch nicht mitteilen. Er könne doch aber wohl seiner Mitwirkung sicher sein? Man benötige im Amt einige absolut zuverlässige und fest entschlossene Beamte.

Trott und Melchers verabreden sich für den nächsten Tag: »Trott weihte mich nun ein, daß unser gemeinsamer Freund, der Vortragende Legationsrat von Haeften, als Verbindungsmann zwischen den Militärs und dem Auswärtigen Amt fungiere und mit der Vorbereitung der Übernahme des Amtes durch die neue Regierung beauftragt sei. Sein Bruder sei zunächst Adjutant des Oberst Graf Stauffenberg.« Trott erklärt ihm, das ganze Unternehmen sei von langer Hand sorgfältig vorbereitet. Der Staatsstreich beschränke sich nicht auf Berlin, sondern habe Unterstützer in ganz Deutschland und in den besetzten Gebieten. Der erste Teil der Aktion läge in den Händen des Militärs, das allein die Mittel zur Durchführung besitze. Es handele sich nicht etwa um eine rein militärische Aktion, sondern um ein von breiter Basis getragenes Unternehmen, das insbesondere die Opposition im Arbeiterlager mit umfasse. Trott nennt Namen. Er bittet Melchers, innerhalb des Auswärtigen Amts sein Augenmerk auf sozialdemokratisch eingestellte Kreise zu richten und diese zur Mitarbeit zu veranlassen.

Trott teilt ihm Einzelheiten über die Durchführung der Aktion mit. Wenn die Nachricht vom Gelingen des Attentats vorläge, werde das Regierungsviertel Berlins sofort gesperrt und niemand mehr hinein- oder herausgelassen. Für diese Zeit bis zur Übernahme des Amts durch die neue Regierung werde Haeften die notwendigen Vollmachten im Auswärtigen Amt haben. Es sei dann erforderlich, daß zuverlässige Beamte zur Stelle seien.

Am 18. Juli erhält Stauffenberg die Aufforderung, sich am 20. Juli zum Vortrag im Führerhauptquartier einzufinden.

Am 18. Juli trifft sich Stauffenberg ein letztes Mal mit Goerdeler, der ihn noch einmal zur »Westlösung« auffordert. Goerdeler erfährt, daß er von der Gestapo gesucht wird. Er taucht unter.

Am Nachmittag des 19. Juli spricht Stauffenberg mit etwa dreißig Offizieren die Maßnahmen zur Auslösung und Umsetzung der »Operation Walküre« durch. Stauffenbergs Fahrer, Karl Schweizer, hat den Auftrag, eine in Potsdam deponierte Aktentasche in Stauffenbergs Wohnung in die Tristanstraße zu bringen.

Am Abend fährt Stauffenberg zu Trott in die Rheinbabenallee. Auf dem Weg läßt Stauffenberg seinen Fahrer vor der Dahlemer Kirche anhalten. Stauffenberg verweilt dort und läßt sich dann weiterfahren.

An diesem 19. Juli schreibt Trott an seine Frau nach Imshausen: »Daß ich Dir in letzter Zeit so wenig schrieb, liegt nicht daran, daß ich Dir zu wenig, sondern zu viel zu erzählen hätte … Du wirst in den nächsten Wochen vielleicht lange nichts von mir hören … Aber es bleibt das tiefe Vertrauen auf unser gemeinsames Leben, das an zwei so entfernten Polen doch als Teile eines einzigen und unter den gleichen Zeichen gelebt wird … Verzage nie (in allem Schweren, das gewiß noch kommen wird). Es ermöglicht uns ja auch, in einem Umfang den ganzen Ernst, die Weite und Kraft des Daseins und seines Schöpfers zu erleben, wie sie vielen Generationen versagt war.« Dieser Brief erreicht Clarita von Trott am 21. Juli.

Am frühen Morgen des 20. Juli 1944 greift Clarita von Trott zum Telefonhörer: »Das war während der vier Jahre unserer Ehe niemals ohne konkrete Veranlassung geschehen. Dieses Mal hatte ich keine. Es war nur der immerwährende Wunsch, mit ihm Verbindung zu haben, und die Überlegung, daß dieser Kommunikationsweg durch die Notstandsmaßnahmen bald verlegt werden würde. Er hat es als Zeichen einer wortlosen Verbundenheit empfunden, die ihn tief erfreut hat.«

Am 20. Juli verlassen Claus und Berthold Stauffenberg ihre Wohnung und fahren von der Tristanstraße zum Flugplatz Rangsdorf. Dort werden sie von Generalmajor Hellmuth Stieff, Chef der Organisationsabteilung im Oberkommando des Heeres, und Oberleutnant Werner von Haeften erwartet. Berthold fährt nach Berlin zurück.

Um acht Uhr startet das Flugzeug. Nach einem 585 Kilometer langen Flug landet es um 10.15 Uhr in der Nähe von Rastenburg/ Ostpreußen. Im Führerhauptquartier »Wolfschanze« angekommen, erfährt Stauffenberg von der Vorverlegung der auf 13 Uhr festgesetzten Lagebesprechung mit Hitler, da dieser um 14.30 Uhr bereits Benito Mussolini erwarte.

Um 12.32 Uhr betritt Stauffenberg das Besprechungszimmer. Er sieht Hitler. Erneut fehlt Himmler. Stauffenberg schiebt die Aktentasche mit dem Sprengstoff unter die rechte Tischkante des Kartentisches. Er weiß nicht, daß sich zwischen der Tasche und Hitlers Standort ein dicker Sockel aus Massivholz befindet.

Um 12.35 Uhr verläßt Stauffenberg den Raum.

Um 12.42 Uhr detoniert der Sprengsatz. Der Holzsockel verhindert das Gelingen des Attentats. Hitler bleibt unverletzt, nur Jacke und Hose sind zerrissen.

Um 12.50 Uhr verlassen Stauffenberg und Werner von Haeften die Wolfschanze und fahren zum Flugplatz.

Um 13.15 Uhr startet die Maschine Richtung Berlin.

General Erich Fellgiebel, der von der Wolfschanze aus unmittelbar nach dem Attentat das Allgemeine Heeresamt in der Bendlerstraße hätte unterrichten sollen, teilt erst um 13.25 Uhr den Mitverschworenen mit, das Attentat habe zwar stattgefunden, aber »es ist etwas Furchtbares geschehen: Der Führer lebt!«.

Die für 13 Uhr angesetzte Auslösung der »Operation Walküre« wird nicht in Gang gesetzt. Davon erfährt Stauffenberg, als Werner von Haeften kurz nach der Landung (um 15.30 Uhr) mit dem Bendlerblock telefoniert. Erst gegen 16 Uhr wird »Operation Walküre« ausgelöst. Zunächst nur für Berlin und die um Berlin herum wartenden Alarmverbände.

Um 16.30 Uhr gehen Fernschreiben an alle Wehrkreise sowie nach Prag, Paris und Warschau.

Erst um 16.50 Uhr treffen Stauffenberg und Haeften in der Bendlerstraße ein.

Von Stockholm, Moskau, London, Bern und Washington blicken

die Geheimdienste voller Spannung auf die Ereignisse in Deutschland. In den ersten Juli-Tagen hatte das OSS-Büro Bern nach Washington berichtet: »Es besteht die Möglichkeit, daß ein dramatisches Ereignis im Norden bevorsteht, wenn man dem Hinweis der ›Breakers‹ trauen darf.« Man erwartet jedoch das Attentat nicht in der Wolfschanze, sondern auf dem Obersalzberg.

Trotts Kollege im Auswärtigen Amt, Franz Josef Furtwängler, analysiert dessen Rolle und das Umfeld der Aktion: »Man hat in der Öffentlichkeit und im Ausland die Juli-Verschwörung von 1944 zu Unrecht als die Angelegenheit unzufriedener Generäle angesehen. Der General war bloß der geliehene Säbel der Verschwörung. Diese selbst war in Wirklichkeit der jahrelang vorbereitete Aufruhr der geschändeten Menschenwürde, an dem Sozialisten, Kommunisten, Geistliche und Bekenner zweier Konfessionen, Beamte und Adelsleute beteiligt waren, und Trott bestätigte dabei, wie kein anderer, seine ganze geniale Geschicklichkeit im Koordinieren von Individuen und Gruppen. Oberst von Stauffenberg, der den Anschlag unternahm, war sein Duzfreund. Ich glaube nicht, daß bei der ganzen Aktion irgendein einzelner Mann so viele Fäden in seiner Hand gehalten hat wie Adam von Trott. Was ihn dabei auszeichnete, war, daß er seine nimmermüden Energien völlig geräuschlos und ohne weitausholende Gesten spielen ließ. Vielleicht erklärt es sich daraus, daß er in Schriften und Artikeln über die Juliaktion manchmal überhaupt nicht erwähnt wird.«

Um 15 Uhr ruft Adam von Trott Melchers an und bittet ihn, ins Amtszimmer des Staatssekretärs Keppler zu kommen. Als Melchers das Büro betritt, steht Trott mitten im Raum. Melchers schließt hinter sich die Tür zum Vorzimmer. Dann kommt Trott auf ihn zu. Melchers sieht jetzt, daß Trott ganz blaß ist. Trott sagt mit leiser Stimme: »Es ist gemacht!« Melchers starrt ihn sprachlos an. Trott hebt die Hand und legt den Zeigefinger an die Schläfe, als drücke er eine Pistole ab. Dann öffnen sie eines der großen Fenster und sehen auf die Wilhelmstraße hinunter, durch die der Verkehr normal weiterläuft. Melchers ergreift Trotts Hand und sagt: »Ich kann es noch nicht fassen, daß dieser entsetzliche Druck wirklich von uns genommen sein soll. Den 20. Juli werden wir nie vergessen.« Sie schweigen eine Weile.

Dann deutet Trott auf seinen Schreibtisch: Dort liegt ein fertiger Brief zur Unterschrift. Er endet mit der vorgeschriebenen Grußformel »Heil Hitler!« Plötzlich lacht Trott und sagt im Flüsterton: »Diesen elenden Gruß brauche ich nun nicht mehr zu unterschreiben!« Melchers antwortet ihm im Scherz: »Mir wird das jetzt einen besonderen Genuß bereiten, dies bewußt zum letzten Male tun zu können.« Trott sagt: »Sie haben ganz recht. Gehen Sie jetzt. Ich muß noch andere Freunde informieren. Wir können jetzt noch nichts unternehmen. Bitte schweigen Sie und reden Sie zu niemandem, bis Haeften hier ankommt. Er ist noch bei den Militärs. Hoffentlich kommt er heil durch, bevor draußen abgesperrt wird.«

In der Presseabteilung trifft gegen 15.30 Uhr die erste Meldung ein: »Attentatsversuch auf Hitler gescheitert.«

Auf dem Korridor erfährt Melchers vom Mißlingen des Attentats: »Von meinem Zimmer aus rief ich nun Trott an und bat ihn um eine dringende ›dienstliche‹ Rücksprache. Ich traf ihn in seinem Dienstraum nicht allein an. Im Stuhle in der äußersten Ecke des Zimmers saß der wissenschaftliche Hilfsarbeiter Dr. Werth. Es war mir sofort klar, daß er eingeweiht war.«

Auch Trott ist bereits die Sondermeldung bekannt. Die drei tauschen Vermutungen aus über das Entstehen einer solchen Mitteilung. Trott hofft, daß es sich dabei nur um eine taktische Maßnahme handle. Sie kommen zu dem Schluß, daß die Ereignisse in aller Kürze zeigen müßten, was an der Meldung war. Werth meint, es komme jetzt alles darauf an, daß die Militärs die weiteren Aktionen durchführten, einerlei ob Hitler tot sei oder nicht.

Sie gehen ans Fenster und sehen erneut auf die Wilhelmstraße hinunter. Sie ist abgesperrt. Man läßt die Wagen und Passanten, die noch unterwegs sind, abziehen. Nach wenigen Minuten ist die Straße menschenleer. Militärpatrouillen weisen alle, die die anliegenden Gebäude verlassen wollen, zurück. »Gott sei dank!« ruft Trott, »dann klappt die Sache also doch!« Der Staatsstreich sei im Gange. Das sei gar keine Frage. Man müsse nun auch energisch zupacken und den Kopf hinhalten, wie die Militärs es täten. Jetzt gäbe es kein Zurück mehr.

Die bedrückte Stimmung, die sie befallen hatte, weicht einer erleichterten Aufgeräumtheit. Überall in der Wilhelmstraße öffnen sich die Fenster, und alles sieht mit Spannung der Entwicklung entgegen. Trott und Melchers scheuen sich nicht mehr, sich gemeinsam am Fenster blicken zu lassen. »Hoffentlich kommt Haeften bald«, sagt Trott und bittet Melchers, im Amt Umschau zu halten und vor allem festzustellen, was auf dem Flur der Personalabteilung vor sich gehe.

Melchers trifft dort eine ganze Reihe von Kollegen in angeregtem Gespräch. Viele Türen stehen offen. Unterstaatssekretär Hencke will eben zu einer dienstlichen Veranstaltung wegfahren, wird aber am Tor des Gebäudes zurückgeschickt. Der mit Melchers eng befreundete Dirigent in der Personalabteilung, Bergmann, zieht ihn in sein Zimmer, sieht ihn an und schweigt lange. Dann sagt er: »Melchers, was jetzt kommt, wird nicht komisch. Sehen Sie Ihre Notizbücher und Ihren Schreibtisch noch mal durch und nehmen Sie sich beim Telefonieren in acht.« Melchers fragt ihn, ob er etwa annehme, daß das Regierungsviertel auf Befehl Himmlers abgesperrt sei. Bergmann fragt zurück, ob er Veranlassung habe, etwas anderes anzunehmen.

Dann endlich kommt Hans-Bernd von Haeften. Er scheint von der Sondermeldung noch nichts zu wissen. Haeften erwartet von den Militärs jeden Augenblick die Weisung, das Amt bis zum Eintreffen des neuen Amtschefs zu übernehmen und sicherzustellen. Er trägt bereits eine vorläufige schriftliche Vollmacht in der Tasche und weiß genau, welche Sofortmaßnahmen er durchzuführen hat, insbesondere welche Personen er verhaften lassen muß.

Wieder stehen Trott, Werth und Melchers zusammen am Fenster und sehen auf die Straße hinunter. Wachen haben sich vor den Eingängen der Häuser postiert. Trott versucht immer wieder, Haeftens Bruder Werner, Stauffenbergs Adjutanten, anzurufen, bekommt aber keine Verbindung.

Als noch immer keine Weisungen eingehen, versucht Haeften erneut, doch vergebens, telefonische Verbindung mit den Militärs zu bekommen. Melchers bekommt jetzt allmählich Bedenken und äußert zum ersten Mal Zweifel, ob die telefonischen Versuche klug seien. Haeften und Trott schweigen. Sie warten. Es kommt keine Nachricht. Sie klammern sich an den Gedanken, daß die Aktion doch offenbar fortgesetzt werde, da ja das Regierungsviertel weiter abgesperrt werde.

Sie gehen wieder zum Fenster und schauen hinaus. Sie sind entsetzt: Die Straße ist wieder freigegeben; Menschen gehen am Haus vorbei, der Verkehr fließt. Sie sehen, daß Unterstaatssekretär Hencke abfährt. Haeften geht wieder zum Telefon, um seinen Bruder zu erreichen. Er ist kreidebleich. Aus seinen Augen spricht Angst. Warum antwortet Werner von Haeften nicht? Jetzt greift Trott zum Hörer. Er erkundigt sich zum Schein, weshalb die Straße abgesperrt sei, er habe Eiliges außerhalb des Amtes zu erledigen. Er fragt nach Haeftens Bruder, doch auch er erreicht ihn nicht.

Melchers vergewissert sich nochmals am Fenster, daß die Straße tatsächlich freigegeben ist, und redet dann nachdrücklich auf Haeften und Trott ein, das Telefonieren zu unterlassen, da sie sich damit außerordentlich gefährdeten. Es sei ja nun ganz gewiß keine Weisung mehr von den Militärs zu erwarten. Sie sollten das Zimmer verlassen. Werth pflichtet bei.

Daß sie unbehelligt blieben, erklärt sich Alexander Werth so: »Da es der Telefonapparat des Staatssekretärs Keppler war, wurde nichts abgehört, was einfach durch die Tatsache bewiesen wird, daß wir nicht in der gleichen Nacht noch verhaftet worden sind. Trott, der vorher so aktiv war, spielt an diesem kritischen Tage nur die Rolle eines Zuschauers.

Gegen 20 oder 20.30 Uhr konnten wir die Wilhelmstraße verlassen. Ich selber begab mich sofort in den Auslands-Presseclub in Berlin-Schmargendorf, Lentzeallee.« Dort herrscht allgemeine Aufregung. Auch Trott, der noch bis 23 Uhr in seinem Dienstzimmer ausgeharrt hatte, trifft noch vor der Sondermeldung des Rundfunks im Presseclub ein. Werth und Trott hören im Rundfunk Hitlers Stimme. Das Scheitern des Attentats ist offenbar.

Alexander Werth und Adam von Trott fahren in die Rheinbabenallee. Sie vernichten in Trotts Wohnung schriftliche Unterlagen.

Zu dem Zeitpunkt gehen in vielen Rundschreiben die Gegenmaßnahmen zum Stoppen der »Operation Walküre« heraus. Himmler wird zum Befehlshaber des Ersatzheeres ernannt. Nur in zwei Wehrkreisen, in Kassel und in Wien, sowie in Paris ist die »Operation Walküre« in die Tat umgesetzt worden. Noch zur gleichen Zeit, als Stauffenberg mit Oberstleutnant Caesar von Hofacker in Paris telefoniert, besetzt eine Kampfgruppe des Wachbataillons »Großdeutschland« die Bendlerstraße.

Gegen 23.15 Uhr werden die ersten Verschwörer überwältigt.

Den ganzen Tag über flogen die Alliierten keine Bombenangriffe auf Berlin. In diesem Punkt waren sie auf Trotts Forderung eingegangen.

Nach dem Tag X

21. Juli 1944. Um 0.10 Uhr wird Generaloberst Beck von einem Unteroffizier des Wachbataillons erschossen. Stauffenberg, Olbricht, Mertz von Quirnheim und Werner von Haeften werden um 0.15 Uhr im Innenhof der Bendlerstraße exekutiert. Stauffenberg ruft: »Es lebe Deutschland!«

Gespannt erwartet man die schon seit geraumer Zeit angekündigte Ansprache Hitlers, die über den Sender Königsberg ausgestrahlt wird. Es ist 1.00 Uhr. »Sie hören Nachrichten des Drahtlosen Dienstes, die Nachrichten: ›Mordanschlag gegen den Führer‹. Der Führer blieb unverletzt.« Dann ist Hitlers Stimme zu hören: »Eine ganz kleine Clique ehrgeiziger, gewissenloser und zugleich verbrecherischer, dummer Offiziere hat den Komplott geschmiedet, um mich zu beseitigen ... Ich fasse es als eine Bestätigung des Auftrags der Vorsehung auf, mein Lebensziel weiter zu verfolgen ... Diesmal wird nun so abgerechnet, wie wir es als Nationalsozialisten gewohnt sind ...«

Das Attentat war gescheitert und somit auch der Staatsstreich.

Da die »zentrale Lösung«, die Ermordung Hitlers, nicht durchführbar war, hatte Stauffenberg auf die »Berliner Lösung«, Besetzung des Nachrichtenapparats der Wehrmacht für 24 Stunden, zurückgegriffen, um trotz Hitlers Überleben die »Operation Walküre« durchzustehen. Die Umsetzung dieser Operation war in Wien und im besetzten Paris für Stunden erfolgreich abgelaufen. Am weitestgehenden in der französischen Hauptstadt: Ohne Gewaltanwendung und ohne Opfer war dort der Austausch der Befehlsgewalt erfolgt.

Wie anders hätte der Tag X + 1, der 21. Juli, verlaufen können? Nehmen wir uns den Raum für eine kontrafaktische Version: Hitler wäre nicht mehr am Leben, die Naziführung befände sich in Haft. Hierfür war ein Dringlichkeitsfahrplan für die Reihenfolge der Verhaftungen ihrer Amtsträger und der Besetzung der Amtsstellen ausgearbeitet worden. Nach wie vor bliebe der Berliner Regierungsbezirk abgeriegelt. Die Waffen-SS würde in die Wehrmacht eingegliedert, der SD ausgeschaltet, die Konzentrationslager wären besetzt worden. An diesem Tag wäre die Einstellung der Kriegshandlungen an allen Fronten verkündet und die Prozesse gegen die Hauptkriegsverbrecher eingeleitet worden.

Beck wäre Staatsoberhaupt und Oberbefehlshaber der Wehrmacht, Goerdeler würde sich in einer vorbereiteten Regierungserklärung über Rundfunk an das Volk wenden. Trott wäre in dieser Regierung aller Wahrscheinlichkeit nach Staatssekretär im Auswärtigen Amt geworden. Noch am Nachmittag des 20. Juli hatte er am Text einer Rundfunkrede gefeilt. Ihr Entwurf war mit Stauffenberg abgestimmt. Und so lautet der Text der tatsächlich vorbereiteten Rundfunkansprache des »Reichskanzlers« Carl Goerdeler:

»Deutsche! Ihr wißt seit heute, worum es geht, was unsere Beweggründe und unsere Absichten sind … Es ist verständlich, daß euch tiefe Erregung ob dieses endlichen Geschehens packen wird. Ihr habt – soweit nicht Rücksicht auf den Krieg es verbietet – von Stund an wieder die Freiheit, euren Gedanken und euren Gefühlen unbehindert Ausdruck zu geben und eurem Gewissen folgen zu können… Die innere Reinigung Deutschlands von Korruption und Verbrechen, die Wiederherstellung von Recht und Anstand ohne Rücksicht auf die Person, aber auch ohne jede Voreingenommenheit gegen Andersdenkende können nach den stolzen Überlieferungen unseres Volkes sehr schnell und sehr einfach vollzogen werden, wenn jeder das Seine dazu beiträgt … Eins aber können wir euch jetzt schon sagen: Das Gebäude des Staates, das auf Unrecht, Willkür, Verbrechen aller Art, Eigennutz, Lüge aufgebaut wurde, wird niedergerissen werden … Eine abenteuerliche, machthungrige Außenpolitik hat unser Volk in eine Lage gebracht, deren Ernst nicht mehr übersehen werden kann … Wir wissen noch nicht, wie sich das Ausland zu uns stellt … Wir haben handeln müssen, aus der Verpflichtung des Gewissens heraus. Aber wir wollen euch sagen, was wir an außenpolitischen Zielen sehen … Wir Deutschen leben ebensowenig wie ein anderes Volk allein auf dieser Welt. Wir haben uns daher zu unserem eigenen Besten mit dem Vorhandensein, den Eigenschaften und Interessen anderer Völker auseinanderzusetzen. Es ist unsere Überzeugung, daß diese Auseinandersetzung nicht mit Waffengewalt erfolgen soll … So rufen wir euch auf zu tätiger Selbstbestimmung und zu opferbereiter Zuversicht. Hasset nicht, helft vielmehr! Vollbringt das Größte: Findet die Seele unseres Volkes wieder … Mit Gott für Recht, Freiheit und Sicherung friedlicher Arbeit.«

Dann würde die Liste der Kabinettsmitglieder der Regierung Goerdeler verlesen: Generalstatthalter bzw. Reichspräsident ist Generaloberst Beck, Reichskanzler Dr. Carl Friedrich Goerdeler, Vizekanzler Wilhelm Leuschner, Staatssekretär in der Reichskanzlei Peter Graf Yorck von Wartenburg, Innenminister Dr. Julius Leber, Kultusminister Eugen Bolz, Kriegsminister General Friedrich Olbricht, Staatssekretär im Kriegsministerium Claus Schenk Graf von Stauffenberg, Außenminister Ulrich von Hassell, Staatssekretär im Auswärtigen Amt Adam von Trott zu Solz.

Weitere Bekanntgaben sollten folgen:»Die Konzentrationslager werden aufgelöst. Die Judenverfolgung, die sich in den unmenschlichsten und unbarmherzigsten, tief beschämenden und gar nicht wiedergutzumachenden Formen vollzogen hat, ist sofort eingestellt … Die Presse soll wieder frei sein … Wir haben vor diesem Krieg gewarnt, der so viel Leid über die ganze Menschheit gebracht hat, und können daher in Freimut sprechen, daß wir dem Frieden zustreben.«

An diesem Tag hätten auch Trotts Aktivitäten begonnen. Er sollte zusammen mit Hermann Josef Abs nach London fliegen, um Verhandlungen aufzunehmen. Stauffenberg wäre ins Hauptquartier der westlichen Alliierten zu General Dwight D. Eisenhower geflogen, um einen Waffenstillstand abzuschließen und die Räumung der besetzten Gebiete zu vereinbaren. Vermutlich wäre Schulenburg, der ehemalige deutsche Botschafter in Moskau, nach Stockholm geflogen, um dort mit der Sowjetunion in Friedensverhandlungen einzutreten.

Nach dem Abwarten am 20. Juli wäre der 21. Juli ein Tag gewesen, an dem man die Startpositionen bezogen, an dem die Umsetzung der Visionen und der vielen Memoranden des Kreisauer Kreises in die Wirklichkeit begonnen hätte. Das von den Kreisauern angestrebte europäische Gemeinschaftswerk, das einen europäischen Staatenbund vorsah, hätte angegangen werden können und wäre durch ein Bündnis mit den Widerstandsgruppen in den besetzten Gebieten mit Leben erfüllt worden. Deren leidgeprüfte politische Erfahrungen sollten in das Aufbauwerk einfließen. Dafür hatte sich vor allem Moltke eingesetzt. Er wäre jetzt auf freiem Fuß.

Moskau hält eine Verabredung ein. Am 21. Juli wendet sich der Vorsitzende des »Bundes deutscher Offiziere« und frühere Kommandierende General, Walther von Seydlitz-Kurzbach, im Auftrag des »Nationalkomitee Freies Deutschland« über den Moskauer Rundfunk an das deutsche Volk: »Die Würfel sind gefallen. Mutige Männer haben sich gegen Hitler erhoben. Sie haben damit das Signal für die Rettung Deutschlands gegeben. Die Macht, die in Himmlers Händen ist, kann ihm nur noch vom deutschen Volk selbst entrissen werden… Generale, Offiziere und Soldaten! Stellt sofort das Feuer ein und kehrt eure Waffen gegen Hitler! Richtet euch allein nach denen, die euch gegen Hitler führen. Laßt solche mutigen Männer nicht im Stich.«

Schon am 20. Juli, kurz vor dem Attentat, und auch bereits am 19. Juli hatte es Signale aus Moskau gegeben, die von bevorstehenden Friedensverhandlungen sprachen und die Männer des Widerstands ermutigen sollten. Sendungen waren bereits am 19. und

20. Juli über BBC ausgestrahlt worden, verantwortet vom Leiter der Abteilung für politische Sendungen, Guy Burgess, ein Mann des sowjetischen Spionagerings in England.

In Stockholm hielt sich am 20. Juli Bruno Peter Kleist in der Abwehrabteilung der deutschen Gesandtschaft in der Kaptensgatan 6 auf, um Nachrichten aus Berlin zu erhalten. Die Telefonverbindung war an diesem Tag unterbrochen. Der schwedische Geheimdienst beobachtet am 21. Juli den Besuch von Edgar Klaus bei Kleist im »Strand-Hotel« und wiederum auch am 22. Juli, der Tag, an dem Kleist von Stockholm nach Berlin zurückfliegt.

Was wußten Himmler und die SS vom geplanten Staatsstreich? Auch darüber läßt sich nur spekulieren. Aber es gibt auch manche interessante Indizien. Möglicherweise wußte die SS vieles, wenn nicht alles – von Trotts Auslandskontakten in Stockholm bis zu den Treffen zwischen Vertretern der Sozialdemokraten mit den Kommunisten. Himmler, der stets an den Lagebesprechungen Hitlers teilnahm, erschien nie zu den Terminen, an denen Stauffenberg das Attentat geplant hatte. Konspirierte Himmler gegen Hitler? Wollte Himmler möglicherweise den Verlauf der Aktionen abwarten, sich mit den Verschwörern arrangieren, um sich Hitlers durch andere zu entledigen? Hatte er deshalb das Attentat nicht verhindert, damit andere Hitlers Tötung besorgen? Erstaunlich lange ließ sich die SS Zeit, gegen die Maßnahmen der Verschwörer vorzugehen, auch am 20. Juli. Immerhin, jetzt war Heinrich Himmler Befehlshaber des Ersatzheeres.

Am 21. Juli sucht Karl Ludwig Graf von Berg in Berlin nach Trott. Dieser hatte den persönlichen Ordonnanzoffizier von Generalfeldmarschall Kluge für den Tag X nach Berlin bestellt. Mit einer Kuriermaschine war Berg am 19. Juli in Berlin eingetroffen und hatte sich für Trott abrufbereit gehalten. Da er nichts hörte, versuchte er selbst, mit Trott Kontakt aufzunehmen: »Man sagte mir im Auswärtigen Amt, Adam Trott sei im ›Adlon‹ zum Lunch. Ich ging herüber zum ›Adlon‹ und fand Adam mit vier Herren, alles

Bekannte und Freunde – Botschafter von Hassell, Graf Harden-
berg, Graf Yorck, meinen Vetter Hagen. Als Adam mich sah, sprang
er auf und begrüßte mich. Auf meine erstaunte Frage, wie sie denn
hier noch den Mut hätten, sich gemeinsam in der Öffentlichkeit
zu zeigen, beruhigte er mich: Es sei höchst unwahrscheinlich, daß
die Gestapo ihnen auf die Spur käme. Ich beschwor Adam, mit mir
nach Paris zu kommen – ich hatte meine Maschine in Tempelhof –, in Paris könne er in den Untergrund gehen und bei seinen
Beziehungen zu den Amerikanern und Engländern sehr schnell
dorthin verschwinden. Adam sagte mir: ›Das ist ausgeschlossen.
Clarita und die Kinder sind hier, für den Fall des Mißlingens ist
nichts vorbereitet.‹ Ich versuchte danach Tempelhof zu erreichen.
Es war alles von der SS abgesperrt. Ich fuhr mit dem Zug nach
Paris.«

Am 21. Juli erfährt Clarita von Trott vom Ausgang des Attentats
in Imshausen: »Am Nachmittag ging ich mit meinem Bruder, der
von der Front in Italien auf Durchreise zu Besuch war, und meinen Kindern die Dorfstraße herunter. Da kam ein Dorfbewohner
und sagte: ›Haben Sie schon gehört, auf den Führer ist ein Attentat
verübt worden, er hat es aber überlebt.‹ Mich durchfuhr natürlich
ein eisiger Schrecken, gleichzeitig wußte ich, das war es also. Von
dem Moment an mußte ich alles noch stärker kontrollieren als
sonst. Kein Mensch durfte merken, daß ich irgendeinen Zusammenhang sah zwischen der Tätigkeit meines Mannes und dem
Attentat. Gleichzeitig natürlich hatte ich gehofft, daß durch die
Tatsache, daß es so früh scheiterte, bevor die Zivilisten in Aktion
treten konnten, daß da vielleicht eine kleine Chance bestünde, daß
mein Mann es irgendwie überstehen könnte.«

In der Berliner Wilhelmstraße ist Wilhelm Melchers über das
Mißlingen aufgebracht. Er hatte immer versucht, Trotts Auslandsreisen zu decken. Jetzt ist auch er gefährdet. Melchers sucht Trott
im Zimmer des Staatssekretärs Keppler auf: »Ich bin empört, daß
die Militärs ein solches Attentat mit so unzureichenden Mitteln
durchführten. Schließlich sind sie das Hantieren mit Waffen und

Kriegsmaschinen doch gewohnt und zu den größten Bravourstükken fähig. Anscheinend sind sie aber tatsächlich nicht in der Lage, einen einzelnen vor ihnen stehenden Mann umzulegen!« Trott ist verwundert: »Empört sind Sie, bedenken Sie, daß diese Leute ihr Leben für diese Sache hingeben müssen!« »Sie verstehen doch, was ich meine«, antwortet Melchers. »Sie sind doch wohl ebenso wie ich aufs Tiefste enttäuscht. Es ist doch ein Hohn der Weltgeschichte, daß Hitler mitten im Kriege den Waffen seiner eigenen Offiziere hat entgehen können. Mir ist das völlig unverständlich. In diesem einen Punkte muß man doch hundertprozentig sichergehen!« Beide schweigen bedrückt. Dann fragt Melchers: »Gibt es etwa noch eine Widerstandsgruppe beim kämpfenden Heer? Sehen Sie noch irgendeine Hoffnung für die Zukunft?« »Nein«, antwortet Trott, »es gibt keine Hoffnung mehr, auch für die Zukunft nicht. Jetzt ist es aus. Das Verhängnis muß seinen Gang gehen. Kein Stein wird auf dem anderen bleiben. Hitler wird diesen wahnwitzigen Krieg weiterführen, als echter Nihilist, bis alles zerstört ist. Und dennoch«, fügt er hinzu, »es ist doch gut, daß sich Leute gefunden haben, die wenigstens den Versuch wagten, diese Gewaltherrschaft zu brechen. Das bleibt eine historische Tatsache und darüber hinaus ein Symptom.«

Sie verabreden genau, was sie sagen wollen, wenn sie etwa gefragt würden, warum sie gestern nachmittag in Trotts Zimmer zusammengekommen seien. Schließlich seien sie ja gemeinsam am Fenster gesehen worden.

Auch Waltraud von Goetz, eine Kusine Trotts, sucht an diesem Tag nach ihm: »Ich habe nichts aufgeschrieben, und worüber ich noch weniger hinwegkomme, ist die Tatsache, daß mir A. sein politisches Testament noch diktieren wollte und es aus ganz dummen Gründen nicht mehr dazu kam. Mein Eindruck dieser letzten Unterhaltung: Adam meinte, letzten Endes wären die Engländer an dem Mißlingen schuld... A. hat auf diesem Spaziergang aber zum Ausdruck gebracht, daß er an seine eigene Rettung nicht glaubte – warum er sich eigentlich nicht retten ließ, werden wir nicht erfahren. Das gehört zu dem Geheimnis seines Todes. Ich glaube, daß es nicht nur die Furcht war, seine Familie ins Unglück zu bringen (es hätte ihn unerhört belastet – aber wenn er geglaubt hätte, sich für die Sache retten zu müssen, so hätte er auch diesen schweren Schritt getan), sondern das Bewußtsein, nun antreten zu müssen, um sein Schicksal, das ihm merkwürdig bewußt war (er hat den Tod ständig einbezogen), zu erfüllen. Nachdem die ersten Freunde in der Bendlerstraße gefallen waren, hatte er bereits das Gefühl, ein Baum ohne Äste zu sein…Ich selbst stand damals auch so unter dem Eindruck des Unausweichlichen, daß ich ihm nicht zugeredet habe, jedenfalls nicht mit dem nötigen Elan, sich zu retten – eine Tatsache, die ich heute nicht begreifen, sondern nur noch registrieren kann…Bei unserem Abschied meinte er – wohl im Innersten vorbereitet –, es sei für ihn ein schönes Gefühl zu wissen, daß seine Freunde in der Welt für ihn beten.«

Auch Marie Wassiltchikow, Mitarbeiterin Trotts in der Informationsabteilung, sieht nach ihm: »Ich ging in Adams Zimmer hinunter und traf ihn dort mit einem seiner Assistenten, der uns bald verließ. Adam warf sich auf das Sofa, wies auf seinen Hals und sagte: ›Ich stecke bis hierher drin.‹ Er sah entsetzlich aus. Wir unterhielten uns flüsternd. Sein Anblick machte mich noch unglücklicher…Das Haustelefon klingelte: Unser Chef, Dr. Six, wünschte ihn zu sehen.«

Marie Wassiltchikow will währenddessen in der Lobby des Hotels »Adlon« auf Trott warten. »Und dann kam Adam. Er war bei Six gewesen und hatte versucht, ihn von der Fährte abzubringen. Adam sah wie der Tod aus…Er glaubt, daß Dr. Six einen Verdacht hegt, denn er dränge ihn ständig, in die Schweiz zu fahren. Ich bestand ebenfalls darauf, daß er reisen solle – und zwar unverzüglich. Aber er weigert sich seiner Frau und seiner Kinder wegen.«

Die schweizerische Fremdenpolizei hat tatsächlich in einem Ausnahmeverfahren »unter dem 14. August 1944 ein Einreisevisum zwecks Besprechung im Internationalen Roten Kreuz in Genf erteilt«.

Am 23. Juli morgens wird Hans-Bernd von Haeften verhaftet.

An diesem 24. Juli sucht Franz Josef Furtwängler, der seinem Freund ebenfalls helfen will, Trott im Büro des Auswärtigen Amtes auf. Furtwängler hatte mit ihm und Haeften bis zum letzten Augenblick an den Vorbereitungen der Aktion gearbeitet. Trott begrüßt ihn mit den Worten: »Um Gottes willen, was tun Sie hier? Ich kann doch jeden Augenblick geholt werden, man nimmt Sie dann auch mit. Übrigens, wenn die Denkschrift gefunden wird, die wir gemeinsam verfaßt haben, gestehen Sie nichts, ich nehme es auf mich – mich wird man ja sowieso hochnehmen. Ich habe auch Dr. Werth gesagt, daß er Ihren Namen nicht nennt, falls er verhört wird.« Dann fügt Trott ganz ruhig hinzu: »Schade, es hätte um ein Haar geklappt!«

»Wie stark sind Sie denn bisher belastet?« fragt Furtwängler. »Das weiß ich selber noch nicht«, gibt Trott zur Antwort, »das hängt von Informationen ab, die ich heute abend bekomme.« Furtwängler beschwört ihn: »Sie brauchen sich doch hier nicht abfangen zu lassen. Reißen Sie aus, es ist noch Zeit. Fahren Sie in den Schwarzwald hinauf. Ich kenne eine Stelle an der Grenze, wo man Sie ohne Gefahr in die Schweiz hinüberbringt.« Trott erwidert: »Das kann ich nicht machen. Man nimmt Rache an meiner Familie.« Und nach einer Weile: »Leben Sie wohl. Es ist rührend, daß Sie den Mut haben, mich jetzt noch hier aufzusuchen.« Damit schiebt Trott den Besuch zur Tür hinaus. »Es war wieder der ganze Trott, wie ich ihn vier Jahre zuvor kennengelernt hatte – edel, vornehm und tapfer, voll Sorge um andere, ohne viel an sich selber zu denken.«

Um die Mittagszeit des 25. Juli wird Adam von Trott zu Solz in seinem Büro von der Gestapo verhaftet. Ihm war das Fahrtenbuch von Stauffenbergs Fahrer zum Verhängnis geworden. Hier waren die häufigen Begegnungen dokumentiert.

Die Schreibtische Trotts und Werths im Auswärtigen Amt werden versiegelt.

Clarita von Trott erlebt diesen 25. Juli so: »Der 25. war der Tag, an dem die alte Emma ankam« – Emma war die Haushälterin der

Berliner Wohnung. Trott hatte sie nach Imshausen geschickt, um sie vermutlich vor Verhören durch die Gestapo zu schützen. »Wir holten sie auf einem Pferdewagen von der Bahnstation in Bebra ab; sie war schwerhörig und fing gleich im offenen Pferdewagen an zu erzählen von dem einarmigen und einäugigen Offizier, der Herrn von Trott so oft besucht hätte. Und ich mußte sie sofort auf ein anderes Thema bringen; denn was hätte der Kutscher gedacht! Jeder wußte inzwischen, daß der Attentäter Graf Stauffenberg nur einen Arm und ein Auge hatte. Am Folgetag wollte ich ihm in der Früh die Ankunft berichten, und da hieß es: ›Der Ruf geht durch, aber Teilnehmer antwortet nicht.‹ Das war furchtbar. Erst am 27. morgens kam dann ein Anruf ganz in der Früh von meinem Schwager Werner aus Berlin: ›Adam ist krank.‹ Und da habe ich nur gesagt: ›Ich komme sofort.‹ Dann bin ich auch gefahren, also offiziell, um ihn zu besuchen, sonst hätte ich keine Fahrkarte mehr bekommen. Von diesen drei Tagen weiß ich nichts mehr. Es war entsetzlich. Das hatte ich mir vorher nicht klargemacht, daß ich da niemanden anrufen konnte, ohne ihn zu besuchen, ohne ihn zu belasten. Ich konnte auch an keine Stelle gehen, um eine Besuchserlaubnis zu beantragen; denn das hätte ja bedeutet, daß man mich gleich dabehalten hätte. Ich mußte ja noch für meine Kinder dasein.«

Der Chef des Reichssicherheitshauptamtes (RSHA), Ernst Kaltenbrunner, zieht die Ermittlungen an sich. Eine große Verhaftungswelle zerschlägt den Kreis der Verschwörer. Kaltenbrunner berichtet laufend den Stand der Ermittlungen an Martin Bormann, den Leiter der Parteikanzlei. Wieder und wieder wird Adam von Trott zu Solz verhört. Hauptbelastungsgrund ist vor allem die enge persönliche Verbindung zu Claus Schenk Graf von Stauffenberg.

In einem der Berichte heißt es: »Die Verschwörerclique, vor allem Stauffenberg selbst, war bemüht, sich möglichst umfassende Informationsquellen über die Vorgänge im Ausland und über die Einstellung beim Feind zu verschaffen. Als eine der stärksten Informationsquellen wurde von Stauffenberg der Legationsrat von Trott benutzt.«

Marie Wassiltchikow erfährt etwas, was in Berlin schnell die Runde macht: »Da passierte etwas Furchtbares: Das Hotel ›Bristol‹ Unter den Linden war durch eine Luftmine schon längst zerstört worden; mit Akribie wurde Holz von Metall und Metall von Holz getrennt. Da fand man einen Safe. Es war der Safe eines Hotelzimmers, das Goerdeler oft bewohnte. Als man den Safe aufgebrochen hatte, fand man heraus, daß Goerdeler viel zu viel aufgeschrieben hatte. Das hat viele Leute in dramatische Umstände gebracht.«

In den Tagen vor dem Attentat hatte Adam von Trott seinem alten Freund Peter Bielenberg eine Nachricht zukommen lassen. Am 18. Juli 1944 war er von einer Dienstreise nach Graudenz zurückgekehrt. Der Direktor eines Flugzeugwerks fand unter seiner Post ein Fernschreiben Trotts aus dem Auswärtigen Amt: »Möchte Dich baldmöglichst in Berlin sehen.« Zu dieser Zeit wußte Bielenberg nichts von Attentatsplänen. Aus welchem Grunde er baldmöglichst nach Berlin kommen sollte, wußte er nicht. Es werden persönliche Dinge sein, die sie beide oder Trott betreffen, dachte er sich. Daß Trott die Nachricht per Fernschreiben geschickt hatte, überraschte ihn nicht weiter, weil die Post lange dauerte und eine Telefonverbindung selten zu bekommen war. »Dann, zwei Tage später, hörte ich abends die Nachricht, daß der Putsch stattgefunden hatte und versagt hatte. Als ich nach Berlin fuhr – ich kann nicht mehr mit Bestimmtheit sagen, ob ich Alexander Werth gesehen habe, aber ganz bestimmt Adams Sekretärin –, traf ich zufällig Prinzessin Schönburg, die sich aufgrund ihrer persönlichen Freundschaft mit dem ebenfalls verhafteten Gottfried von Bismarck informiert hatte, daß sowohl Bismarck als auch Adam von Trott jeden Morgen zur Vernehmung von Oranienburg in die Prinz-Albrecht-Straße gebracht wurden.«

Prinzessin Schönburg berichtete, daß in dem Auto die beiden Gefangenen, vermutlich gefesselt, hinten säßen, vorn ein SS-Chauffeur und ein Begleiter. Bielenberg: »Ich hatte als einziger in unserem Werk einen Wagen, einen Mercedes 170 V, der gut lief. Es erschien mir durchaus eine Möglichkeit, mit einem Helfer zusammen das Auto entweder anzuhalten oder parallel fahrend, aus unserem Auto schießend, das andere Auto anzuhalten und die beiden mit Gewalt zu befreien. Auf der Strecke zwischen Oranienburg und Prinz-Albrecht-Straße Adam herauszuschießen, darin sah ich die einzige Möglichkeit, Adam zu retten.« Dazu kam es nicht, denn Peter Bielenbergs Sekretärin im Rüstungswerk Graudenz war Trotts Fernschreiben an ihren Chef aufgefallen. Er wird verhaftet und ins KZ Ravensbrück verbracht.

Nach drei Tagen in Berlin kehrt Clarita von Trott unverrichteterdinge nach Imshausen zurück. »Dann bin ich noch etwa zehn Tage in Imshausen gewesen, bis eines Abends mein Schwager aus Berlin angefahren kam. Er sagte: ›Morgen ist der Termin.‹ Wir sind noch in der Nacht nach Berlin gefahren. Der Termin wurde nochmals drei Tage verschoben und war dann am 15. August. Mein Schwager sagte in der Früh: ›Du darfst nicht in die Wohnung zurück. Sie suchen dich.‹ Ich hab' meine Zahnbürste, mein Nachthemd und einen Regenschirm eingepackt und merkte plötzlich, ich konnte nicht mehr sprechen, die Zunge klebte mir am Gaumen. Unterwegs gab Werner mich an Alexander Werth ab, der mich bis vor das Kammergericht bringen sollte, wo der Prozeß des Volksgerichtshofs stattfand. Auf dem Weg hatte Alex den Mut, mir zu sagen, daß man meine Kinder aus Imshausen zwei Tage zuvor am frühen Morgen weggeholt hatte – mit unbekanntem Ziel. Das ist eine Situation, die kann man nicht beschreiben. Man hat das Gefühl, man könnte verrückt werden, ohne daß man weiß, was verrückt werden ist. Ich bin dann so halb erstorben weitergegangen und kam ohne irgendwelche Schwierigkeiten – es gab keine Bewachung – in das Kammergericht herein.«

15. August: Neben Adam von Trott sind fünf weitere Männer wegen Landesverrats angeklagt: Wolf-Heinrich Graf Helldorf, Bernhard und Hans-Georg Klamroth, Egbert Hayessen, Hans-Bernd von Haeften. Als »Richter« fungiert der Vorsitzende und Präsident dieses »Volksgerichtshofs«, Roland Freisler.

Clarita von Trott erhält zwar keinen Zutritt zum Verhandlungssaal, ist aber während des Prozesses im Gebäude des Kammerge-
richts: »Dort fragte ich eine Frau nach dem Verhandlungssaal.
Schließlich landete ich auf einem Rundgang, an dessen entferntem
Ende sich zwei riesige Türen befanden, vor denen je zwei Posten
standen. Von drinnen hörte man die böse, laute Stimme Freislers.
Im Schutz von einigen Säulen hoffte ich warten zu können, bis die
Angeklagten wieder herauskämen. Aber da war die Frau hinter mir
hergekommen und machte die zwei Posten auf mich aufmerksam.
Ich wurde herangewinkt: Wer ich sei, meinen Ausweis bitte! ... Ich
bekam meinen Ausweis zurück, und der Mann ging mit, um mir
den Ausgang zu zeigen. ... Ich sagte, daß ich meinen Mann so sehr
gern noch einmal gesehen hätte. Er führte mich an ein Fenster, von
dem aus man unten im Hof eine ›Grüne Minna‹ sah. Ich wagte es
noch einmal und sagte, daß mein Mann mich hier oben nicht entdecken würde. Der Mann wollte mir tatsächlich noch ein anderes
Fenster zeigen, aber die Frau kam noch einmal hinter mir her, und
so mußte ich gehen.«

Nach Adam von Trott wird Hans-Bernd von Haeften aufgeru-
fen. Freisler fragt ihn: »Und welche Meinungen haben Sie, bitte,
von unserem Führer?« Haeften: »Ich halte ihn für die Verkörpe-
rung des Bösen.«

Adam von Trott zu Solz und Hans-Bernd von Haeften werden
zum Tod durch den Strang verurteilt, Haeften wird noch am selben Tag hingerichtet.

An diesem 15. August 1944 schreibt Adam von Trott in der
Zelle an seine Frau: »Du wirst wissen, daß es mich am meisten
schmerzt, unserem Land die besonderen Kräfte und Erfahrungen,
die ich in fast zu einseitiger Konzentration auf seine außenpolitische Behauptung unter den Mächten in mir ausgebildet hatte, nun
vielleicht nie mehr dienend zur Verfügung stellen zu können. Hier
hätte ich wirklich noch helfen und nützen können. Auch meine
Gedanken und Vorschläge hierzu hätte ich so gern noch einmal in
zusammengefaßter Form für andere zur Verfügung gestellt. Aber

es wird mir wohl versagt bleiben. Es war alles ein aus der Besinnung und Kraft unserer Heimat, deren Liebe ich meinem Vater verdanke, aufsteigender Versuch, ihr in allen modernen Wandlungen und Erschwerungen unwandelbar bleibendes Recht und ihren tiefen, unentbehrlichen Beitrag gegen den Übergriff fremder Mächte und Gesinnungen zu erhalten und zu vertreten. Darum bin ich aus der Fremde mit all ihren Verlockungen und Möglichkeiten immer mit Unruhe und begierig dorthin zurückgeeilt, wo ich mich zu dienen berufen fühlte. Was ich draußen lernte und für Deutschland tun konnte, hätte mir hierbei gewiß sehr geholfen – weil um diese Zeit nur wenigen solche Möglichkeiten zuteil wurden. So muß ich hoffen, daß auch ohne mich von vielen dieser Verbindungen auch so Verständnis und Hilfe zufließen wird, wenn es einmal wieder nötig und wünschenswert sein sollte. Aber ein Sämann überläßt nicht gern knospende Saaten anderen zur weiteren Bearbeitung, denn zwischen Saat und Ernte liegen ja noch so viele Stürme.«

Dieser Brief wird von der Gestapo einbehalten.

Am 16. August geht Clarita von Trott zur Verwaltungsstelle des Volksgerichtshofs: »Ich beantragte Sprecherlaubnis, die am Donnerstag abschlägig beschieden wurde. Durch glückliche Zufälle gelang es noch, den Gefängnispfarrer von Tegel, Harald Poelchau, aufzusuchen. Er hat meinen Abschiedsbrief nicht mehr übergeben können, aber er riet mir, mit guten Gründen, unterzutauchen. Dazu fühlte ich mich aber nicht fähig… Es war nichts mehr zu verlieren, nachdem die Kinder verschleppt waren und das Todesurteil feststand.«

Clarita von Trott wird am 17. August 1944 in Berlin verhaftet.

Horst Mahnke, der Referent des Chefs der Kulturpolitischen Abteilung im Auswärtigen Amt, SS-Brigadeführer Franz Six, war von der Personalabteilung des Auswärtigen Amts gebeten, der Verhandlung vor dem »Volksgerichtshof« beizuwohnen. Da sich Six für Informationen aus dem neutralen Ausland interessierte, deckte er die Reisen Trotts ins Ausland. Trotts Berichte gingen jedoch nicht nur an seine Freunde im Widerstand, sondern auch über den Vorgesetzten Six an den Chef des Auslandsnachrichtendienstes Walter Schellenberg und schließlich an Heinrich Himmler. Six setzt sich für Trott bei Himmler ein, mit dem Vorschlag, die Todesstrafe in eine Gefängnisstrafe umzuwandeln. Alexander Werth hofft bis zuletzt: »Ich bin sicher, daß bei der Intervention Trott freigekommen wäre, wenn nicht das Buch des Fahrers von Stauffenberg vorgelegen hätte.« Immerhin erreicht der Vorstoß von Six einen Aufschub der Hinrichtung. Himmler wendet sich an Hitler, der, auf Trott angesprochen, in einen Tobsuchtsanfall ausbricht. Das Urteil sei sofort zu vollziehen.

Am 26. August 1944 wird Adam von Trott zu Solz in Berlin-Plötzensee hingerichtet. Als Strang dient ein Klavierdraht. Adam von Trott hat einen langen Todeskampf.

Einer der sieben Zeugen dieser Hinrichtungen ist Gefängniswärter: »Stellen Sie sich einen Raum mit niedriger Decke und geweißten Wänden vor. Unter der Decke war eine Schiene angebracht, an der große Haken hingen, wie die, welche die Metzger brauchen, um das Fleisch aufzuhängen. In einer Ecke stand eine Filmkamera, Scheinwerfer gaben ein grelles, blendendes Licht wie in einem Atelier. In diesem sonderbaren kleinen Zimmer befanden sich der Generalstaatsanwalt des Reiches, der Scharfrichter mit seinen beiden Gehilfen, der Filmoperateur und ich selbst mit einem zweiten Gefängniswärter. An der Wand stand ein kleiner Tisch mit einer Flasche Kognak und Gläsern für die Zeugen der Hinrichtung. Die Verurteilten wurden hereingeführt. Sie hatten nur ihre Sträflingsanzüge an und trugen Handschellen. Sie wurden in einer Reihe aufgestellt. Grinsend und unter Witzen machte sich der Scharfrichter zu schaffen. Alle zeigten den gleichen Mut. Das dauerte alles in allem 25 Minuten. Der Scharfrichter grinste ständig und machte dauernd seine Witze. Die Filmkamera arbeitete ohne Unterbrechung.«

Im Polizeirevier Schmargendorf wird Clarita von Trott der Gestapo übergeben. »Als ich eingeliefert wurde, saßen drei oder vier Wärterinnen an einem alten, wackligen Tisch unter einer trüb-seligen Beleuchtung, und als die Bewacher mich brachten, sagten sie nur: ›Ach, schon wieder so eine!‹ Dieser Ausruf zeigte mir, daß eine ganze Anzahl Gesinnungsgenossinnen bereits da waren. Als ich zum ersten Male in den Gefängnishof zum täglichen Rund-gang kam, fiel mir vor allen anderen Annedore Leber auf. Ihre Zelle lag am äußersten Ende des Flurs des zweiten Stockwerks, so führte sie in gewissem Sinne uns an. Wir liefen alle eine hinter der anderen; trotz der Überwachung gelang es immer wieder, uns zu verständigen. Und sogar Kartoffeln wanderten manchmal aus den Taschen der Älteren in Tasche oder Rockbund von uns Jungen, die noch stärker an Hunger litten … Als mir Poelchau in der Zelle den Tod meines Mannes mitteilte und ich ihn verzweifelt fragte, wie Gott zulassen könne, daß uns die Besten genommen würden, meinte er: ›Es wäre kein Opfer, aus dem eine kräftige neue Saat keimen könnte, wenn Gott nur müde alte Männer zu sich rufen würde.‹ … Wider alles Erwarten wurde ich nach nur sechs Wochen Sippenhaft entlassen, zusammen mit Barbara von Haeften und Annedore Leber.«

Anfang Oktober 1944 werden auch die beiden Töchter zurück-gebracht.

Die Abschiedsbriefe, die Adam von Trott zu Solz seiner Frau aus dem Gefängnis geschrieben hatte, erhält sie erst im Februar 1945.

Am 26. August 1944, kurz vor seiner Hinrichtung, hatte Adam von Trott zu Solz aus dem Gefängnis Plötzensee an seine Frau geschrieben:

»Liebes Claritchen, dies ist nun leider wohl das allerletzte. Hof-fentlich hast Du meinen letzten längeren Brief noch bekommen! Vor allem: Vergib mir für all den tiefen Schmerz, den ich Dir ver-ursachen mußte. Sei gewiß. Ich bin in Gedanken auch weiter mit Dir und sterbe in tiefer Zuversicht und Glauben. Es ist heute ein klarer ›Peking-Himmel‹, und die Bäume rauschen. Lehre unsere lieben, süßen Kleinen dies Zeichen und die noch tieferen unseres Gottes dankbar, aber auch tätig und kämpferisch zu verstehen. Ich liebe Dich sehr. Es bliebe noch so viel zu schreiben – aber es ist keine Zeit mehr. Gott behüte Dich – ich weiß, daß Du Dich nicht unterkriegen lassen und Du Dich zu einem Leben durchkämpfen wirst, in dem ich Dir innerlich weiter zur Seite stehe, wenn Du auch anscheinend ganz allein bist. Ich bitte für Deine Kraft – und Du tu es bitte für mich. Ich habe in den letzten Tagen noch das Purgatorio gelesen, auch Maria Stuart und, was mich seltsam stark berührte, den Jürg Jenatsch. Sonst hatte ich solches wenig – aber sehr vieles in mir, was ich in Ruhe bewegen und klarlegen konnte. So sei um mich nicht zu bekümmert – alles ist ja im Grunde klar, wenn auch tief schmerzlich. – Ich wüßte ja so gern, wie Euch dies alles praktisch getroffen hat. Ob Du nach Reinbek willst oder bleibst. Sie werden wohl alle lieb zu Dir sein, meine geliebte kleine Frau. In meinem andern Brief bat ich um all die vielen Freundesgrüße, die mir am Herzen liegen. Aber Du kennst sie genau und wirst sie ohne mich richtig bestellen. Ich umarme Dich und die Kleinen

in unverbrüchlicher Liebe

Dein Adam.

Grüß mir Imshausen und seine Berge.«

Bibliographie

Benutzte Archive

Politisches Archiv des Auswärtigen Amtes, Bonn
Bundesarchiv Koblenz
Berlin Document Center
Schweizerisches Bundesarchiv, Bern
Archiv des schwedischen Außenministeriums, Stockholm
Public Record Office, Kew bei London
National Archives and Records Service, Washington, D.C.
Historisch-dokumentarische Abteilung des Außenministeriums
der Russischen Föderation, Moskau

Verwandte Literatur

Achmann, Klaus / Bühl, Hartmut: 20. Juli 1944. Lebensbilder aus dem militärischen Widerstand. Berlin, 1994.
Andersson, Ivar: Från det nära förflutna. Människor och händelser 1940–1955. Stockholm, 1969.
Aster, Sidney (Hrsg.): Die X-Dokumente. Die geheimen Kontakte Carl Goerdelers mit der britischen Regierung 1938/1939. München, 1989.
Baigent Michael / Leigh, Richard: Geheimes Deutschland. Stauffenberg und die Hintergründe des Attentats vom 20. Juli 1944. München, 1994.
Bargatzky, Walter: Hotel Majestic. Ein Deutscher im besetzten Frankreich. Freiburg, 1987.
Beck, Dorothea: Julius Leber. Sozialdemokrat zwischen Reform und Widerstand. Berlin, 1983.
Bergmann, Karl Hans: Die Bewegung »Freies Deutschland« in der Schweiz 1943–1945. München, 1974.
Bethge, Eberhard: Adam von Trott und der deutsche Widerstand. In: VfZ 11 (1963).
Bielenberg, Christabel: Als ich Deutsche war. 1934–1945. Eine Engländerin erzählt. München, 1969.

Bielenberg, Christabel: Es war ein weiter Weg nach Munny House. Aus dem zerstörten Nachkriegsdeutschland nach Irland. München, 1993.

Bleistein, Roman (Hrsg.): Dossier: Kreisauer Kreis. Dokumente aus dem Widerstand gegen den Nationalsozialismus. Frankfurt, 1987.

Boveri, Margret: Der Verrat im 20. Jahrhundert. Hamburg, 1956.

Bowra, Maurice: Memories. Oxford, 1966.

Brandt, Rut: Freundesland. Erinnerungen. Hamburg, 1992.

Brandt, Willy: Draußen. München, 1966.

Brandt, Willy: Erinnerungen. Berlin, 1989.

Braun-Vogelstein, Julie: Was niemals stirbt. Stuttgart, 1966.

Broszat, Martin: Zur Sozialgeschichte des deutschen Widerstands. In: VfZ 3 (1986).

Brunner, Hans Heinrich: Mein Vater und sein Ältester. Emil Brunner in seiner und meiner Zeit. Zürich, 1986.

Cardini, Franco / Beonio-Brocchieri, M.T. Fumagalli: Universitäten im Mittelalter. Die europäischen Stätten des Wissens. München, 1991.

Cartarius, Ulrich: Opposition gegen Hitler. Ein erzählender Bildband. Berlin, 1984.

Deichmann, Hans: Gegenstände. München, 1996.

Deutsch, Harold C.: The Conspiracy against Hitler in the Twilight War. Minneapolis, 1968.

Dönhoff, Marion Gräfin von: »Um der Ehre willen«. Erinnerungen an die Freunde vom 20. Juli. Berlin, 1994.

Döscher, Hans-Jürgen: Das Auswärtige Amt im Dritten Reich. Diplomatie im Schatten der ›Endlösung‹. Berlin, 1987.

Döscher, Hans-Jürgen: Verschworene Gesellschaft. Das Auswärtige Amt unter Adenauer zwischen Neubeginn und Kontinuität. Berlin, 1995.

Dulles, Allen Welsh: Verschwörung in Deutschland. Zürich, 1949.

Falin, Valentin: Zweite Front. Die Interessenkonflikte in der Anti-Hitler-Koalition. München, 1995.

Fest, Joachim: Staatsstreich. Der lange Weg zum 20. Juli. Berlin, 1994.

Fest, Joachim: Über Adam von Trott. Spiel mit hohem Einsatz. In VfZ 1 (1998).

Fischer, Alexander: Sowjetische Deutschlandpolitik im Zweiten Weltkrieg 1941–1945. Stuttgart, 1975.

Fleischhauer, Ingeborg: Die Chance des Sonderfriedens. Deutsch-sowjetische Geheimgespräche 1941–1945. Berlin, 1986.

Furtwängler, Franz Josef: Männer, die ich sah und kannte. Hamburg, 1951.

Gersdorff, Rudolph-Christoph Freiherr von: Soldat im Untergang. Berlin, 1979.

Gerstenmaier, Eugen: Der Kreisauer Kreis. In: VfZ 3 (1967).

Gerstenmaier, Eugen: Streit und Friede hat seine Zeit. Ein Lebensbericht. Frankfurt/M., 1981.

Gerstenmaier, Brigitte und Eugen: Zwei können widerstehen. Berichte und Briefe 1939–1969. Bonn, 1992.

Gisevius, Hans Bernd: Bis zum bitteren Ende. Vom 30. Juni 1934 zum 20. Juli 1944. Berlin, 1964.

Gotto, Klaus / Repgen, Konrad (Hrsg.): Kirche, Katholiken und National-sozialismus. Mainz, 1980.

Graml, Hermann / Krausnick, Helmut: Der deutsche Widerstand und die Alliierten. In: APuZ. 19.7.1961.

Graml, Hermann: Die außenpolitischen Vorstellungen des deutschen Widerstandes. In: Der deutsche Widerstand gegen Hitler (hg. v. Walter Schmitthenner u. Hans Buchheim). Köln, 1966.

Graml, Hermann (Hrsg.): Widerstand, Ereignisse, Gestalten. Frankfurt, 1984.

Grant Duff, Shiela: Fünf Jahre bis zum Krieg (1934–1939). Eine Englän-derin im Widerstand gegen Hitler. München, 1978.

Haas, Wilhelm: Beitrag zur Geschichte der Entstehung des Auswärtigen Dienstes der Bundesrepublik Deutschland. Bremen, 1969.

Haeften, Barbara von: Aus unserem Leben. 1944–1950. Tutzing, 1989.

Haeften, Barbara von: »Nichts Schriftliches von Politik«. Hans Bernd von Haeften. Ein Lebensbericht. München, 1997.

Haffner, Sebastian: Germany: Jekyll & Hyde. 1939 – Deutschland von in-nen betrachtet. Berlin, 1998.

Hassell, Ulrich von: Die Hassell-Tagebücher. 1938–1944. Berlin, 1988.

Heideking, Jürgen / Mauch, Christof: Das Herman-Dossier. Helmuth James Graf von Moltke, die deutsche Emigration in Istanbul und der amerikanische Geheimdienst OSS. Dokumentation. In VfZ 4 (1992).

Heideking, Jürgen / Mauch, Christof (Hrsg.): Geheimdienstkrieg gegen Deutschland. Göttingen, 1993.

Heideking, Jürgen / Mauch, Christof (Hrsg.): USA und deutscher Wider-stand. Analysen und Operationen des amerikanischen Geheimdienstes im Zweiten Weltkrieg. Tübingen, 1993.

Hentig, Werner Otto von: Mein Leben – eine Dienstreise. Göttingen, 1962.

Herre, Franz: George Washington. Präsident an der Wiege einer Welt-macht. Stuttgart, 1999.

Herwarth, Hans von: Zwischen Hitler und Stalin. Erlebte Zeitgeschichte 1931–1945. Berlin, 1982.

Höhne, Heinz: Canaris. Patriot im Zwielicht. München, 1976.

Höhne, Heinz: Der Krieg im Dunkeln. Macht und Einfluß des deutschen und russischen Geheimdienstes. München, 1985.

Hoffmann, Peter: Warum mißlang das Attentat vom 20. Juli 1944? In: VfZ (1984).

Hoffmann, Peter: Widerstand, Staatsstreich, Attentat. Der Kampf der Op-position gegen Hitler. München, 4 1985.

Hoffmann, Peter: Claus Schenk Graf von Stauffenberg und seine Brüder. Stuttgart, 1992.

Hoh, Tobias: Widerstand und Internationale Beziehungen 1937–1944. Die außenpolitischen Initiativen des Adam von Trott für die deutsche Opposition. Marburg, 2003.

Hopkinson, Diana: The Incense Tree. London, 1968.

Jacobsen, Hans-Adolf (Hrsg.): Opposition gegen Hitler und der Staatsstreich vom 20. Juli 1944. Geheime Dokumente aus dem ehemaligen Reichssicherheitshauptamt. Stuttgart, 1989.

John, Otto: Zweimal kam ich heim. Düsseldorf, 1969.

John, Otto: »Falsch und zu spät«. Der 20. Juli 1944. München, 1984.

Kardorff, Ursula von: Berliner Aufzeichnungen. 1942–1945. München, 1992.

Kennan, George F.: Memoiren eines Diplomaten. Stuttgart, 1968.

Kershaw, Ian: Hitlers Macht. Das Profil der NS-Herrschaft. München, 1992.

Kessel, Albrecht von: Verborgene Saat. Aufzeichnungen aus dem Widerstand 1933–1945. (hg. v. Peter Steinbach) Berlin, 1992.

Kettenacker, Lothar: Das »Andere Deutschland« im Zweiten Weltkrieg. Emigration und Widerstand in internationaler Perspektive. Stuttgart, 1977.

Kiesinger, Kurt Georg: Dunkle und helle Jahre. Erinnerungen 1904–1958. Stuttgart, 1989.

Kleist, Peter: Zwischen Hitler und Stalin 1939–1945. Aufzeichnungen. Bonn, 1950.

Kleist, Peter: Die europäische Tragödie. Göttingen, 1961.

Klemperer, Klemens von: Glaube, Religion, Kirche und der deutsche Widerstand gegen den Nationalsozialismus. In: VfZ 3 (1980).

Klemperer, Klemens von (Hrsg.): A noble combat: The letters of Shiela Grant Duff and Adam von Trott zu Solz 1932–1939. Oxford, 1988.

Klemperer, Klemens von: Die »Verbindung zu der großen Welt«. Außenbeziehungen des deutschen Widerstandes 1938–1945. In: Beiträge zum Widerstand 1933–1945. Berlin, 1990.

Klemperer, Klemens von: German Resistance against Hitler. The Search for Allies Abroad 1938–1945. Oxford, 1992.

Küstermeier, Rudolf: Der Rote Stoßtrupp. Berlin, 1970.

Leber, Annedore: Das Gewissen steht auf. 64 Lebensbilder aus dem deutschen Widerstand 1933–1945. Berlin, 1957.

Lill, Rudolf / Oberreuther, Heinrich (Hrsg.): 20. Juli. Portraits des Widerstands. Düsseldorf, 1984.

Lindgren, Henrik: Adam von Trotts Reisen nach Schweden 1942–1944. Ein Beitrag zur Frage der Auslandsverbindungen des deutschen Widerstands. In: VfZ 18 (1970).

Mac Donogh, Giles: A good German. Adam von Trott zu Solz. London, 1989.

Maier, Hedwig: Die SS und der 20. Juli 1944. In: VfZ 14 (1966).

Malone, Henry O.: Adam von Trott zu Solz. Werdegang eines Verschwörers. 1909–1938. Berlin, 1986.

Mann, Golo: Deutsche Geschichte des 19. und 20. Jahrhunderts. Stuttgart, 1958.

Marquardt-Bigman, Amerikanische Geheimdienstanalysen über Deutschland 1942–1949. München 1995.

McLean, Jennifer P.: The Jays of Bedford. The Story of Five Generations of the Jay-Family. Who lived in the John Jay Homestead. Katonah, N.Y., 1984.

Meding, Dorothee von: Mit dem Mut des Herzens. Die Frauen des 20. Juli. Berlin, 1992.

Meehan, Patricia: The unnecessary War. Whitehall and the German Resistance to Hitler. London, 1992.

Mehnert, Klaus: Ein Deutscher in der Welt. Erinnerungen 1906–1981. Stuttgart, 1981.

Metternich Wassiltchikow, Tatiana: Mein ungewöhnliches Leben. München, 1991.

Meyer-Krahmer, Marianne: Carl Goerdeler und sein Weg in den Widerstand. Eine Reise in die Welt meines Vaters. Freiburg, 1989.

Militärgeschichtliches Forschungsamt (Hrsg.): Aufstand des Gewissens. Militärischer Widerstand gegen Hitler und das NS-Regime 1933–1945. Berlin, 1994.

Moltke, Freya von / Michael Balfour / Julian Frisby: Helmuth James von Moltke 1907–1945. Anwalt der Zukunft. Stuttgart, 1975.

Moltke, Freya von: Erinnerungen an Kreisau. 1930–1945. München, 1997.

Moltke, Helmuth James von: Briefe an Freya. 1939–1945. (hg. v. Beate Ruhm von Oppen). München, 1988.

Moltke-Stiftung (Hg.): Moltke Almanach. Die Herkunft der Mitgliedes des engeren Kreisauer Kreises. Berlin, 1984.

Moltmann, Günter: Amerikas Deutschlandpolitik im Zweiten Weltkrieg. Kriegs- und Friedensziele 1941–1945. Heidelberg, 1958.

Müller, Klaus Jürgen: Der deutsche Widerstand und das Ausland. In: Schriftenreihe Gedenkstätte Deutscher Widerstand. Berlin, 1986.

Müller, Klaus-Jürgen / Dilks, David N. (Hg.): Großbritannien und der deutsche Widerstand 1933–1944. Paderborn, 1994.

Page, Helena P.: General Friedrich Olbricht. Ein Mann des 20. Juli. Bonn, 1992.

Poelchau, Harald: Die letzten Stunden. Erinnerungen eines Gefängnispfarrers. Berlin, 1949.

Radkau, Joachim: Die deutsche Emigration in den USA. Ihr Einfluß auf die amerikanische Europapolitik 1933–1945. Düsseldorf, 1971.

Ritter, Gerhard: Carl Goerdeler und die deutsche Widerstandsbewegung. Stuttgart, 1984.

Roon, Ger van: Neuordnung im Widerstand. Der Kreisauer Kreis innerhalb der deutschen Widerstandsbewegung. München, 1967.

Roon, Ger van: Widerstand im Dritten Reich. München, 1979.

Roon, Ger van: Der Kreisauer Kreis zwischen Widerstand und Umbruch. In: Beiträge zum Widerstand 1933–1945, Nr. 26. Berlin, 1985.

Roon, Ger van: Helmuth James Graf von Moltke. Völkerrecht im Dienste der Menschen. Berlin, 1986.

Roon, Ger van: Der Kreisauer Kreis und das Ausland. In: APuZ 50/1986.

Rothfels, Hans: George K. A. Bell. Die Ökumene und die innerdeutsche Opposition. In: VfZ, 1957.

Rothfels, Hans: Zwei außenpolitische Memoranden der deutschen Opposition (Frühjahr 1942). In: VfZ 5 (1957).

Rothfels, Hans: Adam von Trott und das State Department. Dokumentation. In: VfZ 7 (1959).

Rothfels, Hans: Trott und die Außenpolitik des Widerstandes. Dokumentation. In: VfZ 12 (1964).

Rothfels, Hans: Oberst Wilhelm Staehle. Ein Beitrag zu den Auslandskontakten des deutschen Widerstandes. In: VfZ 14 (1966).

Rothfels, Hans: Die deutsche Opposition gegen Hitler. Stuttgart, 5 1994.

Rürup, Reinhard (Hrsg.): Topographie des Terrors. Gestapo, SS und Reichssicherheitshauptamt auf dem »Prinz-Albrecht-Gelände«. Eine Dokumentation. Berlin, 1987.

Sahm, Ulrich: Rudolf von Scheliha 1897–1942. Ein deutscher Diplomat gegen Hitler. München, 1990.

Scheurig, Bodo: Claus Graf Schenk von Stauffenberg. Berlin, 1964.

Scheurig, Bodo (Hrsg.): Deutscher Widerstand 1938–1944. Fortschritt oder Reaktion? München, 1969.

Schlabrendorff, Fabian von: Begegnungen in fünf Jahrzehnten. Tübingen, 1979.

Schlabrendorff, Fabian von: Offiziere gegen Hitler. Berlin, 1984.

Schlie, Ulrich: Kein Friede mit Deutschland. Die geheimen Gespräche im Zweiten Weltkrieg 1939–1941. München, 1994.

Schmidt, Paul: Statist auf diplomatischer Bühne 1923–1945. Bonn, 1950.

Schott, Andreas: Adam von Trott zu Solz. Jurist im Widerstand. Paderborn, 2001.

Schramm, Wilhelm von: Aufstand der Generale. Der 20. Juli in Paris. München, 1964.

Schulz, Gerhard: Geheimdienste und Widerstandsbewegungen im Zweiten Weltkrieg. Göttingen, 1982.

Schulz, Gerhard: Nationalpatriotismus im Widerstand. In: VfZ 3 (1984).

Schwerin, Detlev Graf von: »Dann sind's die besten Köpfe, die man henkt«. Die junge Generation im deutschen Widerstand. München, 1991.

Shirer, William L.: Berlin Diary. The Journal of a Foreign Correspondent 1934–1941. New York, 1941.

Sinclair, David: Dynastie. The Astors and their times. London, 1983.

Söllner, Alfons: Zur Archäologie der Demokratie in Deutschland. Analysen politischer Emigranten im amerikanischen Geheimdienst. Band 1: 1943–1945. Frankfurt/M., 1992.

Sommer, Erich F.: Das Memorandum. Wie der Sowjetunion der Krieg erklärt wurde. München, 1981.

Sonnenhol, Gustav Adolf: Untergang oder Übergang? Wider die deutsche Angst. Stuttgart, 1984.

Sonnleithner, Franz von: Als Diplomat im »Führerhauptquartier«. München, 1989.

Steinbach, Peter: Widerstand im Widerstreit. Der Widerstand gegen den Nationalsozialismus in der Erinnerung der Deutschen. Paderborn, 1994.

Steinbach, Peter / Johannes Tuchel (Hrsg.): Widerstand gegen den Nationalsozialismus. Bonn, 1994.

Steinbach, Peter / Johannes Tuchel (Hrsg.): Lexikon des Widerstandes. 1933–1945. München, 1994.

Steinbach, Peter / Johannes Tuchel (Hrsg.): Widerstand in Deutschland. Ein historisches Lesebuch. München, 1994

Studnitz, Hans-Georg von: Als Berlin brannte. Tagebuch der Jahre 1943–1945. Bergisch Gladbach, 1985.

Sykes, Christopher: Adam von Trott. Eine deutsche Tragödie. Düsseldorf/Köln, 1969.

Thun-Hohenstein, Romedio Galeazzo Graf von: Der Verschwörer. General Oster und die Militäropposition. München, 1984.

Trott zu Solz, Clarita von: Adam von Trott zu Solz. Eine Lebensbeschreibung. Berlin, 1994.

Trott zu Solz, Levin von: Hans Peters und der Kreisauer Kreis. Staatslehre im Widerstand. Paderborn, 1997.

Ueberschär, Gerd R. (Hrsg.): Der 20. Juli 1944. Bewertung und Rezeption des deutschen Widerstandes gegen das NS-Regime. Köln, 1994.

Venohr, Wolfgang: Stauffenberg. Symbol der deutschen Einheit. Eine politische Biographie. Berlin, 1986.

Visser't Hooft, Willem A.: Die Welt war meine Gemeinde. Autobiographie. München, 1972.

Voss, Rüdiger von / Günther Neske (Hrsg.): Der 20. Juli 1944. Annäherung an den geschichtlichen Augenblick. Pfullingen, 1984.

Warburg Spinelli, Ingrid: Erinnerungen. »Die Dringlichkeit des Mitleids und die Einsamkeit, nein zu sagen«. Hamburg, 1990

Wassiltchikow, Marie: Die Berliner Tagebücher der »Missie« Wassiltchikow. Berlin, 1987.

Wheeler-Bennet, John W.: Die Nemesis der Macht. Die deutsche Armee in der Politik 1918–1945. Düsseldorf, 1954.

Winterhager, Wilhelm Ernst: Der Kreisauer Kreis. Porträt einer Widerstandsgruppe. Berlin, 1985.

Winterhager, Wilhelm Ernst: Berlin als Zentrum des deutschen Widerstandes 1933–1945. In: Berlin im Europa der Neuzeit (Ribbe, Wolfgang / Schmädeke, Jürgen als Hrsg.) Berlin, 1990

Wuermeling, Henric L.: Die weiße Liste. Umbruch der politischen Kultur in Deutschland 1945. Berlin, 1981.

Wuermeling, Henric L.: August 39. 11 Tage zwischen Frieden und Krieg. Berlin, 1989.

Yorck von Wartenburg, Marion: Die Stärke der Stille. Erzählung eines Lebens aus dem deutschen Widerstand. München, 1987.

Zeller, Eberhard: Oberst Claus Graf Stauffenberg. Ein Lebensbild. Paderborn, 1994.

Personenregister

Bildnachweis

Die Bilder von Imshausen und dem Gutsschloß Kreisau entnehmen wir mit Genehmigung der Rechteinhaber aus dem Internet. Die Bilder der Familie Astor und ihres Landsitzes Cliveden: © Archiv David Astor. Das Bild von Fritz Caspari und seinem Auto: © Fritz Caspari. The White House Memorandum: © National Archives and Records Service, Washington, D. C. Adam von Trott vor dem Volksgerichtshof: ullstein bild – Stiftung 20. Juli 1944. Das Urteil des Volksgerichtshofs: © Bundesarchiv. Alle anderen Bilder stammen aus dem © Archiv der Familie von Trott zu Solz.

Peter Hoffmann

Claus Schenk Graf von Stauffenberg
Die Biographie

ISBN 978-3-570-55046-5, 720 Seiten mit Abb.,
€ 14,95 [D]

In seiner zum Standardwerk gewordenen Biographie entwirft der Historiker Peter Hoffmann,
einer der profundesten Kenner des deutschen
Widerstands, ein faszinierendes Porträt Stauffenbergs, seines familiären Umfelds und seiner geistigen Wurzeln.

»Eines der besten Bücher zum 20. Juli.«
Frankfurter Allgemeine Zeitung

www.pantheon-verlag.de